신비한 인간 뇌 해부도 입문

존 P. 핀엘 · 매기 에드워드 공저

조신웅 옮김

학지사

서 문

신경과학은 최근 과학적 연구분야 중 가장 활발하고 흥미로운 연구분야이다. 이러한 사실이 공식적으로 인정되면서, 미 의회는 이에 대해 '뇌의 10년'을 선포했다.

이 책의 목적

최근 뇌 연구에서 뇌의 여러 분야들이 다각도로 많은 발전을 이루고 있는 가운데, 이 책은 실로 신비스러운 인간 뇌의 심리적 기능은 과연 어떤 것인가에 관해 역점을 두었다. 뇌에서는 어떻게 보고, 생각하고, 기억하고, 말하고, 사랑하고, 두려워하는가 또 여러 가지 심리적 장애들은 뇌의 어디가 잘못되어 있는가 등등. 이 책은 신경과학에 대한 전문지식이 없는 사람들도 뇌와 심리학의 매혹적인 세계로 보다 쉽게 접근할 수 있도록 구성되어 있다.

여러분은 뇌에 대한 심리학적 기능을 배우기 전에 힘들겠지만, 뇌의 주요 부분의 위치나 명칭을 알아야 하고, 전반적인 조직을 이해하는 것이 매우 중요하다. 저자의 경험으로 이러한 신경해부학적 조직구성의 중요성 때문에, 많은 학생들이 뇌와 심리학적 기능에 대한 흥미를 유지하는데 어려움을 겪게 된다. 지루하고 답답한 신경해부학적 용어로 첫 대면을 하고 보면, 처음 가졌던 흥미를 잃게 된다. 이 책은 바로 이러한 학생들을 위해 뇌 해부학 용어들을 간결하면서도 효과적이고 재미있게 소개하고자 하였다.

이 책은 누구를 위한 것인가?

이 책은 간결 명료하고, 효과적인 교재이기 때문에, 인간 신경해부학을 소개한 신경과학에 대한 전문지식이 없어도, 또 어떤 과정에서 공부하는 학생일지라도 교재로서 적절하다. 즉 신경과학에 대한 선 지식이 필요하지 않다는 가정에서 출발한다. 최근 뇌의 심리학적 기능에 관한 지식이 증가하면서 인간의 신경해부학을 배우는 과정들이 급속도로 증가하는 추세에 있다. 오늘날, 인간 뇌에 대한 논의는 인간행동을 다루는 대부분의 분야에서 필수과정으로 되어 있다. 인간행동과 뇌를 공부하는 분야는 심리학, 의학, 간호학, 법률학, 동물학, 인류학, 생리학, 교육학, 체육학, 약학 그리고 물리치료학 등등이 있다.

현재 인간 뇌의 지식에 대한 폭발적인 인기 때문에 뇌에 대한 많은 교재들이 나오고 있지만, 그 적용범위가 흔히 부적절하여, 결과적으로 학부 1, 2학년 학생들이 상급생이 되었을 때 뇌 연구와 관련된 적절한 영역을 탐구하는 데 어려움을 겪고 있다. 따라서, 본 교재는 이러한 사실을 고려하여 인간 뇌 해부학을 공부하는 데 적용범위를 보다 쉽게 제공해 주지 못한 고급 신경해부학 전문교과서들에 대한 보충교재로서 효과적으로 사용할 수 있고, 또 상급생들에게는 초급과정에서 놓쳐 버리기 쉬웠던 인간의 신경해부학을 체계적으로 이해할 수 있게 도와줄 것이다.

교과서 용도 외에 이 책은 자기성장을 위해 혼자서 신경해부학 교재를 읽는 건강 교육 전문가들의 욕구에 부합하도록 만들어졌다. 이 책은 사전 지식이 없어도 된다는 전제를 두고 있다. 즉 구체적으로 쉽고 재미있게 접근시키기 위하여, 학습한 뇌 구조의 위치를 색칠하게 해서 독자들에게 적극적으로 관여시키고, 연습문제를 통하여 그 위치를 더 오래 기억 보존하도록 하며, 자신의 실력진도를 가늠할 수 있게 하였다.

이 책의 조직구성

이 책은 총 72개의 학습단위(절)로 구성되어 있다. 평균적으로 각 학습단위는 4~5개의 주요 신경해부학적 구조에 초점을 두었다. 각 학습단위는 3개의 주요 구성을 지니고 있다. (1) 그 단위에서 초점을 둔 신경구조를 간결히 설명하고, (2) 신경구조 목록을 각각으로 간결히 정의하고, (3) 신경구조 위치에 대한 삽화예시를 그려 선으로 그 명칭을 부여하였다. 독자들은 각각 도안된 신경구조에 색칠을 하면서 익히도록 하였다.

72개의 학습단위는 12장으로 되어 있다. 1부 기초 신경해부학에는 7장으로 구성되어 있다. 여기서는 인간 두뇌구조와 조직의 개요를 다루고, 주요 구조의 위치와 명칭을 제공해준다. 2부 기능적 신경해부학에서는 5장으로 구성되어 있다. 여기는 1부에서 소개한 동일한 구조들이 다시 나오지만, 각 구조에 심리학적 기능들에 대해 초점을 두어 보다 많은 정보들을 제공한다. 각 장은 독자가 그 장에 나온 내용들을 복습하고 또 스스로가 자신의 진행과정을 평가할 수 있도록 여러 가지 연습문제들을 제시하고 있다.

이 책은 다른 신경해부학 교재와 어떤 점이 다른가?

이 책과 다른 신경해부학 교재와 가장 큰 차이점은 이 책은 특히 초심자를 위해 쓰여졌다는 사실이다. 인간 신경해부학의 고급 개론서들은 신경해부학 전공자를 위해서 또 신경과학에 대한 전문적인 배경을 가진 자들을 위해 쓰여졌다. 반면 이 책은 뇌의 심리적 기능에 관해 흥미가 많고 또 보다 충분한 신경해부학적 지식을 추구하려는 학생, 비전문가, 그리고 건강교육 전문가들을 위해 쓰여졌다.

이러한 책의 필요성은 최근 나의 제자 때문에 깨닫게 되었다. 뇌에 대한 그 학생의 관심은 내가 가르치고 있는 심리학 개론서 수준으로 채워지고 있었지만, 그 학생은 교과서에서 피상적으로 다루고 있는 뇌의 전반적인 구조를 이해하는 데 어려움을 겪고 있었다. 그 학생은 내게 뇌의 해부학에 대해 보다 더 좋은 교재를 추천해 달라고 하기에, 나는 그에게 적절하다고 여겨진 책을 나의 서고에서 선정해 주었다. 나는 그 책이 매우 저명한 신경해부학 교재인 것으로 알고 있었고, 또 그 책 서문에 초심자들에게 적절하다고 강조하였기에 그 학생에게 빌려 주었다. 며칠 후, 그 학생이 책을 돌려주기에 도움이 되었느냐고 물어보니, 그 학생은 책을 들어올리면서 색인을 가리켰다. "여기 좀 보세요. 각 페이지에 색인당 3

칼럼으로 되어 있는데, 거의 20페이지에 달해요, 그러면 이 책에는 3,000개 이상의 전문용어들이 있겠지요"라고 말했다. 나는 그의 지적을 받아들여, 이 책을 준비하는 동안에 이 점을 계속 염두에 두었다.

이 책의 교육적 특징들

이 책의 일차적 목적은 초심자들에게 적절한 신경해부학개론을 제공해 주는 것이기 때문에 교육적 특징들은 매우 중요하다.

작은 것이 많은 것이다   이 책은 초심자에게 신경해부학 개론을 가르칠 때 "작은 것이 더 많은 것이다"라는 전제를 기초로 하였다. 신경해부학 개론을 지나치게 많이 가르치려고 하면, 학생들은 쉽게 지치고, 혼란되고, 더 이상 공부에 흥미를 갖지 못하고 만다. 이 책은 주요 신경해부학적 개념과 구조들로 국한시켜서 뇌를 더 공부할 수 있도록 기초를 단단하게 다지려는 시도에서 만들어졌다.

두 가지 전망으로 관찰하라   이 책에 소개한 많은 뇌 구조들은 두 가지 전망, 즉 뇌 구조와 뇌의 심리적 기능을 검증하고 있다. 1부에서는 뇌 구조를 소개하고, 정의하고, 그 위치를 삽화예시로 제시하고 있다. 2부에서는 동일한 뇌 구조를 통해 뇌의 심리적 기능과 기능회로의 위치를 제시하고 있다. 이렇게 두 가지 다른 전망에서 뇌 구조를 두 번 다루게 되면, 이해가 빠르고 기억하기가 용이해진다.

심리학적 초점   인간 뇌 해부학 공부에 관심이 많은 사람들은 두뇌의 심리적 기능에 흥미를 갖게 된다. 따라서, 이 책의 심리학적 초점은 독자의 흥미를 붙잡는 데 있다.

색칠하면서 학습하기   해부학을 가르치면서 색칠하기의 효능성은 이미 입증되었다. 이것은 학습과정에서 독자들을 적극 관여시키고, 상세한 구조에 더 주의를 쏟도록 격려시키며, 복습을 용이하게 해 준다. 더하여, 일부 독자의 창조적 심미안을 만족시켜 줄 것이다.

겉표지로 가리기   각 학습단위에서 해부학적 삽화예시는 오른쪽 페이지에 나와 있는데, 중요한 명칭이 오른편 여백에 나와 있다. 따라서, 학생들은 삽화예시에서 복습을 할 때 책 마지막 페이지에서 책 겉 뚜껑 표지(cover flap)로 여백의 명칭을 가려서 이용할 수 있다.

연습문제 복습   각 장은 연속적인 연습문제를 복습하면서 끝낸다. 연습문제의 일차 목적은 기억을 증진시키는 데 있지만, 또한 독자들이 자신의 진도를 평가하는 데 있다. 연습문제를 거의 완전히 풀지 못한 독자들은 그 장을 다시 철저하게 익혀야 한다.

조직, 일관성, 반복   각 학습단위는 좌우 2 페이지로 구성되어 있는 데, 각각의 절은 동일한 요소들이 포함되고, 동일한 위치에 동일한 형식으로 제시된다. 예를 들어, 모든 중요한 신경해부학적 용어들은 왼편 페이지에서 고딕체로 처음 제시되고, 같은 페이지의 아래에는 용어의 정의 목록들이 나온다. 그리고 오른편 페이지에는 삽화예시와 신경해부 용어를 제시하였다. 이런 조직, 일관성, 반복은 학습획득을 촉진시킨다.

삽화예시   각 삽화예시들은 뇌의 구조와 개념들을 설명하기 위해 특별히 그려졌다. 세부사항은 단순성과 명료성 때문에 생략되었다.

독자들에게

많은 사람들이 신경해부학에 대해 난해함을 겪고 있다. 저자도 그 중 한 사람이다. 이러한 난해한 용어의 일부는 뇌 자체의 복잡성에서 왔고, 또 초기 신경해부학자들이 뇌 구조 명칭을 정할 때 후세대 "비-라틴어"학생들을 고려하지 않았기 때문이다. 또 난해한 용어는 관습적인 신경해부학 교재의 백과사전식 설명에서 왔다. 그러나 신비한 인간 뇌 해부도 입문서인 이 책은 다르다.

이 책에서는 희귀한 특징의 일부를 명백히 해 주고 있다. 예를 들어, 상세한 신경해부도에 주의집중을 주기 위해 또 적극적으로 관여하기 위해 색칠하기를 이용하였고, 그리고 삽화예시로 복습하는 동안에 뇌 구조의 명칭을 겉표지로 가려서 이용하게 하였다. 이 책을 쓰게 된 나의 주목적은 독자들에게 뇌 구조에 대해 알맞게 자세히 제공하는 일이다. 즉 뇌에 관한 TV 프로그램을 쉽고 즐겁게 시청할 수 있고, 잡지 주제들을 읽을 수 있을 정도로, 또 독자의 전문 수준에 맞게 신경과학 전문잡지를 이해할 수 있을 정도로, 그리고 뇌에 관해 보다 진보적인 연구를 준비하는 데서 넉넉한 상세함을 제공하는 일이다. 그러나 -이 점은 정말 중요한 부분인데- 뇌에 관해 공부를 시작하려는 학생들에게는 사실 너무 번거롭고 난해하여 넉넉한 상세함을 제공할 수가 없었고, 다른 방식으로 떨쳐버려야 했다. 집필하는 매 단계마다 나는 사실상 모든 전문가들로부터 질책을 받아 만성 노이로제와 싸워야 했다. 그것은 만성적 경향으로 되었다.

여러분은 이 책이 도전적임을 발견하겠지만, 그것은 비합리적인 도전이 아니다. 인간 신경해부학의 지식을 연마하여 잘 마칠 수 있게 되고, 더 나아가 뇌와 심리기능의 지식에 갈증을 풀고 성취할 수 있을 것이다. 나는 독자 여러분들의 논평과 제안을 환영한다. 주소는 다음과 같다.

Department of Psychology
University of British Columbia, Vancouver, B.C. Canada V6T 1Z4;
e-mail me at jpinel@cortex.Psych.ubc.ca; or
FAX me at (604)822-6923.

이 책을 어떻게 이용할까

　이 책에는 72개의 학습단위가 있다. 각 단위는 두 페이지로 마주보게 놓여 있다. 먼저 왼편 페이지에서, 약 4~5개의 신경해부학 용어들에 대하여 초점을 두어 소개하고 있다. 이 신경해부학 용어들은 늘 고딕체로 나오고, 다른 중요한 용어들(예, 이전 단위에서 배웠던 용어들)은 본문보다 굵은 체로 표시하였다. 여러분은 그 용어 개념을 충분히 파악할 때까지, 그 설명들을 여러 번 읽어 보아라. 그런 다음, 본문 아래란으로 옮겨 방금 읽었던 신경해부학 용어의 목록들을 또 익혀라. 교재를 보지 않고도 스스로가 용어와 정의의 전 목록들을 정확히 알 때까지 암송하라. 발음하기에 어려운 용어의 발음은 이 칼럼에서 알려 주는데, 쉽게 발음이 나올 때까지 큰소리로 그 용어를 외워라.

　다음, 삽화예시가 있는 오른편 페이지로 넘어가라. 오른편 여백에 해부학 용어의 막대줄 아래를 색칠하면서 이 페이지를 시작하라. 이 해부학 용어는 왼편 페이지 고딕체 목록과 동일한 용어들이다. 그런 다음에, 동일한 칼라를 사용하여, 그 용어와 부합하는 삽화의 신경해부 구조에 색칠하라. 이런 과정은 모든 삽화예시 기저선과 신경해부 용어와 연관되는 구조들을 색칠하면서 되풀이하라. 색칠을 하면서 신경해부 구조의 모양과 범위, 위치에 보다 밀접히 주의를 기울여라. 대개의 경우, 색칠을 하면서 색칠된 삽화예시 부분을 보다 명백히 알게 되는데, 그 용어가 어디에도 있지 않고, 모호한 경계선인 경우에는 직선으로 따라가면 윤곽이 분명해진다. 색칠을 할 때 진하지 않은 색연필 사용에 주의하라. 대부분의 학습단위에 4~5개의 구분되는 색연필을 준비하라. 최고로 9개의 칼라를 요구할 때도 있다. 색칠을 하면서 여러분은 심미적 즐거움을 맛볼 수 있는데, 그림 구분에 장애를 줄 수도 있으므로 어두운 색은 피하는 게 좋다.

　도안된 해부구조에 색칠을 마치게 되면, 오른편 여백의 용어들을 감추는데 책 마지막 페이지의 겉표지를 이용하라. 오류가 나오지 않을 때까지 심지어 철자나 발음에서도 오류가 나오지 않을 때까지 연습을 되풀이하라. 그리고 다시 돌아가, 이전의 연습문제들을 모두 되풀이하여라. 완전히 익히고 나서, 다음 단위로 넘어가라.

　한 장에서 모든 학습단위들을 마치고 나서, 연습문제를 복습하라. 그런 다음에, 답이 맞았는지를 점검하라. 정답은 이 책 뒤에 제시되어 있다. 오답과 관련하여 정답자료를 주의 깊게 복습하라. 오류가 다소 많으면, 다음 절차로 넘어가기 전에 전체의 장을 복습하라.

　이런 간단한 방법을 잘 따라주면, 여러분이 곧 신경해부학의 기초 지식을 얻는 데 큰 도움이 되리라 확신한다.

역자 서문

최근 인간의 모든 행동이나 심리과정뿐만 아니라 정신질환도 뇌 구조와 뇌 기능의 기제들을 연구하여 그 원인을 규명하려는 운동이 활발히 전개됨에 따라, 임상장면에서는 신경심리학적 측면에서 뇌 손상 환자나 다양한 뇌 질환에 대한 심리기능 손상 정도를 평가하고자 신경심리평가의 중요성에 비중을 높이 두게 되었다.

아울러 생리심리학이나 신경심리평가를 공부하고자 하는 초보학생들은 먼저 복잡한 인간 뇌의 구조에 대한 난해한 신경학적 용어들과 그 위치가 어디인지 모르는 어려움에 봉착하게 된다. 역자는 임상심리 수련생들과 신경심리학을 보면서 쉽게 풀이한 기초신경심리 뇌 해부도에 대한 용어해설집이 없을까 하고 찾던 중 우연히 John P. Pinel의 『A Colorful Introduction to the Anatomy of the Human Brain』을 접하게 되었다.

역자가 이 교재를 번역하고자 했던 이유는, 우선 이 책에서는 저자가 자신있게 권유한 것처럼, 신경심리학에 대한 전문지식이 없어도 뇌에 대해 흥미가 있으면 구체적이고 쉽고 재미있게 뇌 해부도를 익힐 수 있게 구성하였다는 점이다. 즉 학습한 뇌 구조내용의 위치를 색칠하게 해서 독자들에게 적극적으로 흥미를 유발시키고, 연습문제를 통하여 그 위치를 더 오래 기억하도록 하며, 자신의 실력진도를 가늠할 수 있게 하였다는 점이다. 또 하나는 이 책은 신경과학의 전문교과서들에 대한 보충교재로서 효과적으로 사용할 수 있고, 또 신경학의 초급과정에서 놓쳐 버리기 쉬웠던 인간의 신경해부학을 체계적으로 이해할 수 있게 꾸며져 있다는 점이다.

현재, 인간 뇌의 지식에 대한 폭발적인 인기 때문에 뇌에 대한 많은 교재들이 나오고 있다. 그렇지만 적어도 신경심리학의 입문에서 초보자에게는 너무 어려운 전문서적들이라 바로 탐독하기에는 그 적용범위가 적당하지가 못하여, 결과적으로 뇌 연구와 관련된 적절한 영역을 탐구하는 데 어려움을 겪게 한다.

역자는 국립서울정신병원 임상심리과 임상심리 수련생들과 함께 이 책을 강독하면서 번역하기로 결정하였다. 막상 작업에 들어가고 보니, 신경학 용어들은 너무 난해하여 신경의학 및 생리심리학 교재들 사이에도 차이가 있고 의학사전에서도 아직 표준용어를 확신하기가 어려워, 교재는 주로 『생리심리학의 기초』(김현택 외), 『신경국소진단학』(김진수 외)을 참고하였고, 의학사전으로는 대한의학협회의 『의학용어집』, 이우주의 『의학사전』을 참고하였다.

특히 박사 학위 준비로 여념이 없으면서도 이 책 번역을 적극 지지하여 준 이민규 선생의 열의에 감사드리며, 악필임에도 불구하고 원고를 꼼꼼히 정성껏 교정해 준 안수진 선생과 임상심리 수련생 여러분들의 수고가 많았다. 그러나 아무래도 번역의 오류나 미진한 점들에 대하여는 전적으로 역자의 몫이며 앞으로 독자 여러분이 개선할 점이나 오류를 지적해 주시길 바라는 바이다. 그리고 이 책을 발간하도록 용기를 주신 학지사의 김진환 사장님을 위시하여 편집 관계자들의 노고에 고마운 인사를 드린다.

마지막으로 기초 신경심리학에 관심을 가진 모든 분들에게 이 책이 조금이라도 도움이 된다면 그 자체로 큰 보람을 갖겠다.

2001. 1.

역자 조신웅

기초 신경해부학

기능적 신경해부도

제1부

기초 신경해부학

이 책은 2부로 되어 있다.

1부는 기초 신경해부학으로, 제1장에서부터

제7장까지이다. 그 내용은 먼저 인간 뇌 조직을

개관하고, 다음으로 뇌의 주요 부분 구조의 명칭과

위치를 소개하고, 그리고 뇌가 신경계의 다른 부분과

어떻게 상호작용을 하고 있는지를 설명하고 있다.

2부는 기능적 신경해부학으로, 제1부에서 배웠던

동일한 뇌 구조들을 다시 보게 될 것이다. 그런데 제2부에서는

심리적 기능에 역점을 두어 전적으로 다른 면을 다루고 있다.

1부에서처럼 뇌의 각 부분의 구조들을 체계적으로 개관하기보다

2부에서는 기억, 기아, 언어, 시각, 사고 등과 같은 특정한 심리적 기능과

관련되는 구조들을 각 장에서 논의하고 있다.

다음 제1부는 모두 7장이 제시되고 있는데,

각 장들은 몇 개의 절로 구성되어 있다.

제1장 인간신경계의 조직

제2장 인간신경계의 평면과 방향

제3장 신경계의 세포

제4장 인간신경계의 초기발달

제5장 인간 뇌의 대 해부

제6장 뇌간의 주요 구조

제7장 대뇌반구의 주요 구조

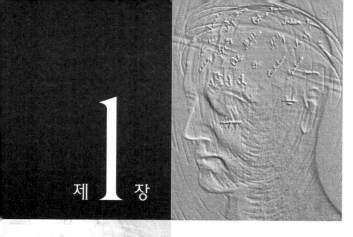

인간신경계의 조직

인간 뇌의 모양은 우리가 상상해 온 것과는 상당히 다르다. 뇌는 말랑말랑하고, 쭈글쭈글하고, 호도 모양을 한 약 1.3kg(3pounds) 가량의 조직 조각이다. 뇌는 불가사의한 자연의 신비로운 비밀이라기보다, 확실히 우리가 밝혀 내야 할 과제이다.

인간의 뇌는 비록 좋은 인상은 주지 못할지라도, 놀라운 기능을 수행하고 있다. 뇌는 사랑에 빠지고, 달나라에 여행도 하고, 인공심장도 만들어 내고, 그리고 노르웨이의 국민총생산까지도 계산해 낸다. 보고, 느끼고, 생각하고, 행동하게 하는 모든 것이 우리 뇌의 활동에서 나오기 때문에, 뇌 그 자체가 우리이다. 이 장에서는 우리의 뇌 그 자체를 이해하는 과정이 시작될 것이다.

인간의 뇌는 독립적으로 기능하지 않는다. 뇌는 인체 신경계의 한 구성요소이다. 이 장의 각 절에서, 인간 뇌 신경계의 주요 부분에 대해 그리고 뇌와 신경계 각부의 관계에 대해 다루게 될 것이다.

다음은 제1장에서 다루게 되는 각 절의 내용이다.

1. 신경계의 구분
2. 중추신경계의 구분
3. 말초신경계의 구분
4. 척수의 조직
5. 자율신경계의 구분
6. 내분비계

1. 신경계의 구분

모든 척추동물(vertebrates)의 신경계처럼, 인간의 신경계도 두 개의 주요 부분, 즉 **중추신경계**(central nervous system : CNS)와 **말초신경계**(peripheral nervous system : PNS)로 나뉘어진다. 중추신경계는 척수와 두개골 안쪽에 위치한 척추신경계의 한 부분이고, 말초신경계는 척수와 두개골 바깥쪽에 위치한 척추신경계의 한 부분이다. 척수와 두개골의 일차 기능은 외상(外傷)으로부터 중추신경계를 보호하는 일이다.

말초신경계는 감각기능과 운동기능 두 종류가 있다. 이 말초신경계는 신체 여러 부위의 감각수용기에서 중추신경계로 감각신호를 전달하고(감각기능), 또 중추신경계에서 신체 여러 부위 : 근육, 선 그리고 **주효기관**(effector organs)으로 운동신호를 전달한다(운동기능).

중추신경계의 기능은 말초신경계의 기능보다 훨씬 더 복잡하다. 중추신경계는 말초신경계에서 전달되어 온 감각신호들을 수용·분석·저장하고, 이를 바탕으로 하여, 중추신경계는 말초신경계에 의해 전달되어진 운동신호를 주효기관에서 일으키게 한다.

척주는 33개의 척추(vertebrae, 예, 척수 뼈 spinal bones)로 구성되어 있다. 척추는 4개의 다른 영역으로 구분된다. 1) 경추 영역(cervical region)은 목(cervix 혹은 neck)의 척추가 포함되고, 2) **흉추** 영역(thoracic region)은 흉부 혹은 가슴의 척추가 포함되고, 3) 요추 영역(lumbar region)은 등 뒤 허리에 있는 척추가 포함되고, 그리고 4) 천추 영역(sacral region)은 허리 아래 척추가 포함되는데, 골반뼈 부분의 척추이다. 인간에게 있어서, 천추영역의 척추는 26세경에야 융합이 되고 천골(sacrum)로 알려져 있다.

중추신경계(Central nervous system, CNS)
척수와 두개골 내에 위치한 척추신경계의 한 부분이다.

말초신경계(Peripheral nervous system, PNS)
척수와 두개골 외에 위치한 척추신경계의 한 부분이다.

경추영역(Cervical region, SIR vi cal)
목의 유연한 뼈대를 제공해 주는 척수의 단면으로 두개골과 목의 영역 사이에 놓여 있다.

흉추영역(Thoracic region, thor ASS ic)
늑골에 밀착된 척수의 단면으로 목과 허리 영역 사이에 놓여 있다.

요추영역(Lumbar region, LUM bar)
등 뒤 작은 것을 지지해 주는 척수의 단면으로 흉부 영역과 천골 영역 사이에 놓여 있다.

천추영역(Sacral region, SAK rul)
골반뼈에 밀착된 척수의 단면으로 요부 영역 인접에 놓여 있다.

● 색칠하면서 익히기

첫째, 인간그림의 삽화예시에서 중추신경계(뇌와 척수)를 색칠하고, 단선으로 제시된 것을 포함한 말초신경계의 모든 분지를 색칠하라. 다음, 두개골과 척수의 삽화예시에서 다른 색으로 척수(spine)의 각 영역을 색칠하라. 모든 학습단위에서, 오른편 변두리의 용어 아래 막대기에 색칠하라. 그 용어가 지적하는 구조에 동일한 색을 쓰라.

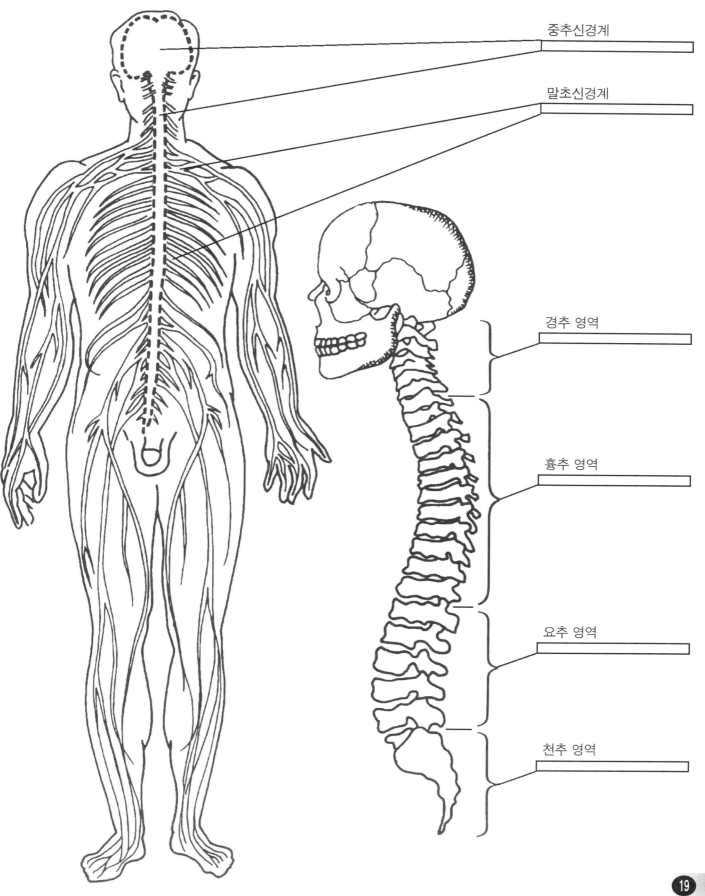

중추신경계

말초신경계

경추 영역

흉추 영역

요추 영역

천추 영역

2. 중추신경계의 구분

중추신경계는 신체중심을 통제하고 말초신경계와 상호작용하면서 신체를 관리한다. 또한 중추신경계는 말초신경계를 통해 수용기로부터 감각정보를 받아들이고, 또 말초신경계를 통해 다른 주효기관과 근육들을 조절한다.

중추신경계는 뇌(brain)와 척수(spinal cord), 두 주요 구역으로 나누어지는데, 뇌는 두개골에 위치한 중추신경계의 부분이고, 척수는 척주에 위치한 중추신경계의 부분이다. 척수의 4영역-**경부, 흉부, 요부, 천골**-은 척주의 4영역에 상응한다.

뇌의 기능은 극히 복잡하다. 인간 뇌기능의 가장 높은 수준은 아주 심오하고 복잡한 유연성을 지니고 있다. 지각, 사고, 기억, 감정, 언어 등. 이 모든 것에 대해서는 2부에서 배우게 될 것이다.

척수는 세 가지 기능을 수행하게 되는데, 뇌에 의해 수행되어지는 것과 비교해 보면, 비교적 단순하다. 척수는 말초신경계의 감각섬유에서 신호를 수용하고, 복잡한 분석을 위해 뇌로 그 신호를 전달한다; 척수는 또 뇌에서 신호를 받아들여 말초신경계의 운동섬유로 그 신호를 전달한다. 그리고 척수는 우리의 많은 반사반응들을 중재하여 자극을 신속히 분석하기도 하는데 예로, 뜨거운 난로에 손을 빠르게 떼는 것이다.

뇌(Brain)
두개골에 위치한 중추신경계 부분이다.

척수(Spinal cord)
척주에 위치한 중추신경계 부분이다.

 색칠하면서 익히기

> 점선 안의 뇌와 척수를 각각 다른 색으로 칠하라. 각 용어 아래 막대를 그 구조와 같은 색으로 칠하면서 기억하라.

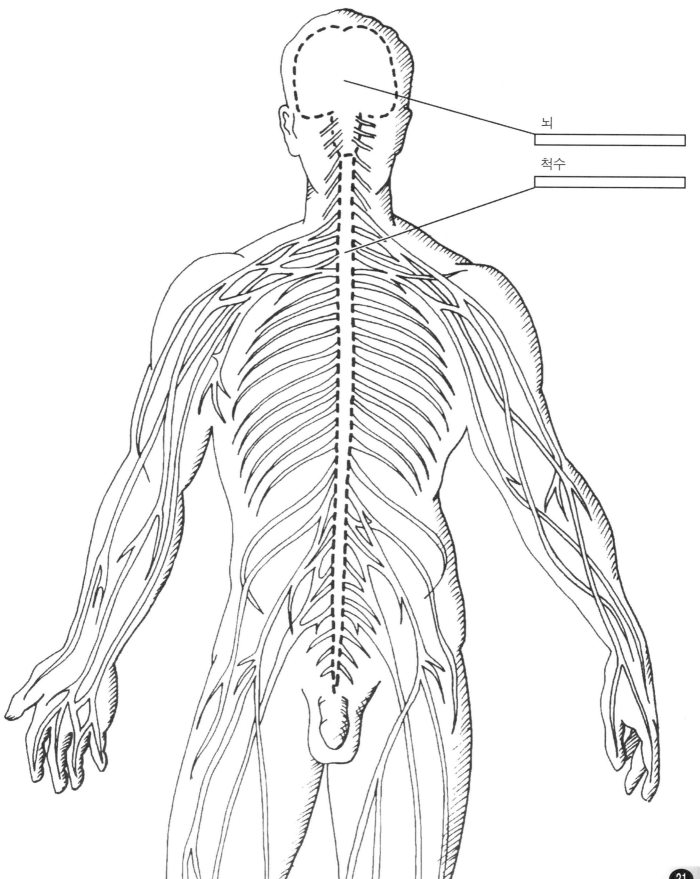

뇌

척수

3. 말초신경계의 구분

말초신경계는 두 가지의 주요 구분이 있는데, 체성신경계(somatic nervous system)와 자율신경계(autonomic nervous system)이다.

체성신경계(SNS)는 외부 환경과 상호작용하는 말초신경계이다. 체성신경계는 외부 감각 수용기(예, 눈, 귀, 그리고 피부의 촉각수용기)와 관절과 골격근(예, 신체운동을 조절하는 골격근)의 감각수용기에서 중추신경계로 신호를 전달하고, 또 다시 중추신경계에서 골격근으로 운동신호를 전달한다.

반면, 자율신경계(ANS)는 신체 내부 환경을 조절하는 데 관여하는 말초신경계이다. 자율신경계는 신체 내부기관(예, 심장, 간, 위 등)의 감각수용기에서 중추신경계로 신호를 전달하고, 또 중추신경계에서 다시 동일한 내부기관으로 많은 운동신호들을 전달한다.

심리학적 관점에서, 체성신경계와 자율신경계의 주요 차이점은 의식(consciousness)이다. 우리는 흔히 체성신경계에 의해 전달되는 신호는 의식하지만, 자율신경계에 의해 전달되는 신호는 거의 의식하지 못한다. 체성신경계에서 중추신경계로 전달되는 외부 환경에 관한 중요한 정보들은, 의식적 사고와 수의적 반응, 심지어 척수에서 처리한 즉각적 반사반응까지도 거의 우리 뇌의 고등 수준으로 전달된다. 반면, 우리 신체 내부에서의 신호(자율신경계)는 뇌의 고등 수준에 거의 전달되지 않고, 의식되지도 못하고, 수의적 통제하에 있지도 않다.

체성신경계(Somatic nervous system, soe MA tic)

외부 환경과 상호작용하는 말초신경계 부분이다. 체성신경계는 외부 수용기와 관절과 골격근 수용기에서 중추신경계로 감각신호를 전달하고, 중추신경계에서 골격근으로 운동신호를 전달한다.

자율신경계(Autonomic nervous system, aw tuh NOM mik)

신체 내부 환경의 조정에 관여하는 말초신경계 부분이다. 자율신경계는 신체 내부기관의 감각수용기에서 중추신경계로 감각신호를 전달하고, 또 중추신경계에서 동일한 내부기관으로 운동신호를 되돌려 전달한다.

● **색칠하면서 익히기**

체성신경계와 자율신경계를 명백히 하기 위해 신체의 다른 편으로 구분하여 예시하였다. 체성신경섬유와 자율신경섬유가 실제로는 서로 섞여 있지만, 이해하기 쉽게 중간화살표에서 예시하고 있다. 한 색은 체성신경계를 색칠하고, 다른 색은 자율신경계를 칠하라. 아래 자세한 것은 지우지 말고 옅은 색(예, 노랑, 분홍)을 사용하라.

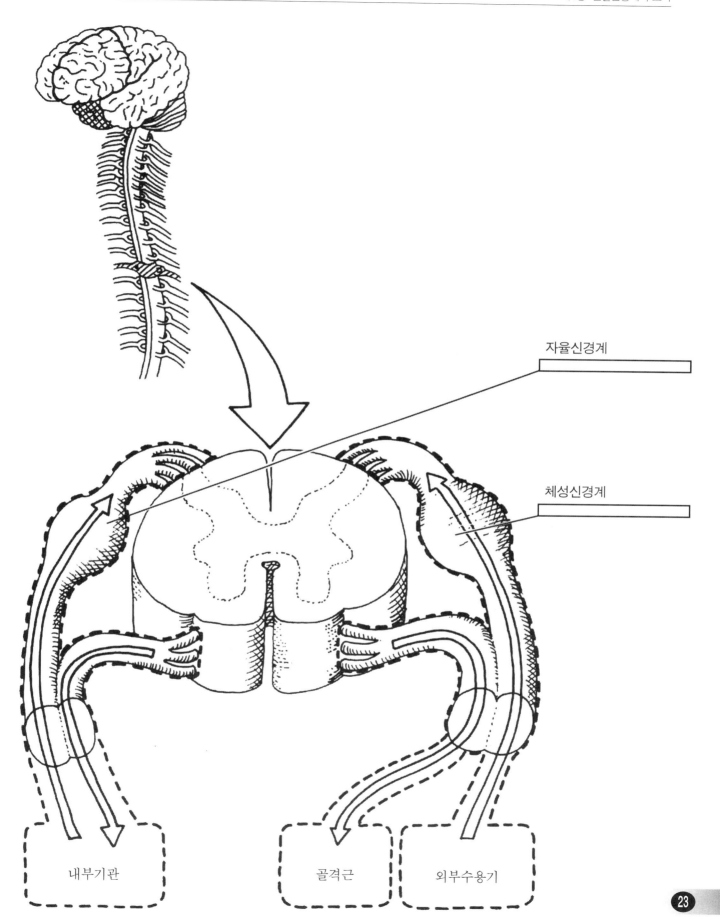

자율신경계

체성신경계

내부기관

골격근

외부수용기

4. 척수의 조직

척수는 근본적으로 다른 회백질과 백질로 이루어진 두 영역이 있다. 척수회백질(spinal gray matter)은 척수 속에 H모양의 회색조직의 영역이고, 척수백질(spinal white matter)은 회백질을 둘러싼 백색조직의 영역이다.

네 개의 신경섬유다발은 척수로부터 뻗어 나오는데 척수 31쌍이 각각 다른 수준에 있다. 네 개 중 두 개는 감각신경으로, 즉 감각수용기에서 중추신경계로 신호를 전달하는 신경섬유의 다발이고, 다른 2개는 운동신경으로, 즉 중추신경계에서 근육, 선, 주효기관 등으로 신호를 전달하는 신경섬유의 다발이다. 두 개의 감각신경은 각 편에서 하나씩 척수 뒤에서 들어가고, 두 개의 운동신경은 각 편에서 하나씩 척수 앞으로 나온다. 따라서, 감각신경 31쌍은 배근 혹은 후근(dorsal root, dorsal means toward the back)이라 부르고, 운동신경 31쌍은 복근 혹은 전근(ventral root, ventral means toward the front)이라 부른다. 124개의 **척추신경**(4×31) 각각은 **자율신경계와 체성신경계** 섬유 둘 다를 포함한다(일반적으로, 상행성 통로는 배측에 위치하고, 하행성 통로는 복측에 위치한다).

구조물(CNS)로 향해 들어가는 신호를 수행하는 신경을 그 구조물과 관련하여 **구심성**(afferent)이라 하고, 구조물(CNS)로부터 나오는 신호를 수행하는 신경을 그 구조물과 관련하여 **원심성**(efferent)이라 한다. 구심성과 원심성이라는 단어는 흔히 중추신경계(CNS)와 관련하여 사용한다. 따라서, 감각신경은 구심성으로 언급하고, 운동신경은 원심성으로 언급한다. 여러분은 구심성의 afferent ; a(e.g., advance, approach, and arrive)로 시작되는 "going toward"와 관련되는 많은 단어들을 기억하고, 그리고 원심성의 efferent ; e(e.g., exit, emerge, and elope)로 출발하는 "going away"와 관련되는 많은 단어들을 기억한다면, 구심성과 원심성 용어를 혼동하지 않을 것이다.

척수회백질(Spinal gray matter)
척수 속에 회색신경조직의 H모양의 영역

척수백질(Spinal white matter)
척수 속에 백색신경조직의 영역으로 척수회백질을 둘러 싸고 있다.

배근 혹은 후근(Dorsal roots)
척수로 들어가는 감각신경의 31쌍으로 척수 배면(뒷편)으로 들어간다.

복근 혹은 전근(Ventral roots)
척수에서 나오는 운동신경의 31쌍으로 척수 복면(앞편)으로부터 투사된다.

● 색칠하면서 익히기

> 첫째, 척수백질과 척수회백질을 색칠하라. 다음 척수로 제각각 들어가고 나오는, 네 개의 배근(감각)과 네 개의 복근(운동)을 색칠하라.

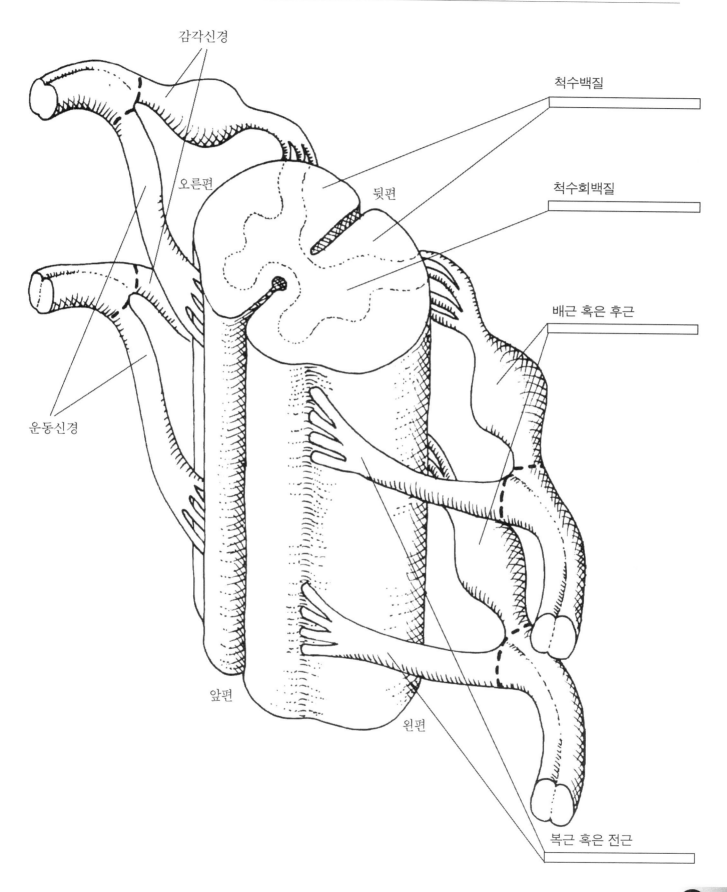

감각신경

오른편

뒷편

운동신경

앞편

왼편

척수백질

척수회백질

배근 혹은 후근

복근 혹은 전근

5. 자율신경계의 구분

자율신경계의 운동성분은 교감신경계(sympathetic nervous system)와 부교감신경계(parasympathetic nervous system)의 두 구분으로 나누어진다. 교감신경계와 부교감신경계는 둘 다 **중추신경계**에서 신체기관으로 운동신호를 수행한다. 일반적으로, 교감신경계는 각성기에 움직일 때 필요한 에너지를 사용하는 신호를 수행하고, 부교감신경계는 휴면기에 에너지를 저장하는 신호를 수행한다. 따라서 우리 신체기관의 많은 기능들은 어떤 시점에서라도 외부자극들을 수용 입력하려는 교감신경계와 부교감신경계의 수준에 따라 이와 관련하여 조정하게 된다.

교감신경과 부교감신경은 각기 다른 영역에서 중추신경계로 간다. 교감신경은 척수의 **흉부**와 요부에서 중추신경계로 가는데, 부교감신경은 **뇌**와 척수의 **천골** 영역에서 중추신경계로 간다.

다음은 교감신경계와 부교감신경계 활동에서 특수효과의 일부이다.

교감신경계	부교감신경계
동공확장	동공축소
땀 증가	
타액감소	타액증가
심장박동률 증가	심장박동률 감소
소화감소	소화증가
모발 직립	
폐활량 확장	폐활량 축소
부신 방출 자극	
대부분의 혈관확장	일부의 혈관축소

교감신경계(Sympathetic nervous system)
자율신경계의 두 운동구분 중 하나로 각성기에 에너지 원천에서 움직이게 작동시킨다. 교감신경은 척수의 흉부와 요부 영역에서 투사한다.

부교감신경계(Parasympathetic nervous system)
자율신경계의 두 운동구분 중 하나로 휴면기에는 에너지를 저장한다. 부교감신경은 뇌와 척수의 천골 영역에서 투사한다.

⬤ **색칠하면서 익히기**

> 점선으로 제시된 자율신경(예, 부교감신경계)을 색칠하고, 직선으로 제시된 자율신경 색(예, 교감신경계)을 다른 색으로 칠하라.

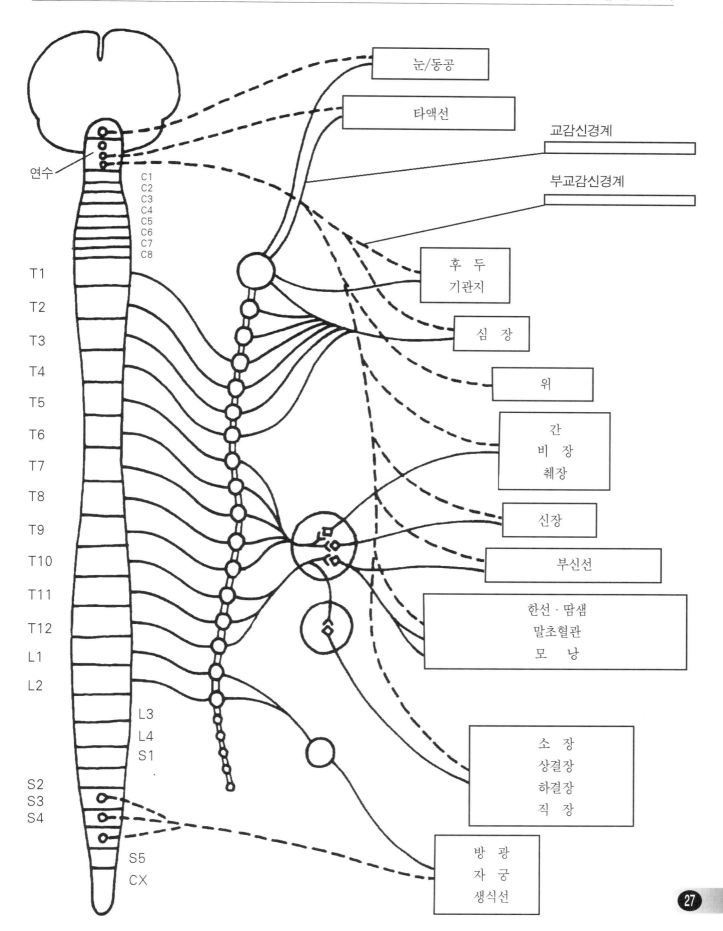

6. 내분비계

선(Glands)은 일차기능이 분비인데, 신체의 주효기관에 관여한다. **외분비선**(exocrin glands)은 외계관(예, 땀샘)을 통해 생산되는 분비선이고, **내분비선**(endocrine glands)은 생산되는 분비의 관이 없는 선으로 소위 혈류속에서 흐르는 호르몬인데, 신체 여러 부위에서 수행된다. 내분비계는 신체의 제2전달로 내적 통로이고, 제1통로는 신경계이다. 각 호르몬은 분비를 위해 수용기분자를 포함한 세포에서만이 활동할 수 있다(예, 호르몬과 결합된 분자는 그렇게 하여 세포활동에 영향을 준다).

다음은 내분비계 선의 일부이다. 1) **뇌하수체선**(pituitary gland)은 뇌의 바로 아래면에 위치한 하수체에 걸려 있다. 즉 호르몬 중 일부는 **향성 호르몬**(tropic hormones)이고, 뇌하수체 일차기능인 이 호르몬은 다른 선으로 호르몬을 방출하는 데 자극을 준다. 이런 이유로 뇌하수체선을 주선(主線)이라 부른다. 2) **시상하부**(hypothalamus)는 뇌의 한 부분이지만, 호르몬을 종합 분석 방출하기 때문에 선으로서의 자격이 있다. 호르몬의 일부는 혈류를 통해 뇌하수체 호르몬의 방출을 일으켜서 뇌하수체로 보내지므로 **방출인자**(releasing factors)라고도 부른다. 뇌하수체는 시상하부에 매달려 있다. 3) **부신선**(adrenal glands)은 신장 아토피에 자리한 선이다(신장은 콩팥을 의미한다). 각 **부신선**은 사실, 두 개의 독립된 선이 있는데, 그 속은 부신수질(adrenal medulla)이고, 그 외층은 부신피질(adrenal cortex)이다(피질은 껍질을 의미한다). 부신수질은 교감신경계에서 활동하고 호르몬을 방출한다. 이와 같이 부신은, 교감신경계에 모방효과가 있지만, 오래 가지는 않는다. 부신피질은 대사, 미네랄 균형, 그리고 성적 기능 에너지에 영향을 주는 호르몬을 방출한다. 4) **생식선**(gonads) 혹은 "naughty bits"-여성에게는 난소(ovaries), 남성에게는 고환(testes)-는 남녀 생식계 발달에, 또 성인의 생식행위에 영향을 주는 호르몬을 방출한다.

뇌하수체선(Pituitary gland, pi TUE i tair ee)
시상하부에 있는 선으로 향성 호르몬을 방출하므로 흔히 주선이라 부른다.

시상하부(Hypothalamus, HIPE oh THAL a mus)
뇌하수체가 매달려 있는 뇌구조이다. 뇌하수체에서 향성 호르몬을 방출하는 자극을 받아 호르몬을 방출 분비한다.

부신수질(Adrenal medulla, a DREE null me DULL la)
부신선의 중심으로 교감신경계에서 활성화되어, 결과적으로 교감신경계에 유사한 효과를 주는 호르몬을 분비한다.

부신피질(Adrenal cortex)
부신선의 외층으로 대사, 미네랄 균형, 생식행위 에너지를 조정하는 호르몬을 방출한다.

생식선(Gonads, GOE nads)
성선(예, 여성에게는 난소, 남성에게는 고환)으로 남녀 생식계 발달에, 또 성인의 생식행위에 영향을 주는 호르몬을 방출한다.

⬤ **색칠하면서 익히기**

> 첫째, 뇌에서 시상하부와 뇌하수체 둘 다에 자세히 색칠하라. 다음 부신 선; 피질과 수질 두 부분에 색칠하라. 마지막으로, 남 녀 생식선에 색칠하라. 다른 내분비선의 일부도 삽화예시에서 보여 주지만, 그들을 색칠할 필요는 없다.

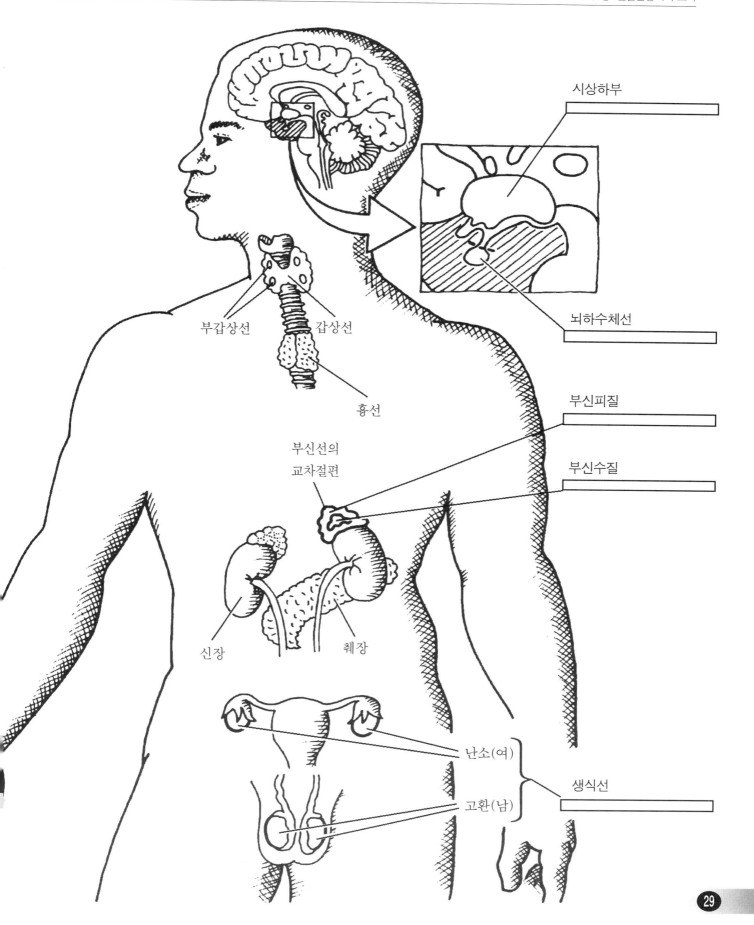

시상하부

뇌하수체선

부갑상선　　　갑상선

흉선

부신피질

부신선의
교차절편

부신수질

신장　　　　췌장

난소(여)

생식선

고환(남)

연습문제

인간 신경계의 조직

지금 여러분은 잠시 쉬면서, 제1장에서 배운 여섯 개의 학습단위에 대한 용어와 개념들을 정리하여 보라. 여러분들이 쉽게 잊어버리지 않도록 용어들을 여러 번 복습하는 것이 매우 중요하다.

연습문제 1

1장에 있는 여섯 개의 학습단위 삽화예시로 돌아가서 각 삽화예시 페이지의 오른편 끝에 씌어 있는 용어들을 익히는데, 이 책 뒷부분의 겉표지로 용어를 가려 보자. 각 명칭의 신경해부학적 구조들을 확실히 알 때까지 여섯 개의 삽화예시를 학습하라. 한 번의 실수도 없이 모든 삽화예시를 철저히 익힌 다음, 연습문제 2로 넘어가라.

연습문제 2

다음 도식에서 적합한 용어로 빈 칸을 채워라. 정답은 책 뒤에 제시되어 있다. 만약 틀렸다면 오답과 관련하여 그 정답 내용들을 주의 깊게 복습하라.

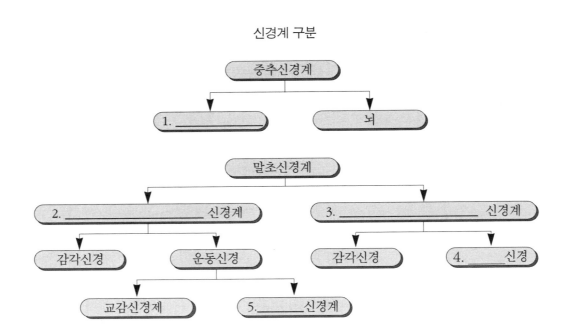

연습문제 3

제1장을 들춰보지 말고, 적합한 용어로 다음 빈칸을 채워라. 정답은 책 뒤에 제시되어 있다. 만약 틀렸다면, 오답과 관련하여 그 정답내용들을 주의 깊게 복습하라.

1. 난소와 고환은 모두 'naughty bits' 혹은 _____ 으로 알려져 있다.
2. 척주의 4영역과 척수는, 머리에서 허리 아래까지, 순서대로_____ , _____ , _____ , 그리고 _____ 영역으로 되어 있다.
3. 각성기에 활성화되는 자율신경계의 운동 영역은 _____ 신경계이다.
4. 부신 _____ 은 에너지 대사, 미네랄 균형, 그리고 생식행위에 영향을 주는 호르몬을 방출한다.
5. _____ 는 호르몬 방출을 분비한다.
6. _____ 신경계는 신체 내부 환경의 조절에 관여하는 말초신경계의 주요 영역이다.
7. 척수 속에 있는 H모양의 조직은 척수 _____ 질로 알려져 있다.
8. 신경이 척수에서 각각 31개의 다른 수준으로 뻗어나오는데, _____ 개의 운동신경과 _____ 개의 감각신경이 각 수준에서 나온다.
9. _____ 는 향성(tropic) 호르몬을 분비한다.
10. 구조물로 향하여 신호를 보내는 신경을 그 구조물과 관련하여 _____ 이라 부른다.
11. _____ 신경계는 심장박동률을 증가시키고, 부신수질에서 분비되는 아드레날린을 자극하며, 타액을 감소시킨다.
12. 뇌와 척수는 다 함께 _____ 신경계로 구성되어 있다.
13. 자율신경계 영역의 _____ 신경은 뇌와 척수의 천골 영역에서 중추신경계로 향한다.
14. 두 개의 중요한 선은 뇌의 바로 아래면에서 볼 수 있다._____ 는 ._____ 의 줄기에 매달려 있다.
15. 말초신경계에서 두 개의 구분은 자율신경계와 _____ 신경계가 있다.
16. 감각신경은 _____ 근을 통해서 척수로 들어가고, 운동신경은 _____ 근을 통해서 나온다.
17. 모든 _____ 선은 혈류 속으로 호르몬을 방출한다.
18. 교감신경계 활동은 호르몬을 방출하는 부신 _____ 에 의해 일어나는데, 이와 같이 부신은, 교감신경계와 유사한 효과를 낸다.
19. _____ 는 뜨거운 난로에 손이 닿았을 때 움추리는 반사운동과 같이, 골격근의 빠른 반사반응을 중재하는 중추신경계의 부분이다.
20. 말초신경계에는 두 종류의 신경섬유가 있는데, 감각신경과 _____ 신경이다.

연습문제 4

아래 알파벳 순서는 제1장에서 배운 용어와 정의들의 목록들이다. 이 페이지의 정의란을 가리고, 여러분 스스로가 그 용어들을 명확히 정의하여 익혀나가라. 이 과정에서도 한번의 실수도 없을 때까지 목록을 철저히 되풀이하라. 그런 다음에, 용어를 덮고 정의를 정확한 용어로 말해 보아라. 이런 과정들을 철저히 반복하여라.

• Adrenal cortex(부신 피질)	부신 선의 외층, 대사, 미네랄 균형, 생식행위 에너지를 조정하는 호르몬을 방출한다.
• Adrenal medulla(부신수질)	부신선의 속으로 교감신경계로 활성화되어, 결과적으로 교감신경계에 유사한 효과를 주는 호르몬을 분비한다.
• Autonomic nervous system (자율신경계, ANS)	신체 내부 환경의 조정에 관여하는 말초신경계(PNS)부분이다, ANS는 신체 내부기관에 감각수용기에서 중추신경계로 감각신호를 전달하고, 또 중추신경계에서 동일한 내부기관으로 운동신호를 되돌려 전달한다.
• Brain(뇌)	두개골에 위치한 중추신경계 부분이다.
• Central nervous system (중추신경계, CNS)	척수와 두개골 내에 위치한 척추신경계의 부분이다.
• Cervical region(경부영역)	목의 유연한 뼈대를 제공해 주는 척추의 단면으로 두개골과 목의 영역 사이에 놓여 있다.
• Dorsal roots(배근)	척수로 들어가는 감각신경의 31쌍으로 척수 배면으로 들어간다.
• Gonads(생식선)	성선(예, 여성에게는 난소, 남성에게는 고환)으로 남녀 생식계 발달에 또 성인의 생식행위에 둘 다에 영향을 주는 호르몬을 방출한다.
• Hypothalamus(시상하부)	뇌하수체가 매달려 있는 뇌구조이다. 뇌하수체에서 열대 호르몬을 방출하는 자극을 받아, 호르몬 방출 분비한다.
• Lumbar region(요부영역)	등 뒤 가는 부분을 지지해 주는 척추의 단면으로 흉부영역과 천골 영역 사이에 놓여 있다.
• Parasympathetic nervous system (부교감신경계)	자율신경계의 두 운동구분 중 하나로, 휴면기에는 에너지를 저장하는 경향을 보이고 부교감신경이 뇌와 척수의 천골 영역으로 투사한다.

- Peripheral nervous system
  (말초신경계, PNS)

척수와 두개골 외에 위치한 척추신경계의 부분이다.

- Pituitary gland(뇌하수체선)

시상하부에 있는 선으로 향성 호르몬을 방출하므로 흔히 주 종합선이라 부른다.

- Sacral region(천골 영역)

골반뼈에 밀착된 척추의 단면으로 요부 영역 인접에 놓여 있다.

- Somatic nervous system
  (체성신경계, SNS)

외부 환경과 상호작용하는 말초신경계 부분이다. 체성신경계는 외부 수용기와 관절과 골격근 수용기에서 중추신경계로 감각신호를 전달하고, 그리고 중추신경계에서 골격근으로 운동신호를 전달한다.

- Spinal cord(척수)

척추에 위치한 중추신경계 부분이다.

- Spinal gray matter(척수회색질)

척수 속에 회색신경조직의 H모양의 영역

- Spinal white matter(척수백색질)

척수 속에 백색신경조직의 영역으로 척수 회색질로 둘러싸여 있다.

- Sympathetic nervous system
  (교감신경계)

자율신경계의 2운동구분 중 하나로 위험기에는 움직이는 에너지 원천의 경향을 보이고 교감신경이 척수의 흉부와 요부영역으로 투사한다.

- Thoracic region(흉부영역)

늑골에 밀착된 척추의 단면으로 목과 허리 영역 사이에 놓여 있다.

- Ventral roots(복근)

척수에서 나오는 운동신경의 31쌍으로 척수 복면으로부터 투사된다.

제 2 장

인간신경계의 평면과 방향

여러분은 인간신경계의 주요 구분들을 배웠고, 이제 신경계의 구성에서 특수신경구조에 관해서도 거의, 아주 완전하지는 않지만, 배우게 될 것이다. 우선 여러분은 척추동물신체에서 구조의 위치를 기술하는 체계들을 이해해야만 한다. 이 장에서는 해부학적 평면과 방향의 체계를 배우게 될 것이다. 인간신경계에 초점을 두겠지만, 척추동물의 전신에도 적용될 것이다.

이 장에서는 신경계 방향의 중요한 것들을 간결하게 다룰 것이다. 동서남북, 상하를 생각하지 않아도 지도를 볼 수 있는 것처럼 해부구조의 위치를 설명하는데, 그 체계를 생각하지 않아도 인간 뇌의 해부적 위치를 알 수 있도록 열심히 익혀라.

다음은 제2장에서 다루게 되는 각 절의 내용이다.

1. 인간 뇌의 평면
2. 인간신경계의 방향
3. 인간신경계의 측면

1. 인간 뇌의 평면

신경해부학자들은 뇌를 2차원적 절편 혹은 절단면으로 잘라 자세히 연구하여 인간의 뇌를 3차원적 구조로 상세히 설명하였다. 여러분이 상상하는 것처럼 뇌를 절편으로 자르는데 있어 여러 방향이나 평면의 수가 제한된 것은 아니지만, 뇌 절편은 대부분 세 개의 면을 각기 달리한 평면 중 하나를 자른 것이다. 즉 **수평면, 시상(수직)면, 관상면**(또는 전두면이라고도 부른다)이다. 이 3개의 평면은 각각 다른 2개와 직각으로 이루어져 있다.

수평절단면(horizontal sections)은 피험자가 똑바른 자세로 있을 때를 가정하여, 수평으로 평행하여 자른 뇌의 절편이다. 시상(수직)절단면(sagittal sections)은 좌우 절반 대칭으로 뇌를 나누어 수직면으로 평행되게 자른 뇌의 절편이다-뇌의 가장 중앙에서 자른 시상절단면을 정중시상절단면(midsagttal sections)이라 부른다. 관상절단면(coronal section, 또는 전두절단면이라고도 부른다)은 안면표면에서 거의 평행되게 자른 뇌의 절편이다.

교차절단면(cross section)은 길고, 좁은 구조의 긴 축에 직각으로 자른 절단면이다. 그 구조가 어느 위치에 있는가는 관계 없이, 오이를 직각으로 절편한 것처럼 자른 것이다. 척수의 해부는 거의가 교차절단면의 연결로 늘 연구해 오고 있다.

수평절단면(Horizontal sections)
수평면으로 자른 뇌의 절편, 즉 피험자가 똑바로 선 위치로 있을 때 수평으로 평행하게 절단한 것이다.

시상절단면(Sagittal sections)
시상(수직)면으로 자른 뇌의 절편, 즉 좌우 절반씩 뇌를 나누어 수직면으로 평행하게 절단한 것이다.

정중시상절단면(Midsagittal sections)
뇌의 정 중앙을 자른 시상절단면이다.

관상절단면(Coronal sections, KORE uh null)
관상 혹은 전두면을 자른 뇌의 절편, 즉 안면 표면에 거의 평행하게 절단한 것이다.

교차절단면(Cross section)
길고, 좁은 구조의 장축을 직각으로 자른 절단면이다. 예로, 척수의 긴 축을 직각으로 자른 것이다.

● **색칠하면서 익히기**

> 첫째, 정중시상절단면을 색칠하라. 다음 동일 칼라에 다른 색조로 나머지 시상절단면을 칠하라. 마지막으로 수평, 관상 그리고 교차절단면을 다른 칼라로 칠하라. 여러분은 동일한 칼라로 오른 칸의 각 용어 아래 막대에도 색칠하라.

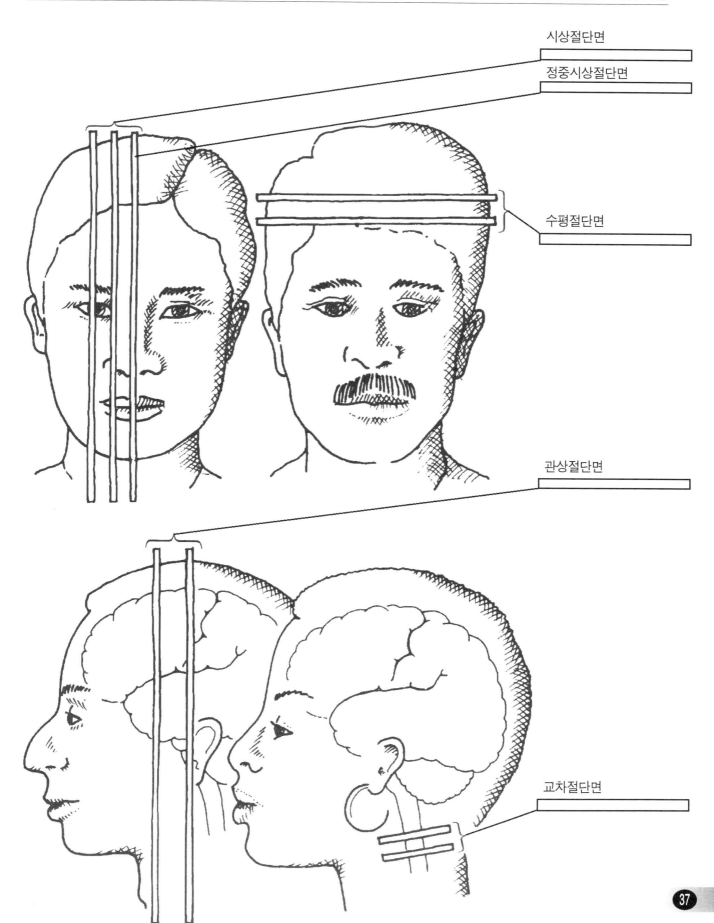

시상절단면

정중시상절단면

수평절단면

관상절단면

교차절단면

2. 인간신경계의 방향

모든 척추동물의 신경계 위치는 척수방향과 관련지어 설명한다. 해부학적 방향의 3차원적 체계는 네 발로 달리는 대부분의 척추동물들에게 그대로 적용된다. 첫째, 코끝은 전방 (anterior)앞 끝으로 언급되고(또는 물측〈rostral〉 끝으로 알려졌다), 그리고 꼬리끝은 후방 (posterior)뒤 끝으로 언급되고(또는 미측〈caudal〉 끝으로 알려졌다) 있다. 둘째, 척수 상향은 (예, 등 뒤 표면을 향해) 배측(dorsal)으로 언급되고, 그리고 척수 하향은(예, 가슴, 위의 표면을 향해) 복측(ventral)으로 언급하고 있다. 셋째, 중심선을 향해서는(예, 정중시상면을 향해서) 내측(medial)으로 언급되고, 신체 양편으로 향해서는(예, 좌 우 방향) 외측(lateral)으로 언급하고 있다.

우리 인간은 뒷다리로 걸어감으로써 신경해부학적 방향에서 이 단순한 3차원적(전방-후방, 배측-복측, 내측외측) 체계가 복잡하게 되었고, 그래서 척수와 관련하여 뇌의 방향이 변하게 되었다. 인간에게 배측과 복측 명칭을 적용할 때 혼란이 발생되었다. 네 다리의 척추동물에서처럼 사람의 머리와 등 꼭대기는 서 있는 사람에게 비록 다른 방향일지라도 둘다 배측으로 언급하고 있다. 유사하게, 위와 턱은 둘 다 복측으로 언급하고 있다. 여러분이 배측-복측 축이 서 있는 사람 머리에서 바라보기 보다 신체에서 보면 다르다는 사실로 혼란이 오는데, 인간도 동물의 자세로- 네 발로 앞머리를 들고 똑바로 바라보는 자세를 생각해 보라.

인간과 다른 영장류의 뇌에서, 배측-복측 축에 관해 혼란을 줄이기 위해 (머리 위 꼭대기와 관련하여)상부(superior)라는 용어를 때로는 배측으로 대신 사용하고, (머리 아래와 관련하여)하부(inferior)라는 용어를 때로는 복측으로 대신 사용한다

전방(Anterior, an TEER ee er)
코끝을 향한다. 또는 물측(입)으로 알려져 있다.

후방(Posterior, po STEER ee er)
꼬리끝을 향한다. 또는 미측으로 알려져 있다.

배측(Dorsal, DOR sul)
등뒤나 머리꼭대기 표면을 향한다.

복측(Ventral, VEN trul)
가슴과 위 혹은 머리 아래의 표면을 향한다.

내측(Medial, MEED ee ul)
정중시상면 내부로 향한다.

외측(Lateral)
정중시상면에서 외부로 떨어져 간다. 좌우로 향한다.

상부(Superior)
영장류 머리의 배면을 향한다.

하부(Inferior)
영장류 머리의 복면을 향한다.

● 색칠하면서 익히기

화살표에 색칠하라. 첫째, 배측과 상부 화살표에 동일한 색에 다른 색조의 칼라를 써라. 다음, 복측과 하부 화살표에 동일한 색에 다른 색조의 칼라를 써라. 마지막으로, 전방과 후방 그리고 내측과 외측과 연관되는 화살표에 다른 칼라를 사용하라.

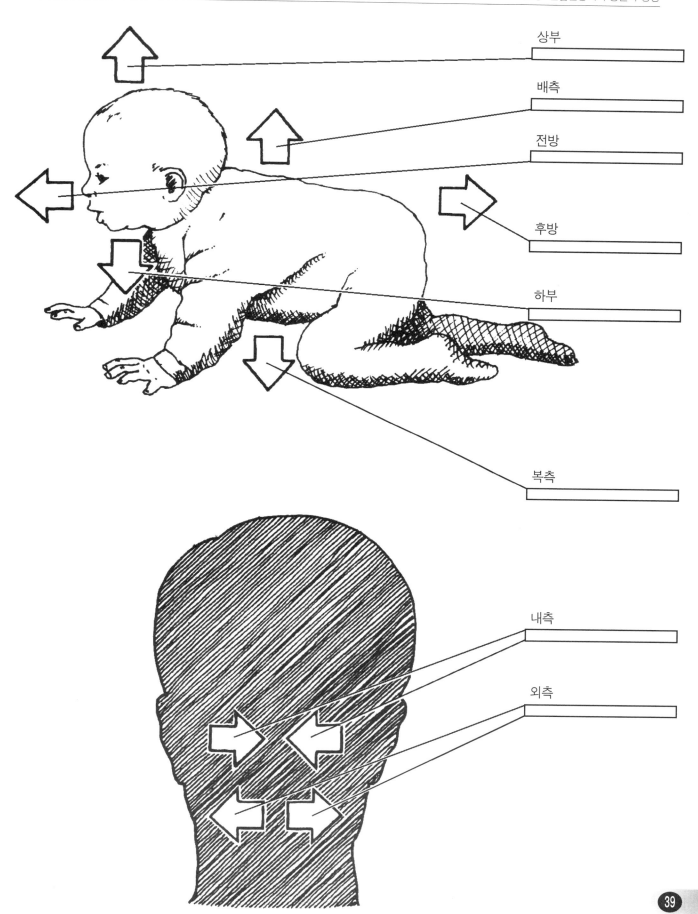

상부

배측

전방

후방

하부

복측

내측

외측

3. 인간신경계의 측면

　모든 척추동물의 신경계처럼 인간의 신경계도 좌우 두 편으로 나누어져 있다. 인간 뇌의 좌편과 우편 사이에 약간 미묘한 구조의 차이점이 있기는 하지만, 대부분의 경우 인간 신경계는 양측 대칭구조이다. 중심선 우측에 놓인 구조를 제외하고는 모든 신경계 구조는 좌우쌍으로 되어 있다.

　편측성(unilateral)이라는 용어는 신체 한편만의 구조를 언급하는 것이고, 양측성(bilateral)이라는 용어는 신체 양편의 구조를 언급하는 것이다. 따라서 뇌외상(예, 뇌손상)의 영역이 뇌 한편만으로 제한된 것이라면 편측성이라 하고, 그리고 양편이 관련된 것이라면 양측성이라 한다. 유사하게, 뇌의 한 구조가 신체 한편에서만 신호를 받아들였다면 편측성 입력수용이라 하고, 혹은 신체 양편에서 신호를 받아들여졌다면 양측성 입력수용이라 한다.

　신체 한편에서 신경신호는 동측성(ipsilateral)과 대측성(contralateral)의 두 형이 있다. 동측성은 같은 방향이라는 의미로, 신체의 한편에서 같은 방향으로 뇌 구조에 이르는 편측 신호를 동측성이라 말한다. 대조적으로, 대측성은 반대편 방향이라는 의미로, 신체의 한편에서 반대편의 뇌 구조에까지 이르는 편측 신호를 대측성이라 말한다. 모든 대측 신경섬유들은 교차로 되어 있다. 즉 대측 신경섬유들은 신체 한 편에서 다른 편으로 건너가는 것이다. 이렇게 신경섬유들이 건너가는 점을 교차(decussation)라 한다.

편측성(Unilateral)
신체의 한편 방향.

양측성(Bilateral)
신체의 양편 방향.

동측성(Ipsilateral)
신체의 동일 방향에서부터 혹은 동일 방향으로.

대측성(Contralateral)
신체의 반대 방향에서부터 혹은 반대 방향으로.

🔵 색칠하면서 익히기

> 　2삽화예시 상부에서, 여러분은 왼편에 머리 절반을 한 칼라로 칠하라. 다음, 오른편의 머리 양편을 다른 칼라를 사용하여 칠하라. 두 삽화예시 하부에서, 각기 다른 칼라를 사용하여 두 개의 화살표 전부를 칠하라.

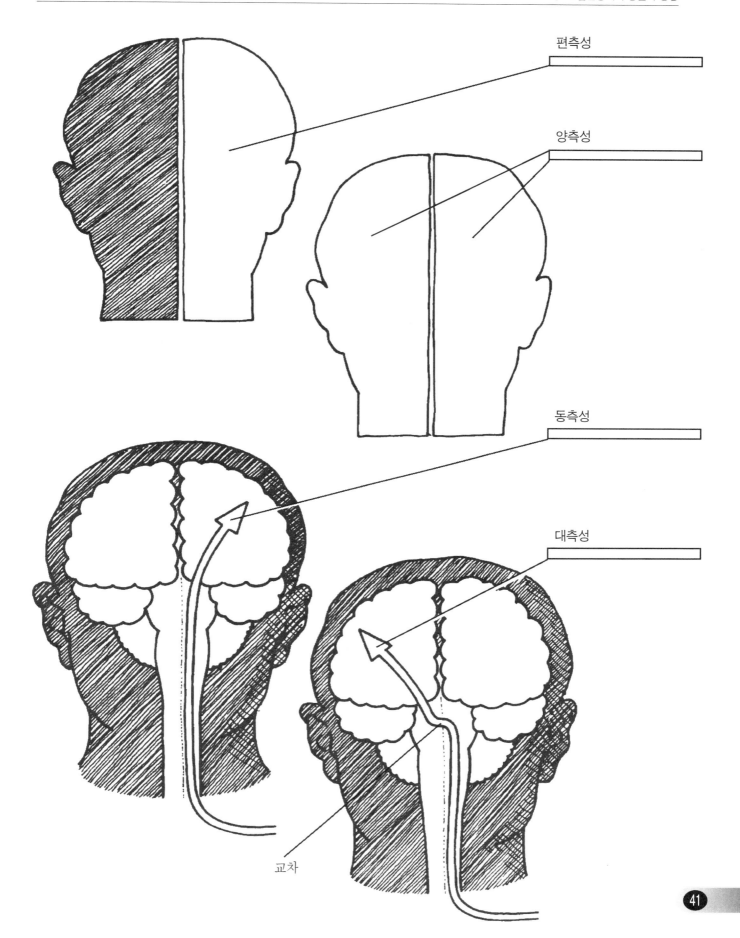

편측성

양측성

동측성

대측성

교차

연습문제

인간신경계의 평면과 방향

지금 여러분은 잠시 쉬면서, 제2장에서 배운 세 개의 학습단위에 대한 용어와 개념들을 정리하여 보라. 여러분들이 쉽게 잊어버리지 않도록 용어들을 여러 번 반복하여 복습하는 것이 매우 중요하다.

연습문제 1

제2장에 있는 세 개의 학습단위 삽화예시로 돌아가서 각 삽화예시 페이지의 오른편 끝에 쓰여 있는 용어들을 익히는데, 이 책 뒷부분의 겉표지로 용어를 가려보자. 각 명칭의 신경해부학적 구조들을 확실히 알 때까지 세 개의 삽화예시를 학습하라. 한 번의 실수도 없이 모든 삽화예시를 철저히 익힌 다음, 연습문제 2로 넘어가라.

연습문제 2

다음 삽화예시에서 절단면에 명칭을 써 넣어라. 정답은 책 뒤에 제시되어 있다. 만약 틀렸다면 오답과 관련하여 그 정답내용들을 주의 깊게 점검하라.

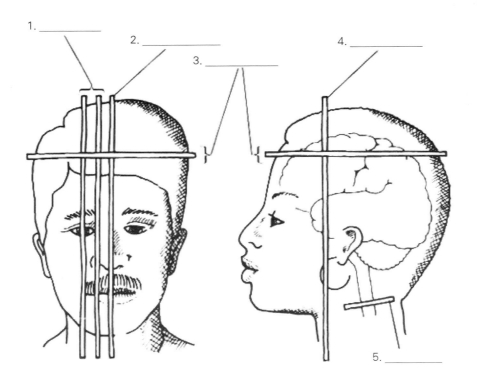

연습문제 3

제2장을 들춰보지 말고, 다음 빈 칸을 이 장에서 나온 정확한 용어로 답을 쓰라. 만약 틀렸다면 오답과 관련하여 그 정답 내용들을 주의 깊게 점검하라. 정답은 책 뒤에 제시되어 있다.

1. 대부분의 뇌 절단면은 세 개의 각기 다른 _____ 중 하나로 잘려져 있으며, 이것들은 서로 직각을 이루고 있다.
2. 뇌 구조에 편측성 입력은 대측성이거나 혹은 _____ 이다.
3. _____ 면이나 혹은 전두면은 수평면과 시상(수직)면 둘 다에 직립되어 있다.
4. _____ 절단면은 뇌의 후방 부분과 뇌의 전방 부분을 나눈 것이다.
5. _____ 절단면은 뇌의 배측 부분과 뇌의 복측 부분을 나눈 것이다.
6. 뇌의 _____ 절단면은 우편 귀와 좌편 귀를 나눈 것이다.
7. 척수 해부는 _____ 절단면의 연속선에서 늘 연구하고 있다.
8. 모든 대측 신경섬유는 _____ 이어야 한다.
9. 개에게서, 머리 위로 향한 방향은 _____ 으로 언급된다.
10. 인간에게서, 뇌의 뒤쪽으로 향한 방향은 _____ 으로 언급된다.
11. 개에게서, 뇌의 뒤쪽으로 향한 방향은 _____ 으로 언급된다.
12. 정중시상면으로 향한 방향은 _____ 으로 언급된다.
13. 정중시상에서 멀리 떨어진 방향은 _____ 으로 언급된다.
14. 인간에게서, 코는 머리 뒷편에서 보면 _____ 이다.
15. 개에게서, 코는 머리 뒷편에서 보면 _____ 이다.
16. 영장류에게서, 뇌의 복측 부분은 흔히 _____ 로 언급된다.
17. 인간에게서, 코끝 방향은 눈에서 하부, 내측, 그리고 _____ 이다.
18. 영장류에게서, 다른 척추동물에서는 아닌 것으로, 머리 꼭대기로 향한 방향을 흔히 _____ 로 언급된다.
19. 뇌를 좌우 절반으로 동등하게 나눈 면을 _____ 절단면이라 부른다.
20. 뇌 양편에 손상을 입으면 _____ 손상이라 말한다.
21. 뇌의 우편에서 좌편으로 가는 경로를 _____ 경로라 말한다.
22. 후방은 또한 _____ 으로 알려져 있다.
23. 전방은 또한 _____ 으로 알려져 있다.

연습문제 4

아래 알파벳 순서는 제2장에서 배운 모든 용어와 정의들의 목록들이다. 이 페이지의 정의란을 가리고, 그 용어들을 따라 내려가면서 정의를 명확히 익혀나가라. 이 과정에서도 한 번의 실수도 없을 때까지 목록을 철저히 되풀이하라. 그런 다음에 용어를 덮고 정의를 정확한 용어로 말해 보라. 이런 과정들을 철저히 반복하라.

• Anterior(전방)	코끝을 향한다. 또는 물측(입)으로 알려져 있다.
• Bilateral(양측성)	신체의 양편 방향.
• Contralateral(대측성)	신체의 반대 방향에서부터 혹은 반대 방향까지.
• Coronal sections(관상절단면)	관상 혹은 전두면을 자른 뇌의 절편, 즉 안면 표면에 거의 평행하여 절단한 것이다.
• Cross section(교차절단면)	길고, 좁은 구조의 장축에 직각으로 자른 절단면이다. 예로, 척수의 긴 축에서 직각으로 자른 것이다.
• Dorsal(배측)	등 뒤나 머리 꼭대기 표면을 향한다.
• Horizontal sections(수평절단면)	수평면으로 자른 뇌의 절편, 즉 피험자가 똑바로 선 위치로 있을 때 수평으로 평행하게 절단한 것이다.
• Inferior(하부)	영장류 머리의 복면을 향한다.
• Ipsilateral(동측성)	신체의 동일 방향에서부터 혹은 동일 방향까지.
• Lateral(외측)	정중시상면에서 멀리 떨어져 나간다. 좌우로 향한다.
• Medial(내측)	정중시상면 내부로 향한다.
• Midsagittal sections(정중시상)	뇌의 정 중앙을 자른 시상절단면이다.
• Posterior(후방)	꼬리끝을 향한다. 또는 미측으로 알려져 있다.
• Sagittal sections(시상절단면)	시상(수직)면으로 자른 뇌의 절편, 즉 좌우 절반씩 뇌를 나누어 수직면으로 평행하게 절단한 것이다.
• Superior(상부)	영장류 머리의 배면을 향한다.
• Unilateral(편측성)	신체의 한편 방향.
• Ventral(복측)	가슴과 위 혹은 머리 아래의 표면을 향한다.

제3장

신경계의 세포

제1장에서 여러분은 척추동물의 신경계 구조를 가장 일반적인 수준에서 세포가 구성하고 있는 주요 구역들을 배웠다. 다음, 제2장에서는 신경구조의 위치를 분명히 하기 위해 신경해부학적 평면과 방향을 배웠다. 이제, 여러분은 신경계구조를 보다 자세히 살펴보기 위해 신경계를 구성하고 있는 세포를 관찰할 것이다.

인간의 신경계는 수천 억 세포로 구성되어 있는데, 아마 은하계의 별보다 더 많을 것이다. 이 장에서 여러분은 신경계 세포에는 기본적으로 다른 두 개의 유형이 있음을 학습하고, 그리고 기본적인 그 구조와 기능을 배우게 될 것이다.

다음은 제3장에서 다루게 되는 각 절의 내용이다.

1. 뉴런 : 주요 영역
2. 뉴런 : 세포체 구조
3. 뉴런 : 종말단추의 구조
4. 수지상돌기와 세포체를 통한 신경전도
5. 축색전도와 시냅스 전달
6. 교세포와 도약전도
7. 신경세포막과 수용기

1. 뉴런 : 주요 영역

뉴런(Neurons, 신경세포)은 신경계의 기본 단위이다. 전기화학적 신호를 수용하고, 처리하고, 전달하는 특수화된 세포이다. 다른 세포들처럼, 뉴런도 세포막(cell membrane)으로 둘러싸여져 있고, 세포질(cytoplasm)이라 부르는 깨끗한 내체액으로 구성되어져 있다. 세포막은 반투과성 물질이다. 즉, 어떤 분자는 통과시켜 주지만, 그 외 다른 분자는 통과시켜 주지 않는다.

뉴런은 광범위하고 다양한 크기와 모양을 갖고 있지만, 뉴런의 다음 4영역이 가장 쉽게 식별된다. 1) 세포체(cell body) 혹은 soma는 뉴런의 대사중심지이다. 세포생존을 위해 매우 중요한 과정들을 조정하는 뉴런의 영역이다. 2) 수지상돌기(dendrites)는 세포체분지로 짧은 관목처럼 생긴 섬유이다. 일차 기능은 다른 뉴런으로부터 오는 신호들을 수용하는 기능이다. 3) 축색(axon)은 세포체로부터 연장된 단일의 긴 섬유이다. 이 기능은 세포체에서 신경계의 다른 자리로 신호를 전도하는 것이다. 4) 단추(buttons)는 축색분지(axonal branches) 종말 끝에 단추모양이다. 이 기능은 다른 세포로 뉴런의 신호를 전달하는 자리인 것이다.

전형적으로, 다른 뉴런에서 온 신호는 수지상돌기에서 수용하고 얼마는 세포체에서 연장하여 수용한다. 그 뒤에, 신호는 세포체를 통해서, 축색을 따라, 그리고 최종적으로 다른 세포체로 전달해 주는 종말단추를 통해 전도된다.

세포질(Cytoplasm, SITE oh plazm)
뉴런과 세포의 깨끗한 내체액

세포막(Cell membrane)
뉴런과 세포의 세포질로 둘러싸인 반투과성 막으로 세포벽

세포체(Cell body)
뉴런의 대사 중심지로 soma(pronounced SOE ma)라고도 한다

수지상돌기(Dendrites, DEN drites)
세포체에서 갈라져 나온 짧은 나뭇가지 같은 관목섬유로 뉴런의 주요 신호수용 영역을 이룬다.

축색(Axon)
뉴런의 세포체로부터 연장된 단일의 긴 섬유로 주 기능은 세포체에서 신경계의 다른 부분으로 신경신호를 처리한다.

단추(Buttons)
축색분지의 단추모양과 같은 종말단추.

🔵 색칠하면서 익히기

첫째, 선에서 제시한, 수지상돌기분지를 포함한 모두 열 개의 수지상돌기를 색칠하라. 다음, 여덟 개의 단추를 색칠하라. 축색분지와 직선 위로는 색칠하지 말라. 마지막으로, 세포체, 축색, 세포막, 그리고 세포질을 색칠하라.

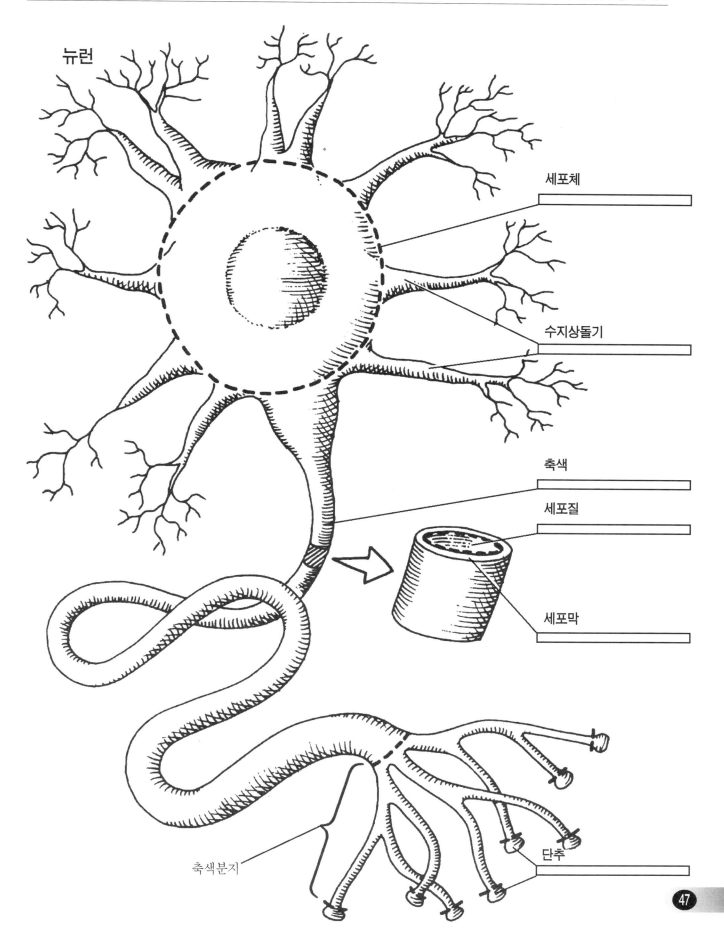

뉴런

세포체

수지상돌기

축색

세포질

세포막

축색분지

단추

2. 뉴런 : 세포체 구조

모든 세포의 세포질은 그 자체가 생존하기 위해 필요한 세포 구조이다. 뉴런 구조 대부분이 **세포체**이다. 세포체에서 가장 중요한 구조는 핵(nucleus)이고, 핵은 세포 유전물질을 함유한 큰 구형의 구조이다. 유전물질은 세포단백질의 합성으로 되어 있다.

또 세포체에서 중요한 구조로 내형질 세망(endoplasmic reticulum)과 골지체(golgi apparatus)가 있다. 내형질 세망은 모든 세포체의 단백질이 합성되는 구조로, 리보솜(ribosomes)이 점점으로 덮혀 있기 때문에 조면(rough)으로 표현하는데, 판모양의 막 주머니 조직으로 되어 있다. 골지체 또한 판 모양의 막 주머니로 연결되어 있으나, 내형질 세망과는 달리 리보솜이 없다. 골지체는 물질들을 세포의 다른 부분으로 운송하거나 혹은 세포에서 방출하거나 간에 세포막 내 단백질과 다른 분자들을 함께 묶어 꾸러미로 있다.

세포호흡과 에너지 소모의 역할을 하는 미토콘드리아(mitochondria)는 신경세포질 전반에 걸쳐 분포되어 있는데, 특히 세포체와 단추에 널리 퍼져 있다. 또한 신경세포질 전반에 걸쳐 나타나는 것으로 신경세사(neurofilaments)와 미세관(microtubules)이 있다. 신경세사는 뉴런을 지지해 주는 골격처럼 제시해 주고, 미세관은 뉴런 내 물질수송의 역할을 하는데 하루에 약 200mm (8인치) 정도 수송한다.

핵(nucleus)
각 세포의 세포질 내 큰 구형 구조 ; 유전형질을 포함하고, 뉴런에서 세포체내에 위치한다.

내형질 세망(Endoplasmic reticulum, end oh PLAZ mik re TIK you lum)
세포의 세포질 내 거치런 판 모양의 막 주머니 조직으로 리보솜으로 덮혀 있다는 데서 조면이라는 어원이 나왔고, 뉴런에서는 세포체에 위치한다.

리보솜(Ribosomes, RIBE oh zohms)
각 세포체 단백질을 합성하는 구조로 리보솜은 조면내형질 세망과 가깝다.

골지체(Golgi apparatus, GOLE jee)
세포의 세포질 내에 있는 부드러운 판 모양의 막 주머니 조직으로 소낭 주머니 안에 단백질과 다른 분자 꾸러미들이 있다.

미토콘드리아(Mitochondria, MITE oh KON dree a)
에너지를 사용하고 생산하며 세포호흡 역할을 하는 세포질 구조이다.

신경세사(Neurofilaments)
세포질 내 모형으로 가느다란 실과 같은 구조로 세포막을 지지해 주고, 뉴런 모양을 유지시켜 준다.

미세관(Microtubules, MY kroe TUBE yules)
신경세포질을 통하는 코스; 가느다란 관으로 뉴런 내 분자들을 수송하는 통로 역할을 한다.

● 색칠하면서 익히기

> 모두가 특히 작기 때문에 첫째 아주 밝은 칼라로서 모든 리보솜과 신경세사를 칠하라. 다음, 내형질 세망, 핵, 골지체, 미토콘드리아, 그리고 미세관을 칠하라.

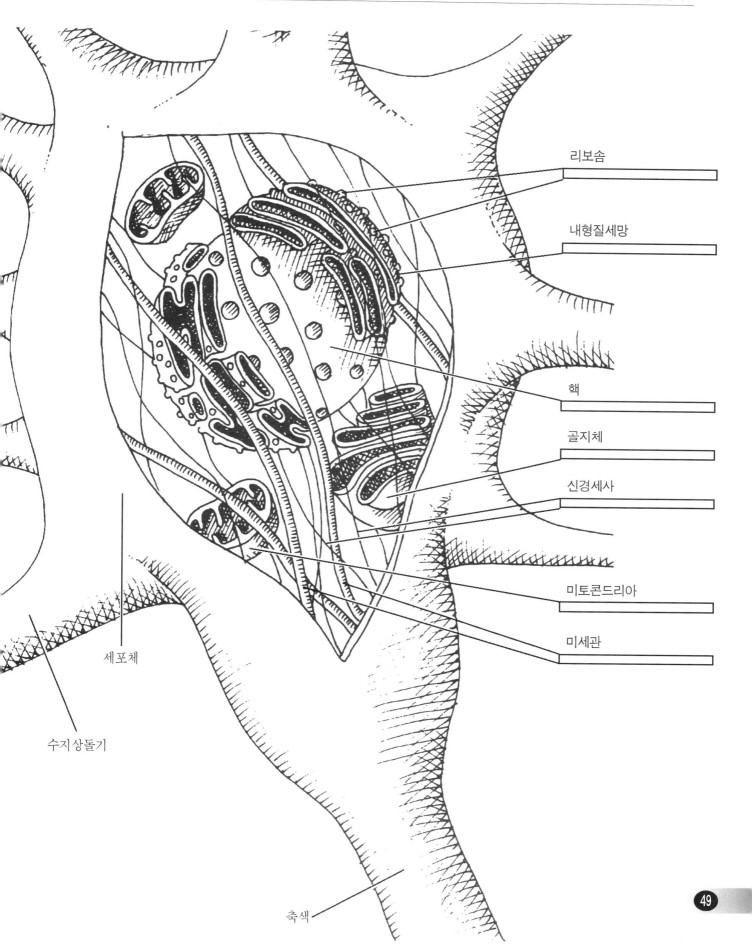

리보솜

내형질세망

핵

골지체

신경세사

미토콘드리아

미세관

세포체

수지상돌기

축색

3. 뉴런 : 종말단추의 구조

　뉴런 종말단추(Terminal buttons)의 세포질에서 중요 구조는, 이미 배운 바와 같이, 미세관, 신경세사, 미토콘드리아가 있다. 미세관은 뉴런 전반에 걸친 물질들을 수송하기 위한 망상조직이고, 신경세사는 뉴런을 지지해 주는 골격 같은 역할을 하고, 미토콘드리아는 에너지를 사용하고 뉴런 생산에서 순환 역할을 하게 된다.

　신경단추의 세포질에서 볼 수 있는 또 중요한 것은, 시냅스소낭(synaptic vesicles)에 흔히 함유되어 있는 신경전달물질 분자(neurotransmitter molecules)이다. 이 신경전달물질 분자는 뉴런 종말단추에서 방출하여 다른 세포의 활동에 영향을 주게 된다. 신경전달물질 분자는 여러 종류들이 많이 있지만, 각 뉴런들이 연합하는 데는 한두 종류만이 방출된다. 어떤 신경전달물질 분자는 다른 세포를 흥분시키기도 하고 또 어떤 것은 다른 세포를 억제시키기도 한다. 시냅스소낭은 종말단추에서 방출된 신경전달물질 분자들을 저장시키는 작은 막 주머니이다. 이 소낭은 단추 막 가까이에서 군집으로 관찰된다.

　어떤 신경전달물질 분자는 단백질의 복잡한 조각으로 세포체에서 합성되는데, 이미 배운 바와 같이 이 분자는 골지체에서 된 소낭 꾸러미이며, 미세관을 통하여 종말단추로 수송된다. 그 외에 보다 단순한 신경전달물질 분자는 신경세포질에서 나타나고, 또 종말단추 내에 골지체에서 된 소낭 꾸러미 속에 있다. 종말단추에서, 골지체는 단추로 덜어와 떨어져 나간 세포막 단추 속의 물질조각으로 소낭(vesicles)을 만든다.

신경전달물질 분자(Neurotransmitter molecules)
활동하는 뉴런 종말단추에서 방출하여 다른 세포의 활동에 영향을 주는 분자.

시냅스소낭(Synaptic vesicles, si NAP tik VESS l kls)
시냅스 전막 가까이에서 방출하는 신경전달물질 분자들을 저장하는 작은 막 주머니이다. 이들 분자는 골지체에서 만들어진다.

🔵 색칠하면서 익히기

> 　첫째, 밝은 칼라로 각 소낭의 신경전달물질 분자를 칠하라. 다음, 가벼운 칼라로 차별화하여 각 소낭 나머지에 칠하라. 주의, 신경전달물질 분자의 크기와 소낭의 크기는 삽화예시 목적상 과장되게 크게 그린 것이다.

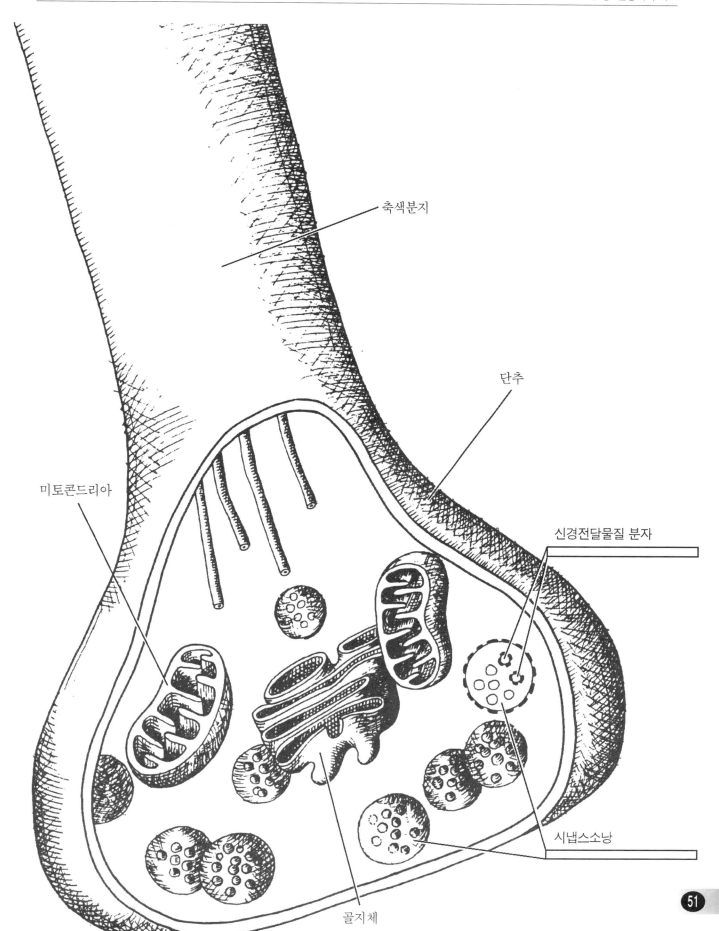

축색분지

단추

미토콘드리아

신경전달물질 분자

시냅스소낭

골지체

4. 수지상돌기와 세포체를 통한 신경전도

수지상돌기와 세포체는 다 함께 뉴런의 수용 영역(receptive area)이다. 이는 수천의 다른 뉴런 종말단추로부터 신경전달물질을 입력하여 수용하기 때문이다. 각 단추와 세포의 수용막 사이에 시냅스(synapse)라 부르는 아주 좁은 틈이 있다. 이 시냅스는 특히 수지상돌기와 세포체에서 상당히 중요한 역할을 하고, 또한 뉴런의 다른 부분에 있어서도 역시 중요하다.

어떤 시냅스에 신경전달물질 분자가 방출되면 시냅스후 뉴런이 흥분되어 작은 전류가 발생되는데, 이런 전류부과를 흥분성 시냅스후 전위(excitatory postsynaptic potentials, or EPSPs)라 부른다. 또 다른 시냅스 활동으로 시냅스후 뉴런이 억제되어 작은 전류가 발생되는데, 이런 전류부과를 억제성 시냅스후 전위(inhibitory postsynaptic potentials, or IPSPs)라 부른다. EPSPs와 IPSPs는 시냅스후 뉴런을 통해 전도가 감소되는데, 즉 신경전달물질은 전달되어 가면서 약화되고 또 축색으로 매우 멀리 떨어져 내려가기 전에 사멸해 버린다. 그 기능이 죽지 않으면 다른 전기화학적 신호의 생산에 영향을 주게 된다.

언제나 뉴런 수용체의 많은 시냅스는 동시에 활동한다. EPSPs와 IPSPs 결과로 활동이 감소되어지지만, 즉시 축색소구에서 진행된다. 축색소구(axon hillock)란 세포체와 축색 사이에 연결된 돌기모양의 영역인데, 이것이 뉴런의 촉발지대(trigger zone)이다. 축색소구는 언제나 뻗쳐지는 EPSPs와 IPSPs 모두에게 함께 관여한다. 축색소구에서 흥분 수준이, 활동전위(action potential, AP)를 일으키는데, 충분한 양으로 억제의 양을 초과하면, 이 충분한 양을 흥분성 역치(threshold of excitation)라 부른다. 그 뒤에 활동전위가 축색에서 종말단추로 내려가 전도하게 된다.

수용 영역(Receptive area)
뉴런의 수지상돌기와 세포체로 시냅스 입력을 대부분 수용하는 신경 영역.

시냅스(Synapse, SIN aps)
한 뉴런의 종말단추와 다른 뉴런의 수용체막 사이에 좁은 틈(synaptic cleft 200Å).

축색소구(Axon hillock, HIL uk)
세포체와 축색 사이에 연결된 돌기모양으로 뉴런의 일반활동전위를 일으키는 부분.

⬤ **색칠하면서 익히기**

> 첫째, 직선 내에 있는 시냅스와 축색소구를 색칠하라. 다음, 수용체를 색칠하라(예, 수지상돌기와 세포체).

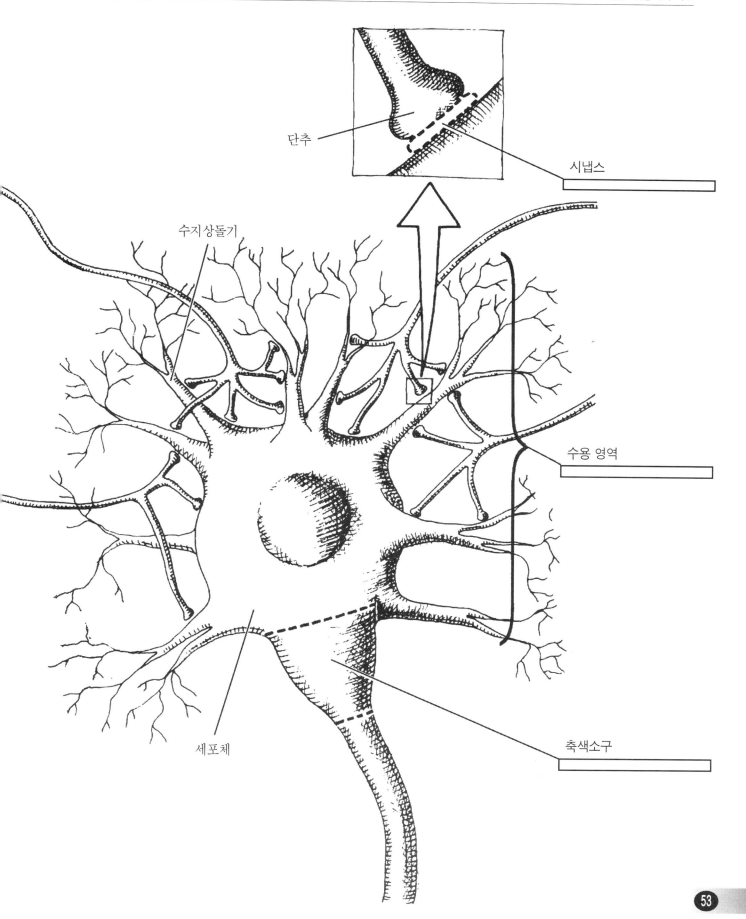

단추

시냅스

수지상돌기

수용 영역

세포체

축색소구

5. 축색전도와 시냅스 전달

활동전위(Action potentials)는 흥분성 시냅스후 전위(EPSPs)와 억제성 시냅스후 전위(IPSPs)의 합이 충분히 흥분되어 지는 순간, 즉 흥분역치(threshold of excitatory)를 초과하여 수용되어질 때 **축색소구**(axon hillock)에서 발생된다. 힘의 변화에 있어서 EPSPs와 IPSPs와는 다르게, 활동전위는 실무율 전위(all or none potentials)로 일어난다, 즉 완전히 일어나거나 혹은 완전히 일어나지 않거나이다. 축색막의 적극간여로 인해, 활동전위는 감소하지 않고 축색을 따라 전도된다. 즉 축색을 따라 내려가 전도되므로 약해지지 않는다. 따라서 각 활동전위는 종말단추에 도달해도 **축색소구**에서 떠날 때와 같이 그 크기가 똑같다.

활동전위가 종말단추에 도달하면, 시냅스전막(presynaptic membrance) 가까이 있는 시냅스소낭에 저장된 어떤 **신경전달물질 분자**가 단추에서 방출을 촉발시킨다. 이런 신경전달물질 방출과정을 **세포외 유출**(exocytosis)이라 부른다. 세포외 유출 동안에, 시냅스 소낭은 시냅스 전막과 결합되고 그리고 세분되어 시냅스에 내용물이 방출된다.

신경전달물질 분자는 시냅스를 가로질러 가고 시냅스후막(postsynaptic membrance)에서 수용기(receptors)가 열쇠로 잠그는 식으로 결합된다. 거기에는 신경전달물질 분자 각 유형의 특수 수용기가 있다. 이 수용기의 결합을 통해 신경전달물질 분자가 시냅스후 뉴런에서 EPSP나 혹은 IPSP로 유도되는데, 주어진 시냅스가 흥분하든 억제하든, 둘 다 아니든 간에 이루어진다.

시냅스전막(Presynaptic membrance)
시냅스 틈에 인접한 종말단추막의 구역으로 신경전달물질 분자가 시냅스로 방출되는 장소이다.

수용기(Receptors)
열고 잠그는 식으로 신경전달물질 분자가 유지되는 신경세포막의 분자. 이런 식으로 뉴런에 신호를 보낸다.

시냅스후막(Postsynaptic membrance)
시냅스 틈에 인접한 시냅스후 뉴런의 세포막의 구역으로 시냅스후막은 시냅스후 수용체를 포함한다.

● **색칠하면서 익히기**

> 첫째, 신경전달물질 분자를 방출하는 시냅스소낭을 포함한 시냅스전막을 색칠하라. 소낭은 한 번에 시냅스 전막에 밀착하고 그 부분으로 된다. 다음, 수용기와 시냅스후막을 색칠하라.

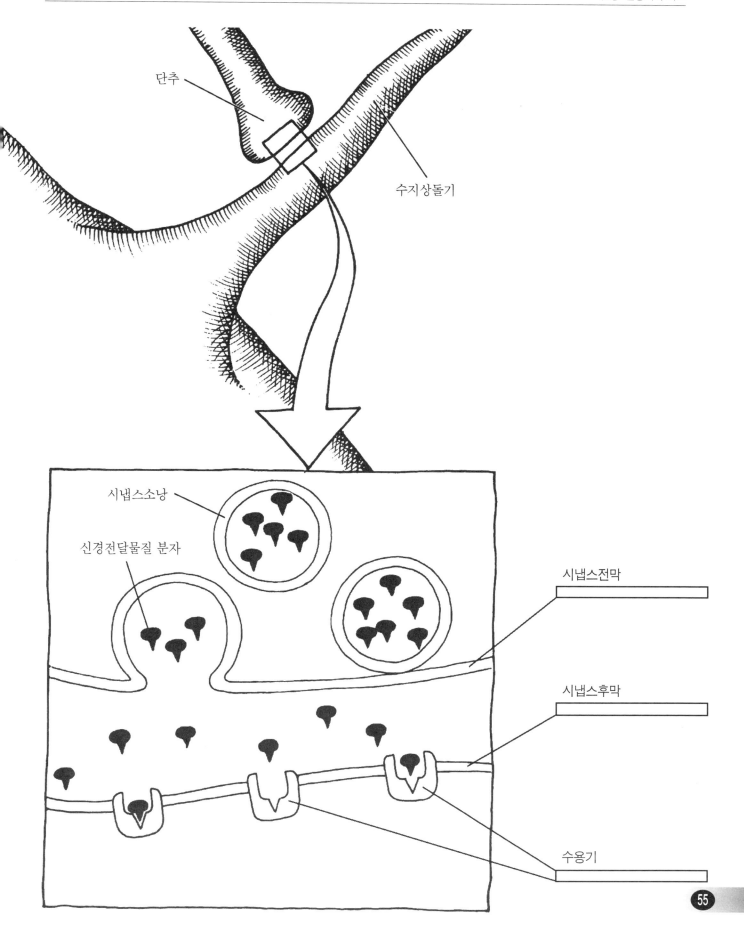

단추

수지상돌기

시냅스소낭

신경전달물질 분자

시냅스전막

시냅스후막

수용기

6. 교세포와 도약전도

뉴런은 신경계에서 세포만 있는 것이 아니다. 신경계는 또한 많은 **교세포**(glial cells) 혹은 **신경교**(neuroglia)를 포함한다. 교세포에는 몇 가지 다른 성질이 있는데, 중추신경계를 접착 지지시켜 주고 혹은 방어기능을 하는 등 훨씬 더 많은 역할을 수행한다. 어떤 교세포는 뉴런을 둘러싸 그 위치를 유지시켜 주는 신체적 골격을 제공해 주고 어떤 것은 조직파편이나 불필요한 재료들(예, 노화로 죽은 뉴런의 잔해를 파괴)을 제거해 주고 또 어떤 것은 혈액에서 중추신경계 뉴런으로 분자들(예, 신호교환에 쓰이는 화학물질)을 통과시키는 데 있어서 공급을 조절한다.

교세포의 또 다른 중요한 기능은 축색의 수초화 형성이다. **수초**(myelin)는 교세포에서 생산되는 지방물질이다. 교세포가 축색주위를 둘러싸고 있는 것이 유수축색이다. 수초화 형성에는 각 축색을 수초로 씌우는 과정에서 덮개 가까이 교분절 사이에 틈이 있는데 이러한 틈을 랑비에 절(nodes of ranvier)이라 부른다(수초 없이 노출된 축색 부위).

수초형성(myelination)은 축색전도의 속도를 증가시킨다. 유수축색에서 활동전위는 축색을 따라 일정한 속도로 가기보다 절에서 절로 뛰어넘어 간다. 유수축색에서 전도를 **도약전도**(saltatory conduction)라 부른다(도약은 뛰어넘다 혹은 뛰다). 큰 유수축색에서 활동전위는 1초에 100m 정도로 축색을 따라 전도된다.

수초는 흰색이다. 즉 많은 유수축색을 포함한 신경계 영역은 흰색이고 이를 **백색질**(white matter)이라 한다. 대조적으로 유수축색이 아닌 신경계 영역은 회색이고 이를 **회색질**(gray matter)이라 한다. 즉 회색질은 크게 세포체, 수지상돌기, 무수축색으로 구성되어 있다.

핍돌기교세포(oligodendrocytes)는 중추신경계 유수축색으로 축색을 지지하고 수초를 만드는 교세포이다. **쉬반세포**(schwann cells)는 말초신경계 유수축색으로 교세포이다. 그들 사이에 아주 중요한 차이점은 **축색재생**(axonal regeneration)을 촉진시키는 것이 핍돌기교세포가 아니라 쉬반세포라는 점이다(예, 외상을 받은 후 축색의 재성장).

랑비에 절(Nodes of Ranvier, rahn vee ay)
유수축색에 인접한 교분절 사이의 틈이다.

핍돌기교세포(Oligodendrocytes, O li DEN dro sites)
중추신경계 유수축색의 교세포이다.

쉬반세포(Schwann cells)
말초신경계 유수축색의 교세포이다.

🔵 색칠하면서 익히기

> 첫째, 쉬반세포를 색칠하라. 한 축색에 각 쉬반세포 수초화 구역이 있다. 다음, 핍돌기교세포를 색칠하라(세포체를 포함하여, 세포 범위와 축색 주위를 둘러싸는 과정). 몇몇 축색에서 각 핍돌기교세포의 수초화 구역이 있다. 마지막으로, 랑비에 절을 색칠하라(교세포로 고립되지 않은 축색의 짧은 구역이 있다).

말초신경계의 수초화

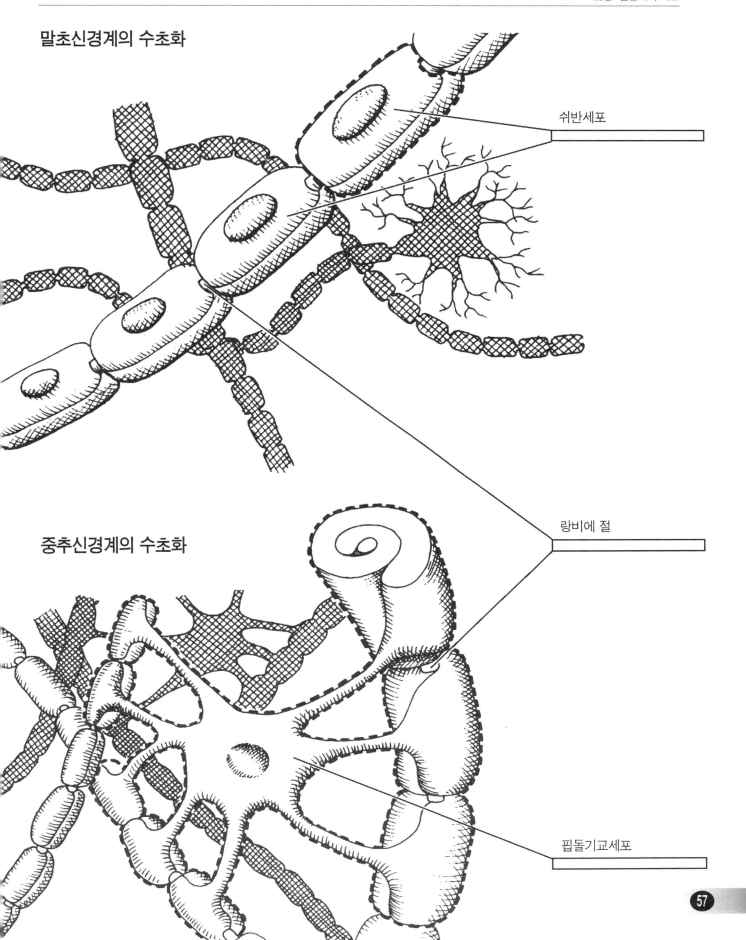

쉬반세포

랑비에 절

중추신경계의 수초화

핍돌기교세포

7. 신경세포막과 수용기

신경충동전도에서 뉴런의 능력은 세포막의 특별한 특성에 기인된다. 신경세포막(neural cell membrane)은 지질의 양층으로서 이는 이온통로(Ion channels)와 신호단백질(signal proteins), 이 두 종류의 구조물에 파묻혀 있는 지방분자의 두 층이다.

이온통로는 신경세포막에 있는 특수한 기공으로, 이는 소위 **이온**(ions)이라 부르는(예, sodium, potassium, and chloride ions) 미립자에 전류가 흘러 이 작은 곳을 통과하는 것이다. 이온통로는 뉴런 내부와 외부 사이에 고르지 않게 분산되어 시냅스후 전위와 활동 전위 모두를 일으키는 바탕이 된다. 수지상돌기와 세포체막 대부분의 이온통로는 화학적-개폐문(chemical-gated)이다. 즉 신경전달물질의 화학적 반응에 따라 문이 열리고 닫힌다. 축색막의 대부분 이온통로는 전압식-개폐문(voltage-gated)이다. 즉 축색막을 가로지르는 전압 변화의 반응에 따라 문이 열리고 닫힌다.

신호단백질(signal proteins)은 세포막을 7번 앞뒤로 통하는 뱀과 같은 분자이고, G-단백질(g-proteins, guanin-sensitive proteins)을 가진 뉴런 내부와 연관된다. 신경전달물질에 의해 신호단백질 수용기 활성은 G-단백질을 활성화시키는데, 즉 G-단백질에서 뉴런 내부의 화학적 변화가 차례로 일어난다.

거기에는 두 종류의 분자수용기가 있다. 하나는 근수축성 수용기(Ionotropic receptors)인데, 이는 수용기에 신경전달물질 분자가 묶여서 잠깐 동안에 개방하거나 혹은 닫아 버리는 이온통로와 연관된다. 또 하나의 수용기는 대사성 수용기(metabotropic receptors)인데, 이는 신호단백질과 연관되는 것으로 느리고 오래 지속되는 효과를 낸다.

이온통로(Ion channels)
이온을 통과시켜 주는 신경세포막의 특수 기공으로 어떤 것은 화학적-개폐문이고, 어떤 것은 전압식-개폐문이다.

신호 단백질(Signal proteins)
세포막을 통해 일곱 번 앞뒤로 뱀처럼 움직이는 단백질로, 그 단백질과 연관된 수용기가 활성화될 때 뉴런으로 신호를 보낸다.

G-단백질(G-proteins)
신경전달물질 분자가 신호단백질과 연관된 수용기와 결합할 때 뉴런 내부에서 활성화되는 단백질 분자이다.

근수축성 수용기(Ionotropic receptors)
이온통로와 연관되는 수용기로 활성화될 때 전형적으로 이온통로를 열고 닫음으로써 뉴런에 빠르고 순간적으로 신호를 유도한다.

대사성 수용기(Metabotropic receptors, meh TAB oh trope ik)
신호 단백질과 G-단백질에 연관되는 수용기로 활성화될 때 전형적으로 내부에 화학적 변화를 일으킴으로써 뉴런에 느리고 오래 지속되는 변화를 유도한다.

● 색칠하면서 익히기

> 첫째, 직선 내에 있는 근수축성 수용기와 대사성 수용기를 색칠하라. 다음, 이온통로, 신호단백질, 그리고 G-단백질을 색칠하라.

세포막

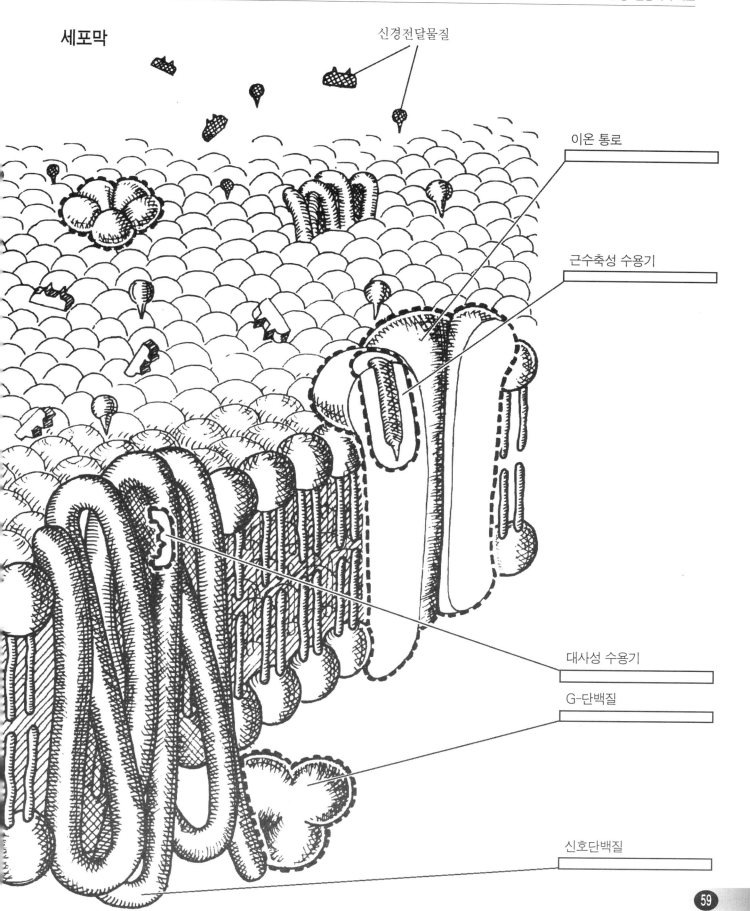

신경전달물질

이온 통로

근수축성 수용기

대사성 수용기

G-단백질

신호단백질

연습문제

신경계의 세포

지금 여러분은 잠시 쉬면서, 제3장에서 배운 일곱 개의 학습단위에 대한 용어와 개념들을 정리하여 보라. 여러분들이 쉽게 잊어버리지 않도록 용어들을 여러 번 반복하여 학습해 두는 것이 매우 중요하다.

연습문제 1

제3장에 있는 일곱 개의 학습단위 삽화예시로 돌아가 각 페이지 오른편 끝에 쓰여 있는 용어들을 익힐 때는 이 책 뒷부분의 겉표지로 용어를 가려 보자. 각 명칭의 구조들을 확실히 알 때까지, 연속순서로 일곱 개의 삽화예시를 학습하라. 한 번의 실수도 없이 모든 삽화예시를 철저히 익힌 다음, 연습문제 2로 넘어가라.

연습문제 2

다음 삽화예시에서 빈 칸에 적합한 용어를 채워라. 정답은 책 뒤에 제시되어 있다. 만약 틀렸다면 오답과 관련하여 그 정답내용들을 주의 깊게 점검하라.

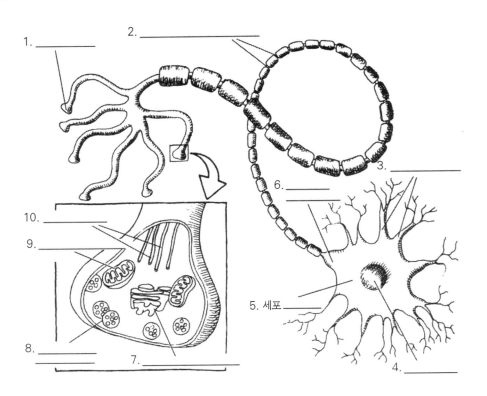

연습문제 3

3장을 들춰 보지 말고 다음 빈 칸을 이 장에서 나온 정확한 용어로 답을 쓰라. 만약 틀린다면 오답과 관련하여 그 정답내용들을 주의 깊게 점검하라. 정답은 책 뒤에 제시되어 있다.

1. 활동전위(APs)는 _____ 전위이다. 즉 완전히 일어나거나 아니면 완전히 일어나지 않는다.

2. 많은 뉴런의 세포체로부터 두 종류의 섬유가 뻗어나오는데 ; 하나는 긴_____ 이고 그리고 다른 하나는 많은 짧은 나뭇가지 같은 관목섬유로 된 _____ 이다.

3. 축색가지 끝에서 아주 작은 둥근모양의 끝을 _____ 라 부른다.

4. 뉴런의 _____ 은 유전적 소인이 포함된 커다란 구형 구조이다.

5. _____ 전위는 비감소를 유도한다.

6. 세포체에서 _____ 체는 뉴런의 다른 부분으로 수송하기 위한 소낭 내 단백질 꾸러미이다.

7. 신경전달물질 방출과정을 _____ 이라 부른다.

8. 신경전달물질 분자는 시냅스 전막 가까이에 있는 시냅스 _____ 내에 흔히 저장하고 있다.

9. 수지상돌기와 세포체는 모두 뉴런의 _____ 영역으로 언급되고 있다.

10. 활동전위는 축색 _____ 에서 발생한다.

11. 각 시냅스는 _____ 막과 _____ 막 사이에 끼어 있다.

12. 신경전달물질 분자는 한번에 방출하고, _____ 를 가로질러 확산한다.

13. 세포체에서 세포질의 뛰어난 점은 판모양의 막 주머니 체계이고, 이를 대부분 조면이라 한다. 이런 구조를 _____ _____ 이라 부른다.

14. 신경전달물질 분자는 시냅스후 _____ 에서 열고-잠그는 형태로 유지되고 있다.

15. 세포체와 축색 사이에 원뿔모양의 접합점은 _____ 이다.

16. 단백질은 조면 내형질 세망인 _____ 과 합성된다.

17. 활동전위(APs)와는 다르게 흥분성 시냅스후 전위(EPSPs)와 억제성 시냅스후 전위(IPSPs)는 즉시에 전도되고 _____ 한다.

18. _____ 혹은 soma는 뉴런의 대사 중심지이다.

19. 유수축색에서 전도는 _____ 전도라 부른다.

20. 유수축색의 수초 틈을 _____ 절이라 부른다.

21. 종말단추에서 _____ 가 단추막의 조각으로부터 시냅스소낭을 만든다.

22. _____ 는 중추신경의 유수축색이다.

23. _____ 수용기는 신호단백질과 G-단백질과 연관된다.

24. _____ 가 열려 있을 때, 세포막을 통하여 이온의 통과를 허용한다.

연습문제 4

아래 알파벳 순서는 여러분들이 3장에서 배웠던 용어와 정의들의 모든 목록들이다. 이 페이지 위의 정의란을 가리고 여러분 스스로가 그 용어들을 명확히 하여 용어목록들을 익혀라. 이 과정에서 틀리지 않도록 목록을 철저히 되풀이하라. 그런 다음에, 용어를 덮고 나서 정의의 목록들을 점검하여 정확한 용어를 확인하라. 한 번 더 시도하여 틀리지 않도록 목록들을 철저히 되풀이하라.

• Axon(축색)	뉴런의 세포체로부터 연장된 단일 긴 섬유로 주 기능은 세포체에서 신경계의 다른 부분으로 신경신호를 처리한다.
• Axon hillock(축색소구)	세포체와 축색 사이에 연결된 돌기모양으로 뉴런의 일반 활동 전위를 일으키는 부분.
• Buttons(단추)	축색분지의 단추모양과 같은 종말단추.
• Cell body(세포체)	뉴런의 대사 중심지 ; soma(pronounced SOE ma) 라고도 한다.
• Cell membrane(세포막)	뉴런과 세포의 세포질로 둘러싸인 반투과성 막으로 세포벽
• Cytoplasm(세포질)	뉴런과 세포의 깨끗한 내체액.
• Dendrites(수지상돌기)	세포체에서 갈라져 나온 짧은 나무가지 같은 관목 섬유이며 뉴런의 주요 신호수용 영역을 이룬다.
• Endoplasmic reticulum (내형질 세망)	세포체의 세포질 내 거친 판모양의 막 주머니 조직으로 리보솜으로 덮혀 있다는 데서 조면이라는 어원이 나왔고 뉴런에서는 세포체에 위치한다.
• G-proteins(G-단백질)	신경전달물질 분자가 신호단백질과 연관된 수용기와 결합할 때 뉴런 내부에서 활성화되는 단백질 분자.
• Golgi apparatus(골지체)	세포의 세포질 내 부드러운 판 모양의 막 주머니 조직으로 소낭 주머니 내 단백질과 기타분자의 꾸러미들이 있다.
• Ion channels(이온통로)	이온을 통과시켜 주는 신경세포막의 특수 기공으로 어떤 것은 화학적-개폐문이고, 어떤 것은 전압-개폐문이다.

- Ionotropic receptors
  (근수축성 수용기)

이온통로와 연관되는 수용기로 활성화될 때 전형적으로 이온통로를 열고 닫음으로써 뉴런에 빠르고 순간적인 신호를 유도한다.

- Metabotropic receptors
  (대사성 수용기)

신호단백질과 G-단백질에 연관되는 수용기로 활성화될 때 전형적으로 내부에 화학적 변화를 일으킴으로써 뉴런에 느리고 오래 지속되는 변화를 유도한다.

- Microtubules(미세관)

신경세포질을 통하는 코스; 가느다란 관으로 뉴런 내 분자들을 수송하는 통로 역할을 한다.

- Mitochondria(미토콘드리아)

에너지를 사용하고, 생산하며, 세포호흡에 역할을 하는 세포질 구조이다.

- Neurofilaments(신경세사)

세포질 내 모형으로 가느다란 실과 같은 구조로 세포막을 지지해 주고, 뉴런 모양을 유지시켜 준다.

- Neurotransmitter molecules
  (신경전달물질 분자)

활동하는 뉴런 종말단추에서 방출하여 다른 세포의 활동에 영향을 주는 분자.

- Nodes of Ranvier(랑비에 절)

유수축색에 인접한 교분절 사이의 틈이다.

- nucleus(핵)

각 세포의 세포질 내 큰 구형 구조로 유전형질을 포함하고 뉴런에서 세포체 내에 위치한다.

- Oligodendrocytes(핍돌기교세포)

중추신경계 유수축색의 교세포이다.

- Postsynaptic membrane
  (시냅스후막)

시냅스 틈에 인접한 시냅스전 뉴런의 세포막의 구역 시냅스후막은 시냅스후 수용체를 포함한다.

- Presynaptic membrane
  (시냅스전막)

시냅스 틈에 인접한 종말단추막의 구역으로 신경전달물질 분자가 시냅스로 방출되는 장소에 있다.

- Receptive area(수용 영역)

뉴런의 수지상돌기와 세포체로 시냅스 입력 대부분을 수용하는 신경 영역.

- Receptors(수용기)

열고 잠그는 식으로 신경전달물질 분자가 유지되는 신경세포막의 분자. 이런 식으로 뉴런에 신호를 보낸다.

- Ribosomes(리보솜)

각 세포체 단백질을 합성하는 구조로 리보솜은 조면내형질 세망과 가깝다.

- Rough Endoplasmic reticulum
  (조면내형질 세망)

세포의 세포질 내 조면 판 모양의 막주머니 조직으로 리보솜으로 덮혀 있다는 데서 조면이라는 어원이 나왔고 뉴런에서는 세포체에 위치한다.

- Schwann cells(쉬반세포)

말초신경계 유수축색의 교세포이다.

- Signal proteins(신호단백질)

세포막을 통해 일곱 번 앞 뒤로 뱀과 같이 움직이

는 단백질로, 그 단백질과 연관된 수용기가 활성화
될 때 뉴런으로 신호를 보낸다.

- Synapse(시냅스 혹은 연합) 한 뉴런의 종말단추와 다른 뉴런의 수용체 막 사이
의 좁은 틈.

- Synaptic vesicles(시냅스소낭) 시냅스 전막 가까이에서 방출하는 신경전달물질
분자들을 저장하는 작은 막 주머니이다. 이들 분자
는 골지체에서 만들어진다.

인간신경계의 초기발달

여러분은 아빠의 정자가 엄마의 난자를 향해 가장 빠르게 침투하고, 아빠의 염색체가 엄마의 염색체와 결합하여 수정되고, 그리고 그 단일 수정란이 변형을 일으켜서 오늘날 여러분이 있게 된 긴 발달과정, 실로 경이로운 과정들을 이제 살펴 볼 것이다. 이 장에서는 여러분 뇌의 발달단계 중에서 초기 단계에 초점을 두겠다.

수정 몇 시간 내에 세포분열이 일어나 두 개의 세포로 되고 곧이어 4, 8, 16 등등 기하급수적으로 분열이 이루어진다. 처음에 여러분은 형체도 없는 동일 세포의 덩어리에 불과하지만 곧 세포분열 유형들이 생산되기 시작하는데, 소위 배아라고 불리는, 체액이 충만한 둥근공의 형태로 된 텅빈 방(空室)에 스스로가 일정한 발육순서에 따라 정렬하게 된다. 수정 후 18일 정도쯤 되면 배아 배면 위에 세포조각이 보이는데 이것이 미래에 아주 복잡하게 구성되는 신경계의 첫 시발점이 되는 것이다. 본 장에서는 바로 이 세포조각의 발육들이 어떻게 시작되고, 거기에서 발달된 뇌의 다섯 구역이 어떤 지를 기술할 것이다.

다음은 제4장에서 다루게 되는 각 절의 내용이다.

1. 신경관의 발달

수정 후 18일 정도쯤 되면 인간 신경계에는 발달하려고 예정된 세포가 배아 배면 위에서 조그마한 세포조각(貼布)으로 겨우 볼 수 있게 된다. 이 세포조각을 신경판(neural plate)이라 부른다. 신경판은 하루나 이틀 뒤 신경구(neural groove)라 부르는 큰 고랑이 생기는데, 신경구는 신경판 중심 아래에서 발달한다. 이 신경구가 깊고 깊게 자라나고, 곧 이어서 구(고랑)에는 두 개의 구순(口脣)이 생기게 되는데, 이 속에 체액이 가득한 관의 형태로 융합이 된다. 이를 신경관(neural tube)이라 부른다.

여기서 신경판 세포 전부가 신경관으로 되는 건 아니다. 일단 신경관이 형성됨으로써 신경판 끝에서의 세포는 이탈되어 신경관 외 바로 배측에서 신경능선(Neural crest)을 형성하게 된다. 이 신경능선이 말초신경계로 발달하고, 신경관은 중추신경계로 발달한다. 이러한 신경계 발달의 초기 단계는 모든 척추동물들에게서 유사한 방식으로 진행된다.

신경판 신호의 발달은 이를 구성하는 세포에게서 중요한 변화가 있다. 신경판 발달 이전에 실제 신경판을 이루는 세포는 전능(totipotential, 전형발육능력)이다. 즉 이 전능은 인간세포의 다양한 종류로 발달해 나갈 잠재성을 갖고 있다. 배아의 다른 부분으로 이식을 하게 되면, 새로운 장소에서 적절한 세포의 유형으로 발달해 나간다(예, 머리카락, 근육, 피부, 간세포 등). 여하튼, 신경판이 나타난 후 이식이 되면, 새로운 위치에 상관 없이 신경계 세포로 발달해 나갈 것이다.

신경판(Neural plate)

신경계로 발달하는 척추동물 배아의 배측 면에 있는 세포조직의 조각(貼布)으로 인간 배아의 경우 신경판은 수정 후 18일 정도면 처음으로 관찰할 수 있다.

신경구(Neural groove)

신경판 중심 아래에서 발달되는 구.

신경관(Neural tube)

신경구의 구순이 융합될 때, 척추동물의 배아에서 형성되는 체액이 가득찬 관으로 신경관은 중추신경계로 발달된다.

신경능선(Neural crest)

신경관 바로 외측과 배측에 위치한 척추동물 배아 구조로 신경관이 형성됨으로써 떨어져 나온 신경판 세포에서 만들어진다. 신경능선은 말초신경계로 발달된다.

● 색칠하면서 익히기

세 쌍의 그림은 18일에서 24일 사이에 인간 배아 신경계를 연대순 발달로 그려 예시하였다. 세 개의 관상절단면을 통해 시기에 따라 거슬러 가며 여러분 방식으로 색칠하라. 첫째, 아래 단면에서 신경능선과 신경관을 다른 색으로 칠하라. 다음, 동일한 두 색을 사용하여 실제로 신경능선과 신경관으로 발달한 신경구 부분을 칠하라. 마지막으로, 동일한 두 색을 다시 사용하여 실제로 신경능선과 신경관으로 발달한 신경판 부분을 칠하라.

인간 배아의 배면

인간배아에서 제시한 관상절단면

신경판

18일

신경구

20일

신경능선

신경관

24일

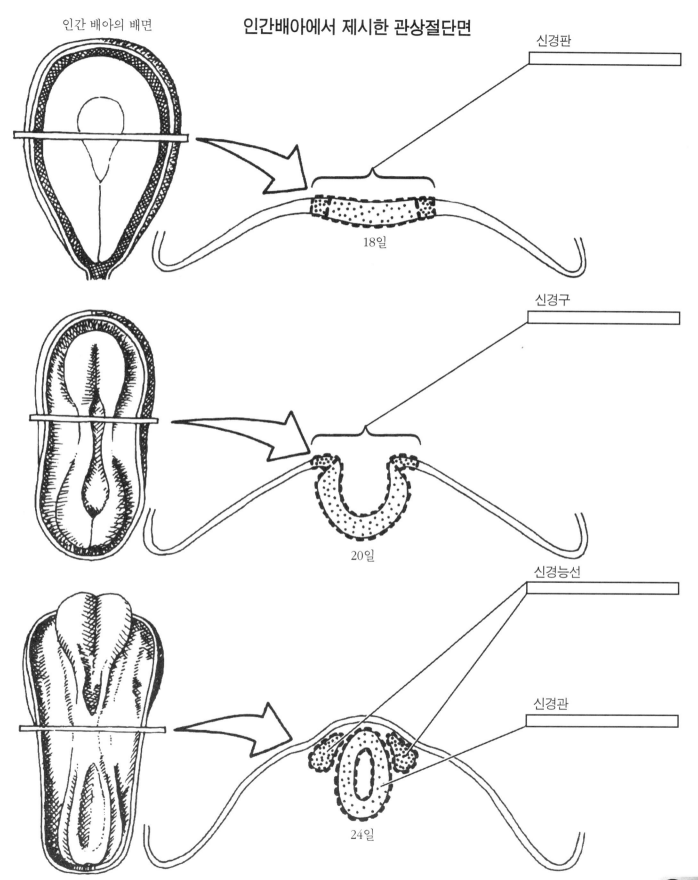

67
제4장 인간 신경계의 초기 발달

2. 초기 신경발달의 여섯 과정

일단 신경관이 형성되면 세포분열을 통해 무수히 많은 수의 새로운 뉴런들이 발생된다. 증식(proliferation)이라 불리는 이 과정은 내부에 체액이 충만된 신경관 인접 영역에서 발생된다. 다음 발달과정은 이동(migration)인데, 일단 새로운 세포들이 발생되면, 이들은 세포분열 영역에서 신경관의 적절한 위치로 떨어져 나간다. 분열된 세포들은 소위 방사교세포(radial glial cells)라 불리는 특수교세포의 임시망을 따라 이동한다.

뉴런이 정확한 목적지에 도달하면 특수 신경구조에 따라 스스로가 정렬(alignment)하게 되는데, 이런 정렬과정들을 응집(aggregation)이라 부른다. 신경발달의 다음 단계는 성장과정(process growth)과 시냅스형성(synapse formation)이다. 이 단계 동안에는 축색과 수지상돌기가 뉴런 발달과 시냅스접촉 형성으로 자라난다. 축색과 수지상돌기 각 끝에는 성장돌기(growth cone)라는 아메바와 같은 구조가 있다. 축색과 수지상돌기의 성장 방향에서 성장돌기는 적절한 표적에 따라, 때로는 상당히 먼 곳으로 향하기도 한다.

초기 신경 발달에서 마지막으로 두 과정이 남아 있는데, 뉴런 사(neuron death)와 수초형성(myelination)이다. 인간 뇌 발달에서 약 6개월이 지나면 뉴런이 약 1,000억 이상이 생기게 되는데, 뇌의 어떤 부분에서는 약 85% 이상이 죽어 간다. 이 신경 사는 드물지 않다. 효과적으로 시냅스접촉을 하지 못한 뉴런은 거의 죽어간다. 최종적으로 생존된 뉴런의 많은 축색은 교세포에 의해 수초화된다. 뇌의 다른 부분은 다른 시기에 수초화되는데, 수초화는 출생 후 여러 달까지 완성되지 않는다.

증식(Proliferation)
신경 발달단계 중 하나로, 체액으로 가득찬 내관에 인접해 있는 신경관 영역에서 세포분열에 의해 많은 뉴런들이 새롭게 만들어지는 것이다.

이동(Migration)
신경 발달단계 중 하나로, 갓 생성된 뉴런이 세포분열 영역에서 발달 중인 신경관에 적절한 위치로 이동하는 것이다.

방사교세포(Radial glial cell)
뉴런이 이동하는 시기에서만이 발달하는 신경관에 존재하는 일시적인 교세포의 망 ; 이동뉴런을 이 교세포망을 따라 바깥쪽으로 이동한다.

응집(Aggregation)
신경 발달단계에서 발달된 신경관이 뇌의 특수 구조를 형성하기 위해 스스로가 정렬한다.

성장과정과 시냅스형성(Process growth and synapse formation)
신경 발달단계 중 하나로, 축색과 수지상돌기가 성장하여 시냅스접촉을 형성하여 나가는 것이다

성장돌기(Growth cone)
축색과 수지상돌기 각 끝에는 성장돌기라는 아메바와 같은 구조가 있다. 성장돌기는 축색과 수지상돌기가 적절한 표적을 향해 성장하도록 해 준다.

뉴런 사(Neuron death)
초기 신경계 발달단계에서 효과적으로 시냅스 접촉을 이루지 못하여 많은 수의 뉴런들이 죽어 간다.

수초형성(Myelination)
신경 발달단계 중 하나로, 많은 축색이 교세포에 의해 수초화되어 가는 과정이다.

● 색칠하면서 익히기

초기 신경발달의 여섯 과정 각각에 대한 삽화예시 주위의 경계를 색칠하라. 또한, 모든 방사교세포와 성장돌기를 칠하라.

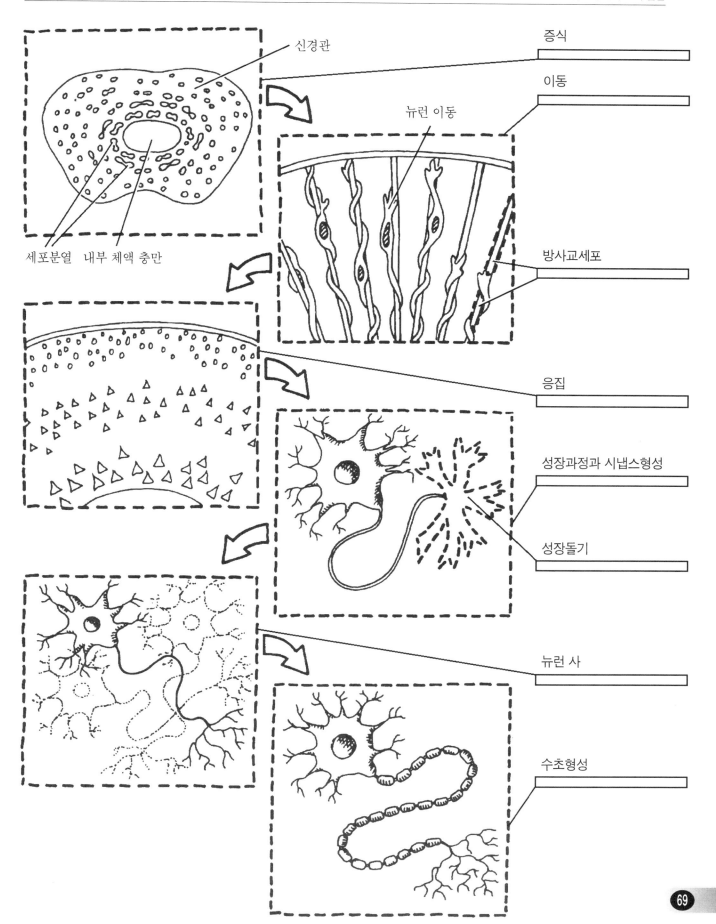

신경관

뉴런 이동

세포분열 내부 체액 충만

증식

이동

방사교세포

응집

성장과정과 시냅스형성

성장돌기

뉴런 사

수초형성

3. 뇌의 3 주요 구역들의 초기 발달

신경증식은 신경관 전체 길이에 따라 동일한 비율로 일어나는 것이 아니다. 세포분열은 특히 신경관 전방 끝에서 복잡하게 일어나는데, 실제로는 그 끝이 뇌가 발달하는 곳이다. 신경관의 나머지는 척수로 발달한다.

신경증식의 결과로, 태내기(출생 전) 4주쯤 하여 세 개의 종팽창화(swellings)가 신경관 전방 끝에서 나타난다. 이 세 개의 종팽창화는 흔히 **전뇌**(forebrain), **중뇌**(midbrain), 그리고 **후뇌**(hindbrain)라고 한다.

명칭에서 암시하듯이 전뇌는 종팽창화 중 가장 앞쪽에, 후뇌는 가장 뒤쪽에, 그리고 중뇌는 중앙에 위치한다. 여하튼, 여러분이 긴 단어를 선호한다면, 전뇌, 중뇌, 후뇌를 the prosencephalon, the mesencephalon, and the rhombencepalon 등으로 제각기 부를 수도 있다.

전뇌(Forebrain)
발달하는 척추동물 신경관의 전방 끝에 있는 세 개의 종팽창화 가운데 가장 앞쪽에 있는 것으로 The prosencephalon이라고도 한다.

중뇌(Midbrain)
발달하는 척추동물 신경관의 전방 끝에 있는 세 개의 종팽창화 가운데 중간에 있는 것으로 The mesencephalon이라고도 한다.

후뇌(Hindbrain)
발달하는 척추동물 신경관의 전방 끝에 있는 세 개의 종팽창화 가운데 가장 뒤쪽에 있는 것으로 The rhombencephalon이라고도 한다.

색칠하면서 익히기

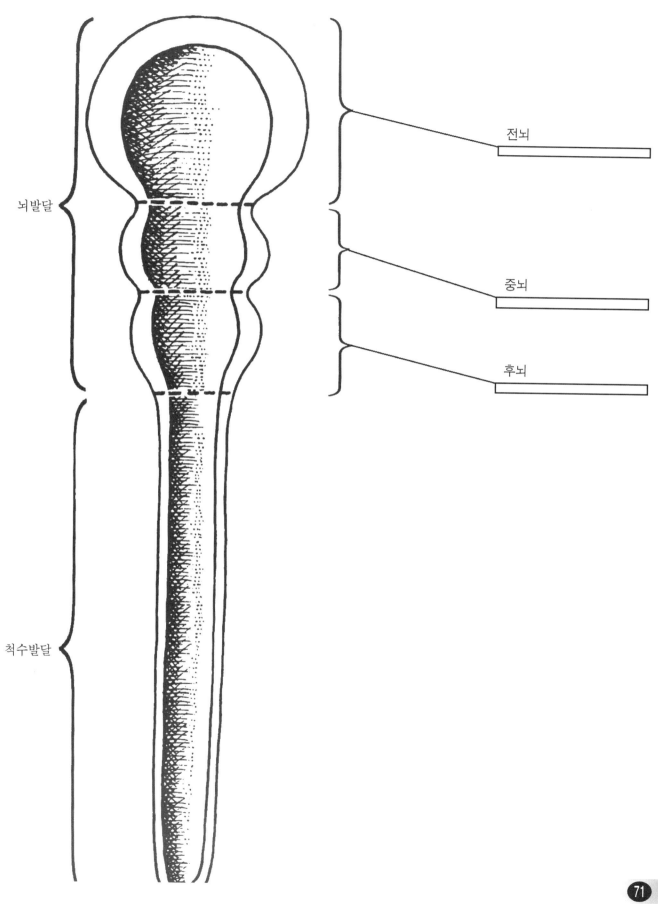

전뇌

중뇌

후뇌

뇌발달

척수발달

4. 뇌의 다섯 구역들의 초기 발달

여러분은 방금 태내기 4주쯤 하여 인간 뇌가 신경관의 전방 끝에서 세 개의 종 팽창화 (swelling)로 발생되어 전뇌, 중뇌, 그리고 후뇌로 발육됨을 관찰할 수 있다고 배웠다. 태내기 5주쯤 하여 이 세 개의 배아 종팽창화는 다시 다섯 개의 종팽창화로 발달되어 간다. 이 다섯 개의 종팽창화는 실제로 성인 뇌의 다섯 주요 구역으로 발달하기 때문에 매우 중요하다. 여기서 이들을 학습하기 위해 특별히 좋은 아이디어를 제시해 주겠다.

전뇌(forebrain)는 두 종 팽창화로 발달되는데 종뇌와 간뇌이다. 종뇌(telencephalon)는 전뇌 전방구역에 있고, 간뇌(diencephalon)는 전뇌 후방구역에 있다. 중뇌(midbrain or mesencephalon)는 그 자체로 남으며, 단일 종팽창화가 간뇌 바로 뒤에 있다. 후뇌 (hindbrain)는 2종 팽창화로 발달되는데, 후뇌(metencephalon)와 수뇌(myelencephalon) 이다. 후뇌는 후뇌 전방구역에 있고 수뇌는 후뇌 후방구역에 있다.

요약하면 전방에서 후방까지 뇌의 다섯 구역은 종뇌, 간뇌, 중뇌, 후뇌, 그리고 수뇌가 있다. 학생들이 공부할 때는, 종뇌는 인간 뇌의 꼭대기에 있다 하여(telencephalon과 top의 t자)를 기억하고, 그리고 나머지 네 개의 구역은 알파벳 순으로 내려가면서 기억하라.

종뇌(Telencephalon, TEL en SEF a lon)
뇌의 다섯 구역 중 가장 전방으로 전뇌의 전방구역이다.

간뇌(Diencephalon, DYE en SEF a lon)
전뇌의 후방구역으로 종뇌와 중뇌 사이의 뇌 영역이다.

중뇌(Mesencephalon, MEEZ en SEF a lon)
중뇌로 간뇌와 후뇌 사이의 뇌 영역이다.

후뇌(Metencephalon, MET en SEF a lon)
후뇌의 전방구역으로 중뇌와 수뇌 사이의 뇌 영역이다.

수뇌(Myelencephalon, MY en SEF a lon)
뇌의 다섯 구역 중 가장 후방으로 후뇌와 척수 사이의 뇌 영역이다.

● 색칠하면서 익히기

> 뇌의 5구역을 각각 색칠하라. 여기서는 발달된 신경관의 종단면을 보여 준다. 신경관 내에 체액충만과 벽의 양쪽을 칠하라.

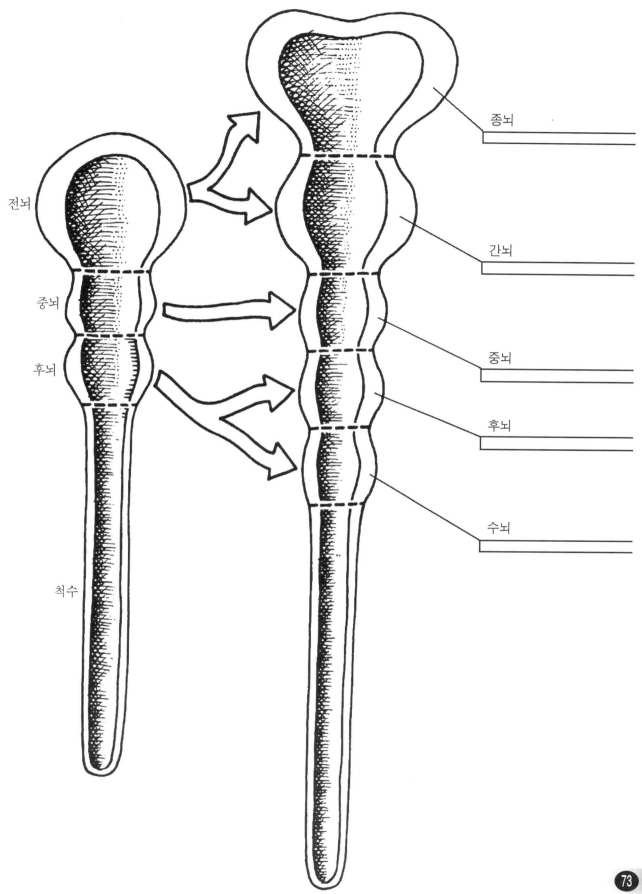

전뇌

중뇌

후뇌

척수

종뇌

간뇌

중뇌

후뇌

수뇌

5. 축색성장 : 신경계의 정확한 신경선

계속 성장 발달해 가는 뉴런들은 그들이 갈 자리로 정확히 이동하여 나간다. 그리고 "그 자체로 생성되는 신경선" 체계에 따라 신경계의 다양한 구조형태가 스스로 배열된다. 즉 축색과 수지상돌기는 각 뉴런과 시냅스 접촉을 예정된 체계에 따라 배열을 정확히 이루면서 성장해 나간다. 이것은 만일 뉴런들 가운데 한 뉴런이 부적절한 연결로 이어진다면 신경계는 효과적으로 기능할 수 없게 된다는 점에서 중요하다. 만일 여러분들의 눈에서 자라나야 할 뉴런축색이 다리근육에서 자라난다면 어떻게 될 것인가를 상상해 보라. 매번 빛이 오면, 저편으로 쓰러질 것이다.

축색 끝에서 성장하는 **성장돌기**(growth cone)가 어떻게 해서 자기가 있어야 할 그 도착지에서 발견되는지에 대한 의문은 신경과학자들의 오랜 숙제이다. 다만 어떻게 이런 일이 발생하는지에 대하여 다음 두 이론이 있다. 하나는 화학친화력 이론(chemoaffinity theory)으로 각 뉴런이 시냅스후 목표에 특수 화학부호를 방출하여 성장축색이 특수부호의 근원지에 따라가도록 프로그램되어 있다는 설이다. 또 하나는 청사진 이론(blueprint theory)으로 성장축색이 발달하는 신경계를 통하여 특정 추적(혈관, 신경, 화학적 추적 등)을 따라가도록 프로그램되어 있다는 설이다. 어느 이론이든 간에 오직 개척해 나가는 성장돌기만이 그 방법을 "알고" 있다. 개척 성장돌기란 축색다발 속에서 각 목표에 도달하려는 첫번째 성장돌기이다. 축색다발 속에 기타 다른 축색의 성장돌기는 그들 이웃과 동일한 경로를 따라 자라나는 성장축색의 성벽이 있는 **섬유속상수축**(fasciculation)에 의해 그 방법이 발견되었다.

화학친화력 이론과 청사진 이론 중 어느 이론이 정확한 것인가? 근거는 두 이론 다 제시하고 있다. 각 기제는 축색이 어떤 성장방향이 있는 것임을 입증해 보이고 있다. 어떤 실험에서는 축색이 신경계 다른 부분으로 이식될 때 정확한 **목표세포**(target cells)로 자라난다. 즉 화학친화력 기제를 시사해 준다. 다른 실험에서는 축색이 정확한 목표세포가 제거된 후에도 정확한 위치에서 성장하고 있었다. 즉 청사진 기제를 시사하여 준다.

화학친화력 이론(Chemoaffinity theory)
축색이 정확한 목표로 향하여 성장한다는 이론으로, 목표세포에 의해 방출되는 특수한 화학신호를 따르도록 프로그램되어 있다.

청사진 이론(Blueprint theory)
축색이 정확한 목표로 향하여 성장한다는 이론으로, 발달하는 신경계를 통해 특정한 추적을 따라가도록 프로그램되어 있다.

⬤ **색칠하면서 익히기**

두 삽화예시에서 정확한 축색성장의 두 주요 이론을 제시하고 있다. 각 경계선을 칠하라.

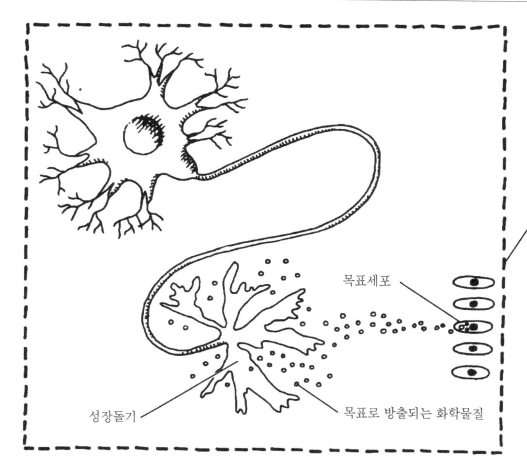

화학친화력 이론

목표세포에 의해 방출된 특수한 화학물질이 고도의 응집쪽으로 향해 성장한다.

목표세포

성장돌기

목표로 방출되는 화학물질

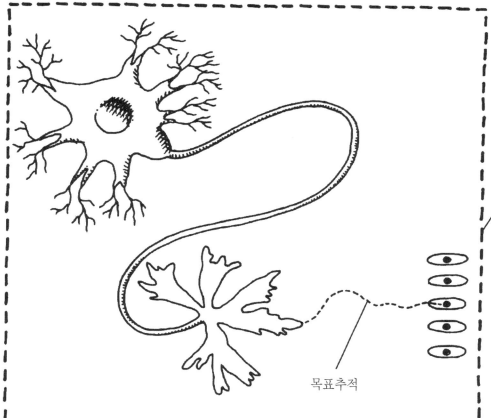

청사진 이론

목표세포의 기초구조를 통하여 특정한 추적(혈관, 막, 신경 등)을 따르도록 한다.

목표추적

연습문제

인간 뇌신경계의 초기 발달

지금 여러분은 잠시 쉬면서, 제4장에서 배운 다섯 개의 학습단위에 대한 용어와 개념들을 정리하여 보라. 여러분들이 쉽게 잊어버리지 않도록 용어들을 여러 번 반복하여 학습해 두는 것은 매우 중요하다.

연습문제 1

제4장에서 다섯 개의 학습단위 삽화예시로 돌아가서, 각 페이지 오른편 끝에 쓰여 있는 용어들을 익히는데, 이 책 뒷부분의 겉표지로 용어를 가려 보자. 각 명칭의 구조들을 확실히 알 때까지 다섯 개의 삽화예시를 학습하라. 한 번의 실수도 없이 모든 삽화예시를 철저히 익힌 다음, 연습문제 2로 넘어가라.

연습문제 2

다음 삽화예시에서 빈 칸을 원문으로 적합한 용어를 채워라. 정답은 책 뒤에 제시되어 있다. 만약 틀렸다면 오답과 관련하여 그 정답내용들을 주의 깊게 점검하라.

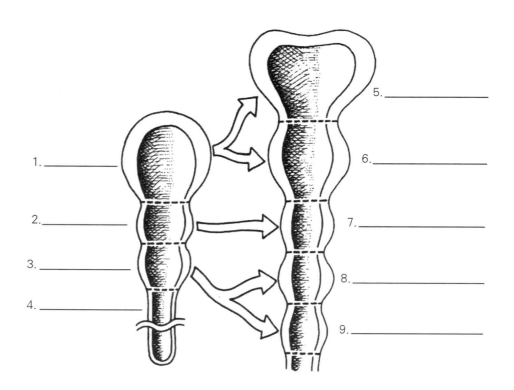

1. _____
2. _____
3. _____
4. _____
5. _____
6. _____
7. _____
8. _____
9. _____

연습문제 3

제4장을 들춰보지 말고, 다음 빈 칸에 정확한 용어로서 답을 쓰라. 정답은 책 뒤에 제시되어 있다. 오답과 관련하여 그 정답내용들을 주의 깊게 점검하라.

1. 발달하는 척추동물의 신경계는 처음 배아의 _____ 표면에서 세포조각으로 볼 수가 있는데, 이 세포조각을 신경 _____ 이라 부른다

2. rhombencephalon, mesencephalon, 그리고 prosencephalon은 제각각 _____, _____ 그리고 _____ 로 흔히 더 잘 알려져 있다.

3. 신경 _____ 의 구순은 신경관 형태로 융합된다.

4. 신경계 구조로 발달하는 뉴런의 정렬을 _____ 이라 부른다.

5. telencephalon과 _____ 은 전뇌(forebrain)에서 조성된다.

6. 인간에게서 신경판은 수정 후 _____ 일쯤 하여 처음으로 나타난다.

7. _____ 과 myelencephalon은 후뇌(hindbrain)에서 조성된다.

8. 뉴런 이동은 _____ 교세포의 일시적인 망에 따라 일어난다.

9. 신경관 세포는 _____ 끝에서 가장 빠르게 증식한다.

10. 각 성장축색 끝에는 _____ 가 있다.

11. 역설적으로, 신경 _____ 는 신경발달의 중요한 단계이다. 뇌의 어떤 부분에서는 약 85% 정도나 뉴런 수를 감소시킨다.

12. 많은 축색은 _____ 세포에 의해서 _____ 된다.

13. 태내기 발달 4주쯤하여 신경관 전방 끝에서 종팽창화를 처음으로 볼 수가 있다. 처음에는 _____ 부분으로 나누어진다.

14. 신경관은 중추신경계로 발달하고 신경 _____ 은 말초신경계로 발달한다

15. 뇌의 5구역 중 가장 전방은 _____ 이고, 가장 후방은 _____ 이다.

16. 신경판 발달 이전에 궁극적으로 신경판을 조성하는 세포는 _____ 이다.

17. _____ 은 체액이 충만된 내부에 인접한 신경관 부분에서 일어난다.

18. _____ 는 간뇌와 후뇌 사이에 놓여 있다.

19. 섬유속상수축의 결과로 _____ 성장돌기의 추적에 따라 후에 성장돌기가 생긴이다.

20. 심지어 목표세포가 새로운 위치에 이식되어질 때에도 어떤 축색이 정확한 목표세포로 자라난다는 사실은 _____ 이론을 지지해 준다.

21. 심지어 목표세포가 제거될 때에도 어떤 축색이 정확한 목표세포의 위치에서 자라난다는 사실은 _____ 이론을 지지해 준다.

연습문제 4

아래 알파벳 순서는 4장에서 배운 모든 용어와 정의의 목록들이다. 이 페이지의 정의란을 가리고 그 용어들을 따라내려 가면서 명확히 정의하여 익혀 나가라. 이 과정에서도 한번의 실수도 없을 때까지 목록을 철저히 되풀이하라. 그런 다음에 용어를 덮고 정의를 정확한 용어로 말해 보라. 이런 과정들을 철저히 반복하라.

• Aggregation(응집)	신경 발달단계에서 발달된 신경관이 뇌의 특수구조를 형성하기 위해 스스로가 정렬한다.
• Blueprint theory(청사진 이론)	축색이 정확한 목표로 향하여 성장한다는 이론으로, 발달하는 신경계를 통해 특정한 추적을 따라가도록 프로그램되어 있다.
• Chemoaffinity theory (화학친화력 이론)	축색이 정확한 목표로 향하여 성장한다는 이론으로, 목표세포에 의해 방출되는 특수한 화학신호를 따르도록 프로그램되어 있다.
• Diencephalon(간뇌)	전뇌의 후방구역 ; 종뇌와 중뇌 사이의 뇌 영역이다.
• Forebrain(전뇌)	발달하는 척추동물 신경관의 전방 끝에 있는 세 개의 종팽창화 가운데 가장 앞쪽에 있는 것으로 Prosencephalon라고도 한다.
• Growth cone(성장돌기)	축색과 수지상돌기 각 끝에는 성장돌기라는 아메바와 같은 구조가 있다. 성장돌기는 축색과 수지상돌기가 적절한 표적을 향해 성장하도록 해 준다.
• Hindbrain(후뇌)	발달하는 척추동물 신경관의 전방 끝에 있는 세 개의 종팽창화 가운데 가장 뒤쪽에 있는 것으로 능뇌 Rhombencephalon라고도 한다.
• Mesencephalon(중뇌)	중뇌로 간뇌와 후뇌 사이의 뇌 영역이다.
• Metencephalon(후뇌)	후뇌의 전방구역으로 중뇌와 수뇌 사이의 뇌 영역이다.
• Midbrain(중뇌)	발달하는 척추동물 신경관의 전방 끝에 있는 세 개의 종팽창화 가운데 중간에 있는 것으로 Mesencephalon라고도 한다.
• Migration(이동)	신경 발달단계 중 하나로 갓 생성된 뉴런이 세포분열 영역에서 발달 중인 신경관에 적절한 위치로 이동하는 것이다.

- Myelencephalon(수뇌)

뇌의 다섯 구역 중 가장 후방 후뇌와 척수 사이의 뇌 영역이다.

- Myelination(수초화)

신경 발달단계 중 하나로, 많은 축색이 교세포에 의해 수초화되어 가는 과정이다.

- Neural crest(신경능선)

신경관 바로 외측과 배측에 위치한 척추동물 배아 구조로 신경관이 형성됨으로써 떨어져 나온 신경판 세포에서 만들어진다. 신경능선은 말초신경계로 발달된다.

- Neural groove(신경구)

신경판 중심 아래에서 발달하는 도랑(구).

- Neural plate(신경판)

신경계로 발달하는 척추동물의 배아의 배측 면에 있는 세포조직의 조각(貼布)으로 인간 배아의 경우 신경판은 수정 후 18일 정도면 처음으로 관찰할 수 있다.

- Neural tube(신경관)

신경구의 구순이 융합될 때, 척추동물의 배아에서 형성되는 체액이 가득찬 관으로 신경관은 중추신경계로 발달된다.

- Neuron death(뉴런 사)

초기 신경계 발달단계에서, 뉴런들이 효과적으로 시냅스 접촉을 이루지 못하여 많은 수의 뉴런들이 죽어 간다.

- Process growth and synapse formation(성장과정과 시냅스형성)

신경 발달단계 중 하나로 축색과 수지상 돌기가 성장하여 시냅스 접촉을 형성해 나가는 것이다

- Proliferation(증식)

신경 발달단계 중 하나로 체액으로 가득찬 내관에 인접해 있는 신경관 영역에서 세포분열에 의해 많은 뉴런들이 새롭게 만들어지는 것이다.

- Radial glial cell(방사교세포)

뉴런이 이동하는 시기에서만이 발달하는 신경관에 존재하는 일시적인 교세포의 망으로 이동뉴런은 이 교세포 망을 따라 바깥쪽으로 이동한다.

- Telencephalon(종뇌)

뇌의 다섯 구역 중 가장 전방으로 전뇌의 전방구역이다.

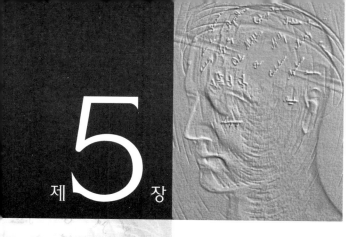

인간 뇌의 대 해부

제 5 장

처음부터 제4장까지는 이 단원을 위한 전초단계였다. 첫 4장까지에서 여러분은 신경계 구역에 대해, 뇌 내 익히 알려진 해부학적 위치의 평면과 방향체계에 대해, 뇌가 구성되는 세포에 대해, 그리고 뇌의 초기발육에 대해 배웠다. 지금부터 여러분은 성인의 뇌에 대해 관찰하도록 준비해야겠다. 왜냐하면 이 점은 이 책에서 주요 전환점이 되며, 또 여러분이 무엇을 더 배워야 할까를 검토하는 좋은 기회가 되기 때문이다. 책장을 넘기기 전에 먼저 앞에서 배운 네 개의 장 각 학습단위들에 대한 삽화예시를 보고 간략히 복습하라.

이 장에서는 성인 인간 뇌에 관해 전반적인 형세와 뇌의 주요 구역들을 소개하고, 뒷 장에서 특수 뇌 구조들을 소개할 것이다.

다음은 제5장에서 다루게 되는 각 절의 내용이다.

1. 대뇌반구와 뇌간
2. 성숙한 뇌의 5구역
3. 뇌수막
4. 뇌실
5. 경로와 핵
6. 대뇌 교차연결
7. 뇌신경

1. 대뇌반구와 뇌간

인간 뇌는 크게 세 부분으로 구성되어 있다. 두 개의 대뇌반구(cerebral hemispheres)와 한 개의 뇌간(brain stem)이다. 두 개의 대뇌반구는 척수에서 연장된 뇌간 꼭대기에 자리하고 있다.

일반적으로 인간 대뇌반구의 구조는 기억, 동기, 언어, 사고 등과 같은 복잡한 심리과정들을 조정한다. 이와 대비하여 뇌간 구조들은 간단한 신체적 반사들을 조절하고, 신체 내적 환경의 항상성을 유지시킨다. 예를 들어, 뇌간 구조들은 혈당, 산소 수준, 심장박동률, 체온 등을 조정한다.

척추동물의 진화과정에서 대뇌반구는 큰 발전을 하게 된다. 초기 척추동물에게서는 대뇌반구가 사실상 존재하지 않았고(예, 물고기, 양서류, 파충류 등), 후에 영장류 뇌에서 대뇌반구가 가장 크고 가장 복잡한 구조를 갖게 되었다. 이와 대비하여, 척추동물에게서 뇌간은 영장류 뇌간이나 초기 척추동물의 뇌간 사이에 차이가 없고, 최근까지도 진화 발달과정이 거의 없다.

대뇌반구(Cerebral hemispheres, se REE brul HEM iss feers)
척추동물 뇌간 꼭대기에 두 개의 큰 신경 구조로 좌우에 하나씩 있다. 복잡한 심리과정들을 조정한다.

뇌간(Brain stem)
두 대뇌반구에 자리한 중추신경 간(幹)으로 많은 뇌간 구조가 신체 내부 환경의 조절에 중요한 역할을 한다.

 색칠하면서 익히기

> 좌반구, 우반구, 뇌간을 각기 다른 색으로 칠하라.

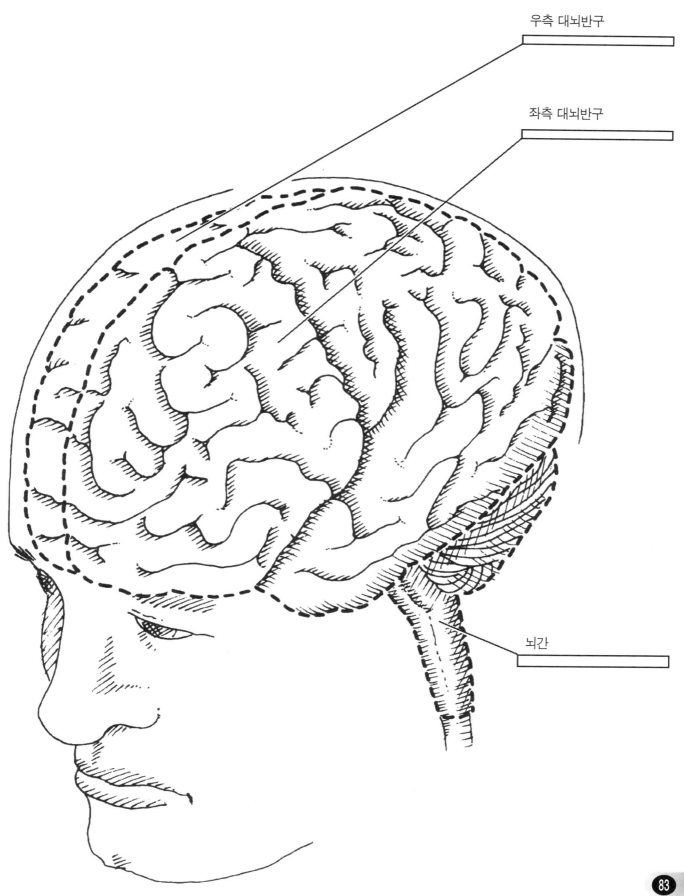

우측 대뇌반구

좌측 대뇌반구

뇌간

2. 성숙한 뇌의 5구역

제4장에서 여러분은 척추동물 뇌의 전뇌, 중뇌, 후뇌 구역들이 신경관전방 끝 종팽창화에서 처음 어떻게 나타나는가를 배웠다. 다음, 여러분은 어떻게 **전뇌**(forebrain)가 종뇌(telencephalon)와 간뇌(diencephalon)로, **중뇌**(midbrain)가 중뇌(mesencephalon)로, 그리고 **후뇌**(hindbrain)가 후뇌(metencephalon)와 수뇌(myelencephalon)로 발육되는가에 대해 배웠다. 이러한 형태형성은 신경관에서 이들 다섯 개의 종팽창화가 크게 성장해 가고, 또 궁극적으로 성인 뇌로 발달되어 간다. 따라서, 이 점은 5구역으로 구성된 성인 뇌는 바로 다섯 개의 배아 종팽창화에서 각각 파생된 것으로 생각된다. 이 학습단위에서는 성숙한 인간 뇌의 5구역을 소개할 것이다.

성인 뇌의 5구역은 정중시장 단면으로 그려진 삽화예시에 있다. 그 위치와 관련된 크기에 주의하라. 모든 척추동물의 뇌는 이 5구역이 포함된다.

이전 학습단위에서 여러분은 인간 뇌가 두 개의 **대뇌반구**와 한 개의 **뇌간**으로 구성됨을 배웠다. 두 개의 대뇌반구는 인간 뇌의 가장 큰 구역인 종뇌로 구성되어 있다. 뇌간은 뇌의 다른 4구역, 전방에서 후방까지 포함된다. 뇌간은 간뇌, 중뇌, 후뇌, 수뇌로 구성되어 있다.

종뇌(Telencephalon, TEL en SEF a lon)
대뇌반구로 전뇌(forebrain)의 두 구역 중 하나(다른 하나는 간뇌이다).

간뇌(Diencephalon, DYE en SEF a lon)
종뇌와 중뇌 사이의 뇌 영역으로 전뇌의 두 구역 중 하나(다른 하나는 종뇌이다). 뇌간에서 가장 앞에 있는 영역이다.

중뇌(Mesencephalon, MEEZ en SEF a lon)
중뇌(midbrain) ; 간뇌와 후뇌 사이에 뇌간의 영역이다.

후뇌(Metencephalon, MET en SEF a lon)
중뇌와 수뇌 사이에 뇌간의 영역으로 후뇌(hindbrain)의 두 구역 중 하나이다(다른 하나는 수뇌이다).

수뇌(Myelencephalon, MY el en SEF a lon)
뇌의 가장 뒤에 있는 영역. 후뇌(metencephalon)와 척수 사이에 뇌간의 영역으로 후뇌(hindbrain)의 두 구역 중 하나이다(다른 하나는 metencephalon이다).

🔵 색칠하면서 익히기

> 뇌의 아래 부분에서 시작하여 위로 올라간다. 수뇌, 후뇌, 중뇌, 간뇌 순으로 색칠하라. 마지막으로, 뇌의 나머지, 즉 종뇌를 색칠하라. 여러분이 색칠을 하면서, 직선 내에 있는 것을 확실히 하라.

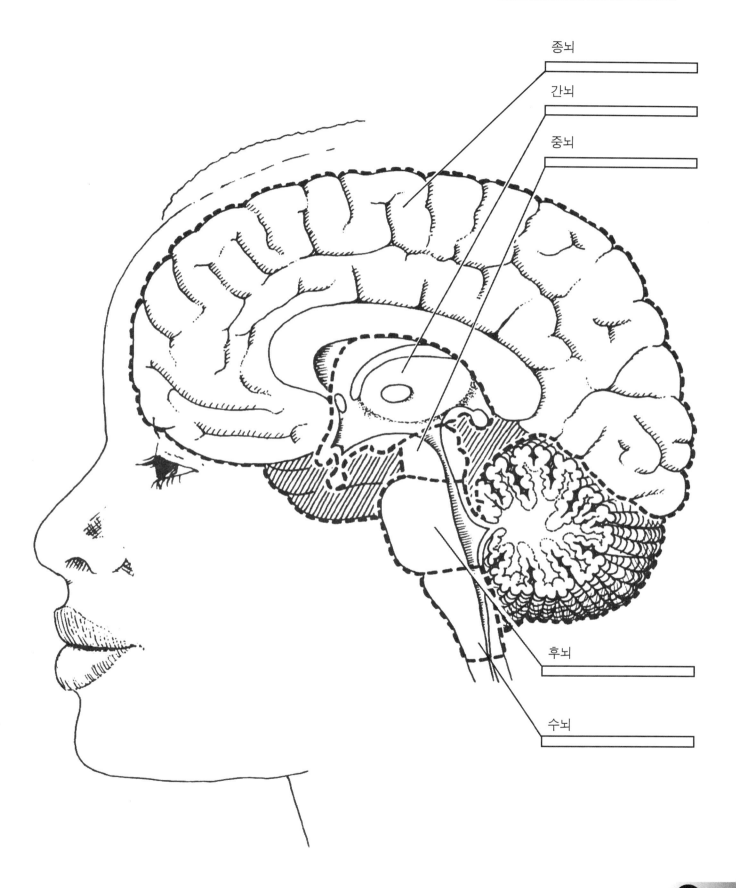

종뇌

간뇌

중뇌

후뇌

수뇌

3. 뇌수막

뇌와 척수(예, 중추신경계)는 세 개의 막으로 싸여져 있는데, 이를 **뇌수막**(meninges, meh NIN jees)이라 부른다. meninges의 단수는 menynx(수막)이다. 세 뇌수막 중 가장 바깥 부분은 거칠은 어머니를 뜻하는 경막(dura mater)이다. 경막은 딱딱한 섬유로 연결된 조직으로 구성되어 있다. 중간 수막은 거미막(spider membrane)을 뜻하는 지주막 (arachnoid membrane)이다. 이는 초기 해부학자들이 촘촘히 엮어진 거즈와 같은 거미줄로 이름이 지어진 것으로 섬세한 막이다. 가장 안쪽 수막은 섬세한 어머니와 같다는 뜻에서 유막(pia mater)이다. 유막은 세 개의 뇌수막 중 가장 섬세한 것으로 뇌와 척수에 직접 붙어 있다.

유막과 지주막층의 주부분 사이에 지주막하 공간(subarachnoid space)이라는 체액이 채워진 공간이 있다. 여기에는 많은 혈관과 직물 같은 지주막층의 과정이 포함된다. 이를 통하여 뇌를 지지해 주고, 영양분을 주고, 그리고 부드러운 완충작용을 해 주는, 대뇌 척수액 (cerebrospinal fluid, CSF)이 흐른다. 뇌와 척수의 텅빈 공간 속에 대뇌 척수액이 채워진 것이다. 대뇌 척수액의 얼마를 상실한 사람은-예로, 뇌 외과수술을 하는 동안-머리를 돌리려 할 때 격심하게 찌르는 통증을 경험하게 된다. 대뇌 척수액이 지지와 쿠션 역할을 하는 중요성을 잘 알 수 있겠다.

경막(Dura mater, DURE a MATE er)
세 개의 뇌수막 중 가장 바깥쪽이고 가장 단단하다.

지주막(Arachnoid membrane, a RAK noyd)
중간 수막. 가제와 같은 거미망으로 짜여져 있다.

유막(Pia mater, PEE a MATE er)
세 개의 뇌수막 중 가장 안쪽에 있고 가장 섬세하다. 중추신경 표면에 부착되어 있다.

지주막하 공간(Subarachnoid space, SUB a RAK noyd)
지주막 주요 부분과 유막 사이에 공간이고, 여기에는 대뇌 척수액, 지주막층의 거미줄 같은 과정, 그리고 많은 혈관이 포함된다.

대뇌 척수액(Cerebrospinal fluid)
지주막하 공간과 뇌와 척수의 텅빈 공간 속, 둘 다에 채워진 액체. 이 점은 중추신경계를 지지해 주고, 영양분을 주고 그리고 완충 역할을 한다.

● **색칠하면서 익히기**

첫째, 경막과 유막을 색칠하라. 가장 평이한 칼라를 사용한다. 다음, 지주막으로 많은 거미망과 같은 과정을 색으로 확실히 하여라. 마지막으로, 지주막 과정을 통과하여 대뇌척수에 체액이 채워진 지주막하 공간을 칠하라.

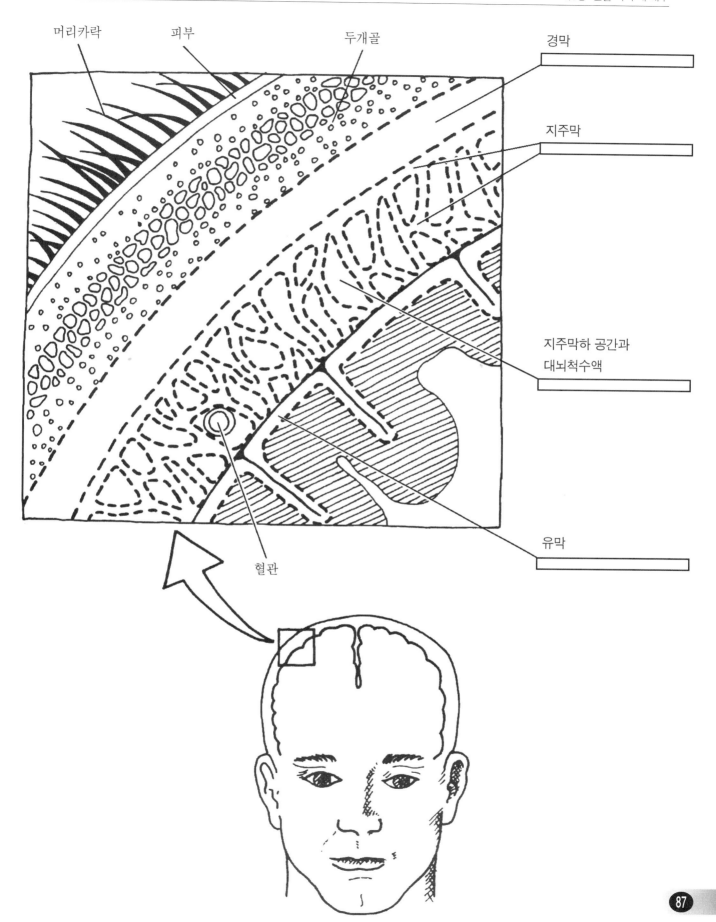

머리카락

피부

두개골

경막

지주막

지주막하 공간과
대뇌척수액

유막

혈관

4. 뇌실

여러분은 신경관에서 중추신경계가 발달됨을 기억할 것이다. 처음에는 신경관 공동(空洞) 속에 대뇌 척수액이 채워진 것이다. 여기서 중추신경계가 발달하면서 공동의 속도 성숙 지지되는데, 특히 전뇌 영역에서 그 크기와 모양이 많이 변화된다.

성인 척수 속에 수액이 채워진 공동을 중심관(central canal)이라 부른다. 중심관은 척수 길이를 따라가는 길고 좁은 공간이다. 뇌에서 공동 속에 채워진 수액은 네 개의 커다란 상호 연결된 방의 형태로 발달되면서 확장된다. 즉 네 개의 뇌실이 생긴다. 그 곳에는 두 개의 큰 **외측뇌실**(lateral ventricle)이, 좌우 대뇌반구에 각각 하나씩 있고, **간뇌** 중심선을 따라 놓여 있는 수직 시트모양의 방인 **제3뇌실**(third ventricle)이 있고, 후뇌의 작은 방인 제4뇌실(fourth ventricle)이 있다. 제3, 제4뇌실은 중뇌를 통해 가는 좁은 통로인 중뇌수도(cerebral aqueduct)에 의해 연결된다.

제4뇌실은 척수의 중심관과 지주막하 공간과 연결된다. 대뇌 척수액은 여기를 통하여 지속적으로 순환된다. 두개골이 아직 연한 연골인 영아의 경우, 뇌에서 대뇌 척수액의 흐름이 종양(예, 중뇌수도관 가까이에서)으로 차단된다면 두개골은 압력에서 벗어나려고 확장되는데, 이런 상태를 가리켜 물머리를 의미하는 **수두증**(hydrocephalus)이라 한다.

중심관(Central canal)
척수 길이로 가는 대뇌 척수액으로 채워진 내적 공간.

외측뇌실(Lateral ventricle)
좌우 대뇌반구에 각각 있는 뇌실로, 네 개의 뇌실 중 가장 크다.

제3 뇌실(Third ventricle)
간뇌의 뇌실로 중심선을 따라 놓여 있는 수직 시트 모양의 방이다.

제4 뇌실(Fourth ventricle)
후뇌의 뇌실로 중뇌수도와 중심관을 연결한다.

중뇌수도(Cerebral aqueduct)
제3, 제4뇌실과 연결된 좁은 통로로 대부분 중뇌에 위치한다.

● **색칠하면서 익히기**

> 첫째, 두 개의 외측뇌실을 색칠하라. 다음, 연속해서 제3뇌실, 중뇌수도, 제4뇌실, 그리고 중심관을 색칠하라. 주의, 중뇌수도가 많은 부분이 좌 외측뇌실 하부에 의해 이 삽화예시에서는 감추어져 있다.

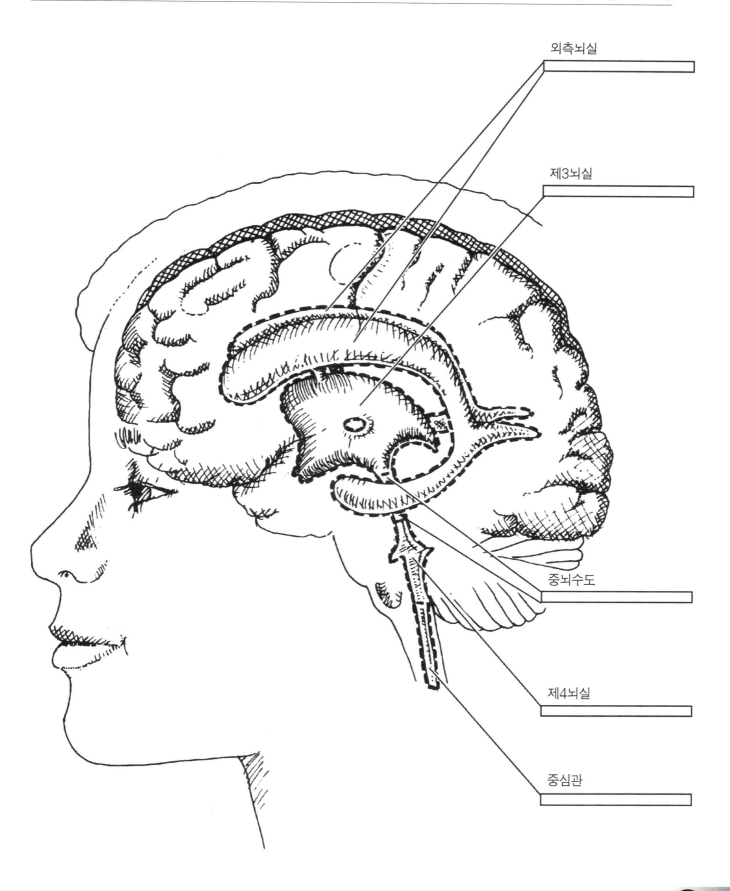

외측뇌실

제3뇌실

중뇌수도

제4뇌실

중심관

5. 경로와 핵

신경계 구조에는 근본적으로 다른 두 종류가 있는데, **세포체로 구성된 것과 축색으로 구**성된 것이 바로 그것이다. 이 구조의 명칭은 중추신경계에 위치하느냐 혹은 말초신경계에 위치하느냐에 따라 다르다. 같은 세포체나 축색이라 할지라도, 중추신경계에서 세포체로 구성된 구조는 일반적으로 신경핵(nuclei)이라 불리고, 축색으로 구성된 구조는 경로(tracts)라 부른다. 대조적으로 말초신경계에서 세포체로 구성된 구조는 일반적으로 신경절(ganglia)이라 불리고, 축색으로 구성된 구조는 신경(nerves)이라 부른다.

일반적으로, 경로와 신경의 기능은 신경계의 한 부분에서 다른 부분으로 **활동전위**(action potentials)를 전도하는 것이다. 그리고 신경핵과 신경절의 기능은 신경신호의 위치를 분석 수행하게 된다. 따라서 신경핵과 신경절은 매우 짧은 축색을 갖거나 혹은 축색이 없는 많은 뉴런으로 구성되고, 경로와 신경은 축색을 갖는다.

신경계 해부연구에서 각 주요 신경핵, 신경절, 경로, 그리고 신경은 개개의 뉴런 수십만으로 구성되어 있다는 사실을 명심해야 한다. 주의할 점은 신경핵이라는 단어는 두 개의 다른 신경해부학적 의미를 갖고 있는데, 즉 중추신경계에서 세포체인 것은 물론, 신경세포체의 커다란 구형 구조이기도 하다는 것이다.

신경핵(Nuclei, NEW klee eye)
신경세포체로 크게 조성된 중추신경계의 구조로 그 기능은 신경신호의 위치분석이다 (singular, nucleus).

경로(Tracts)
축색으로 크게 조성된 중추신경계의 구조로 그 기능은 중추신경계 부분에서 다른 부분으로 활동 전위를 전도한다.

신경절(Ganglia, GANG glee a)
신경세포체로 크게 조성된 말초신경계의 구조로 그 기능은 신경신호의 위치분석이다 (singular, ganglion).

신경(Nerves)
축색에서 크게 조성된 말초신경계의 구조로 그 기능은 말초신경계 부분에서 다른 부분으로 활동 전위를 전도한다.

색칠하면서 익히기

첫째, 한 색으로 신경핵 세포체를 색칠하고 그리고 다른 색으로 신경절 세포체를 칠하라. 다음, 경로에서 축색과 신경에서 축색을 다시 다른 색으로 칠하라.

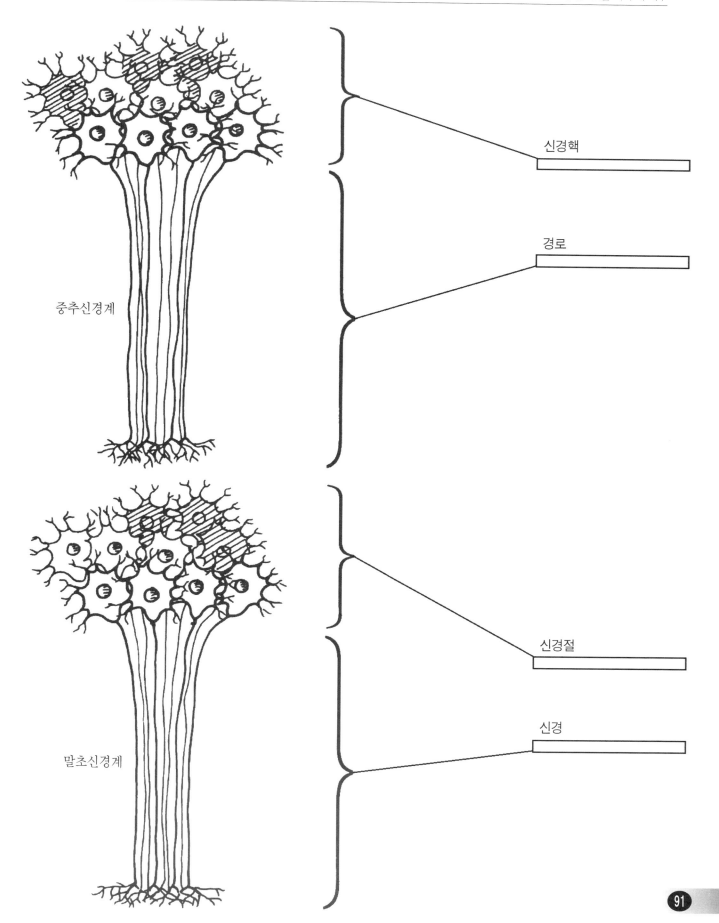

중추신경계

말초신경계

신경핵

경로

신경절

신경

6. 대뇌 교차연결

좌우 두 대뇌반구는 종열(longitudinal fissure)로 각기 나누어져 있다. 종열은 반구 사이에 길고 깊은 열공(chasm, 큰틈)으로 되어 있다. 여하튼, 대뇌반구는 종열에 걸쳐 있는 몇 개의 커다란 경로에 또 다른 연결이 있다. 이 경로를 대뇌교차연결(cerebral commissures)이라 부른다. 이들은 두 개의 가장 크고 복잡한, 그리고 뇌에서 가장 유연한 부분들 사이에서만 직접 연결되어 있기 때문에 대뇌 교차연결은 심리학적 측면에서 매우 중요한 구조이다.

시각적으로 대뇌 교차연결을 보는 데 가장 좋은 방법은 삽화예시의 정중시상단면에 따라 뇌의 절편을 보는 것이다. 정중시상 단면은 각 대뇌 교차연결의 교차절단면과 위치를 나타낸다.

가장 큰 대뇌 교차연결은 뇌량(corpus callosum)이다. 뇌량은 약 2억 정도의 축색으로 조성되어 있다. 주목할 만한 두 개의 대뇌 교차연결은 전 교차연결(anterior commissure)과 시상간교(massa intermedia)이다. 전 교차연결은 뇌량 끝 전방 바로 하부에 위치하고, 그리고 좌우 측두 가까이 뇌 부분 사이에 교차연결의 주요 통로가 있다(예, 좌우 **측두엽**). 시상간교는 제3뇌실 중간에 위치하고, **간뇌**의 좌엽과 우엽에 연결되어 있다. 시상간교가 중심선에 위치하기 때문에 교차연결로 통상 분류되고 있지만, 이 점은 경로라기 보다는 오히려 일차 신경핵이기 때문에 진짜 교차연결이 아니다.

종열(Longitudinal fissure)
두 대뇌반구 사이에 깊은 중심선 열공(큰 틈)

뇌량(Corpus callosum, ka LOW sum)
훨씬 더 가장 큰 대뇌 교차연결로 이것은 대략 2억 정도의 축색으로 조성되어 있다.

전 교차연결(Anterior commissure)
뇌량 끝 전방 바로 하부에 위치한 교차연결로 좌우 측두엽 사이에 교차연결의 주요 통로가 있다

시상간교(Massa intermedia)
제3뇌실 중간에 위치한 시상간교로 제3뇌실에서 크게 분류한 좌우 간뇌 사이에 소통 통로가 있다.

🔵 색칠하면서 익히기

첫째, 관상 단면에서 좌우 대뇌반구로 크게 나누어진, 종렬을 색칠하라. 다음, 정중시상단면에서 시상간교를 칠하라. 마지막으로, 삽화예시 상부의 정중시상단면과 하부의 관상단면 둘다에서 뇌량과 전 교차연결의 색과 동일한 두 개의 색을 사용하여 상부와 하부단면을 칠하라.

정중시상단면

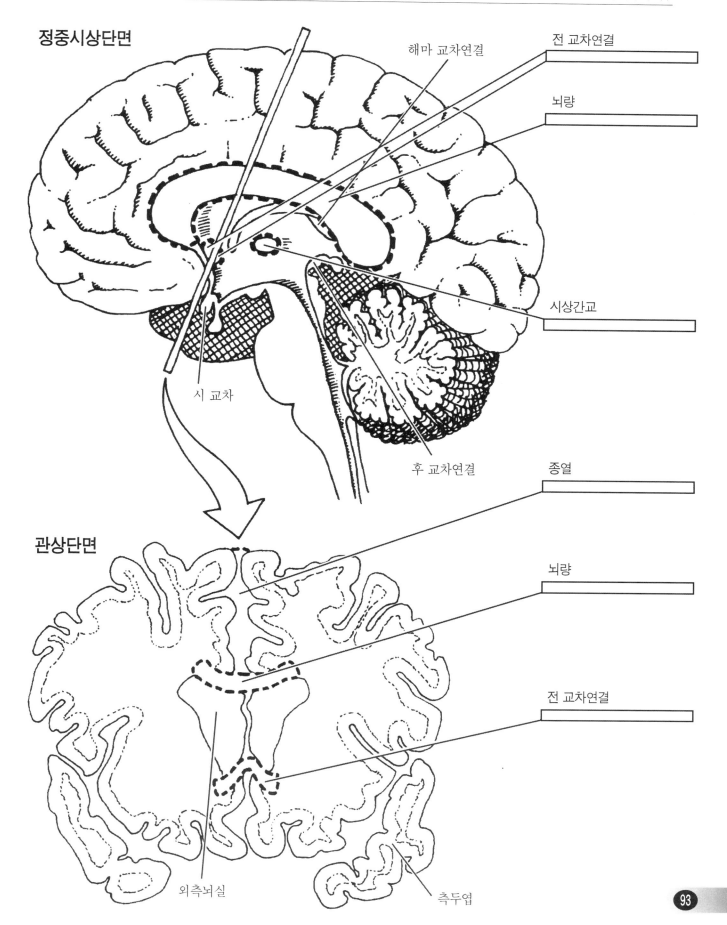

전 교차연결

해마 교차연결

뇌량

시상간교

시 교차

후 교차연결

종열

관상단면

뇌량

전 교차연결

외측뇌실

측두엽

7. 뇌신경

대부분의 **구심성 신경**(예, 감각)은 척수에서 중추신경계로 들어간다. 유사하게, 대부분의 **원심성 신경**(예, 운동)은 중추신경계에서 척수로 향해 나온다. 여기에는 예외로 12쌍이 있는데, **뇌신경** 12쌍이 있다. 뇌신경은 뇌에 직접 걸쳐 있는 신경이다. 뇌신경 중 얼마는 순전히 감각이고, 그외 다른 신경은 감각과 운동섬유가 혼재해 있다. 뇌신경의 운동섬유는 **부교감신경계**에서 뇌분할되어 조성하고 있다.

12 뇌신경은 뇌 앞에서 뒤까지, 숫자로 제시하고 있다. 세 개의 순수감각 뇌신경은 **후신경**(olfactory nerves, 1번), **시신경**(optic nerves, 2번), 그리고 **전정와우신경**(vestibulocochlear nerves, 8번)이다. 후신경은 코의 후각수용체에서 신호를 처리하고, 시신경은 눈의 시각수용체에서 신호를 처리하고, 그리고 전정와우신경은 내이 양쪽에 위치한 청각수용체와 기관의 균형에서 양 신호를 처리한다.

감각과 운동이 혼합된 두 신경은 **삼차신경**(trigeminal nerves, 5번)과 **미주신경**(vagus nerves, 10번)이다. 두 개의 삼차 신경중 운동 부분은 씹는 것을 포함한 근육을 조절하고, 그리고 감각 부분은 얼굴의 다른 부분처럼, 동일한 근육에서 정보를 되돌려 받는다. 즉 "삼차(tri)"라는 접두사는 각 삼차 신경이 세 개의 주요 분지임을 지적한다. 두 개의 미주신경은 가장 긴 뇌신경이다. 즉 소화관의 많은 부분에서 신호들을 처리한다.

앞서 언급한 다섯 개의 뇌신경은 심리학적 현상에 대한 연구들에서 가장 많이 언급되고 있다. 나머지 일곱 개의 뇌신경들도 삽화예시에서 보여 주고 있다.

후신경(Olfactory nerves, ole FAK tor ee)
뇌신경의 첫번째 쌍으로 코의 후각수용체에서 뇌로 감각신호를 보낸다.

시신경(Optic nerves)
뇌신경의 두번째 쌍으로 눈의 시각수용체에서 뇌로 감각신호를 보낸다.

전정와우신경(Vestibulocochlear nerves, vess TIB yu loe COCK lee ar)
내이에서 뇌로 감각신호를 보내는 뇌신경의 여덟번째 쌍으로 한 분지는 기관의 균형(예, 전정기관)에서 감각신호를 보내고, 다른 분지는 청각기관(예, 와우)에서 감각신호를 보낸다.

삼차 신경(Trigeminal nerves, try JEM in al)
세 개의 주요 분지를 각각 갖인 뇌신경의 다섯 번째 쌍으로 뇌에서 씹는 것을 포함한 근육으로 운동신호를 처리하고, 그리고 동일한 근육과 안면의 다른 부분에서 뇌로 감각신호를 처리한다.

미주신경(Vagus nerves, VAY gus)
뇌신경에서 가장 긴 열번째 쌍으로 소화관(예, 심장, 간, 위)기관에서 신호를 처리한다.

● 색칠하면서 익히기

> 본 학습단위에서 강조하고 있는 뇌신경의 다섯 쌍을 각각 칠하라. 뇌 양편에 각각 다섯 개를 확인하면서 색칠하라. 또 기타 일곱 개의 뇌신경 명칭을 복습하라.

하부조망

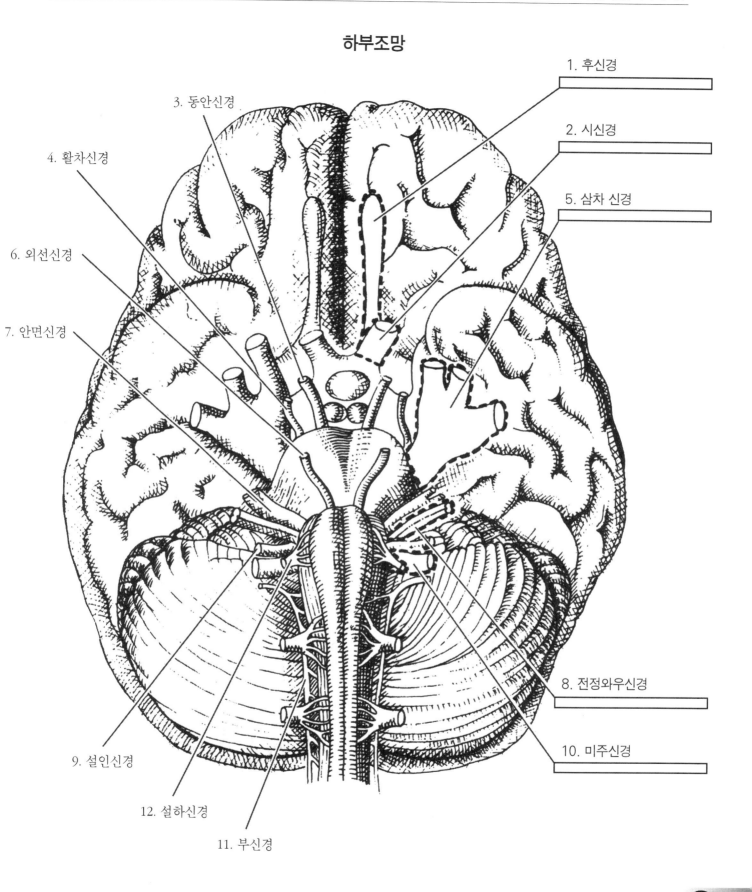

1. 후신경

2. 시신경

3. 동안신경

4. 활차신경

5. 삼차 신경

6. 외선신경

7. 안면신경

8. 전정와우신경

9. 설인신경

10. 미주신경

11. 부신경

12. 설하신경

연습문제

인간 뇌의 대 해부

지금 여러분은 잠시 쉬면서, 제5장에서 배운 일곱 개의 학습단위에 대한 용어와 개념들을 정리하여 보라. 여러분들이 쉽게 잊어 버리지 않도록 용어들을 여러 번 반복하여 복습하는 것이 매우 중요하다.

연습문제 1

제5장에 있는 7절의 삽화예시로 돌아가서, 각 페이지의 오른편 끝에 있는 용어들을 익히는데, 이 책 뒷부분의 겉 표지로 용어를 가려 보자. 각 신경해부학 구조의 명칭들을 확실히 알 때까지 일곱 개의 삽화예시를 학습하라. 한 번의 실수도 없이 모든 삽화예시를 철저히 익힌 다음, 연습문제 2로 넘어가라.

연습문제 2

다음 삽화예시에서 빈 칸에 원어로 적합한 용어를 채워라. 정답은 책 뒤에 제시되어 있다. 만약 틀렸을 경우 오답과 관련된 학습내용들을 다시 한 번 살펴보자.

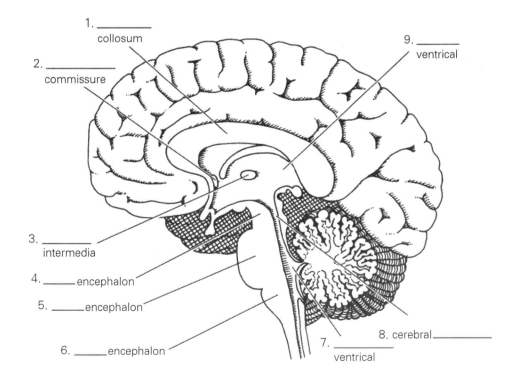

1. _____
   collosum

2. _____
   commissure

3. _____
   intermedia

4. ____encephalon

5. ____encephalon

6. ____encephalon

7. _____
   ventrical

8. cerebral_____

9. _____
   ventrical

연습문제 3

제5장의 학습내용을 보지 말고, 다음 빈칸에 알맞은 답을 써 보라. 만약 틀렸을 경우, 오답과 관련된 학습내용들을 다시 한 번 살펴보라. 정답은 책 뒤에 제시되어 있다.

1. 뇌는 2개의 대뇌반구와 _____ 으로 조성되어 있다.
2. _____ 신경은 열 번째 뇌신경으로 가장 긴 뇌신경이다. 주로 소화관 기관에서 신호들을 처리한다.
3. 간뇌, 중뇌, 후뇌, 수뇌는 다 함께 _____ 에서 조성된다.
4. 가장 단단한 뇌막은 _____ 이다.
5. 제3, 제4뇌실의 연결은 중뇌 _____ 이다.
6. 대뇌척수액은 지주막과 유막 사이에 공간인 _____ 공간을 통하여 흐른다.
7. 유막은 _____ 신경계 표면에 부착되어 있다.
8. 척수는 뇌실이 없고, 대신에 _____ 을 가졌다.
9. _____ 는 뇌실에 위치하고 좌우 간뇌와 연결되어 있다.
10. _____ 뇌실은 대뇌반구에 있는 2개의 뇌실이다.
11. 가장 안쪽 뇌막은 _____ 이다.
12. 아기가 중뇌수도 가까이에 종양을 가지고 태어나면 _____ 에 잘 걸린다.
13. 뇌간의 가장 후방 영역 대부분은 _____ 이다.
14. 신경(nerves)이 _____ 과 연결되는 것처럼 경로(tracts)는 신경핵과 연결된다.
15. 뇌신경(cranial nerves)은 모두 _____ 쌍이 있다.
16. 뇌량은 대뇌 _____ 에서 가장 크다.
17. _____ 열은 두 대뇌반구를 구분한다.
18. 후각, 시각, 그리고 전정와우신경은 순전히 _____ 뇌신경의 3쌍이다.
19. 뇌신경의 운동섬유는 자율신경계의 _____ 신경계 구역으로 알고 있다.
20. 2개의 대뇌반구는 모두 _____ 로 조성되어 있다.
21. _____ 신경은 다섯 번째 뇌신경이다. 얼굴로 신호를 전달하는 3개의 주요 분지이다.
22. 경로와 신경은 주로 _____ 으로 조성되어져 있다.
23. 뇌의 중심선에 위치한 두 개의 뇌실은 _____ 뇌실과 _____ 뇌실이다.
24. menynx의 복수는 _____ 이다.

연습문제 4

아래 알파벳 순서는 제5장에서 배운 모든 용어와 정의들의 목록들이다. 이 페이지의 정의 부분을 가리고 그 용어들을 따라내려 가면서 정의를 명확히 익혀 나가라. 이 과정에서

한 번의 실수도 없을 때까지 목록을 철저히 되풀이하라. 그런 다음에, 용어를 가리고 나서 정의내용들을 읽은 다음 정확한 용어로 말해 보아라. 이런 과정들을 철저히 반복하면서 학습하도록 하라.

- Anterior commissure(전 교차연결) 뇌량 끝 전방 바로 아래에 위치한 교차연결이며 좌우 측두엽 사이에 교차연결의 주요 통로가 있다.

- Arachnoid membrane(지주막) 중간 수막. 거즈와 같은 거미망으로 짜여져 있다.

- Brain stem(뇌간) 두 대뇌반구에 자리한 중추신경 간. 많은 뇌간 구조가 신체 내부 환경의 조절에 중요한 역할을 한다.

- Central canal(중심관) 척수 길이로 가는 대뇌 척수액으로 채워진 내적 공간.

- Cerebral aqueduct(중뇌수도) 제3, 제4뇌실과 연결된 좁은 통로. 대부분 중뇌에 위치한다.

- Cerebral hemispheres(대뇌반구) 척추동물 뇌간 꼭대기에 두 개의 큰 신경 구조로 좌우에 하나씩 있다. 복잡한 심리과정들을 조정한다.

- Cerebrospinal fluid(대뇌척수액) 지주막하강과 뇌와 척수의 텅빈 공간 속 둘 다에 채워진 액체로 중추신경계를 지지해 주고, 영양분을 주고 그리고 완충역할을 한다.

- Corpus callosum(뇌량) 훨씬 더 가장 큰 대뇌 교차연결 이것은 대략 2억 정도의 축색으로 조성되어 있다.

- Diencephalon(간뇌) 종뇌와 중뇌 사이의 뇌영역. 전뇌의 두 구역 중 하나(다른 하나는 종뇌이다)이며 뇌간에서 가장 앞에 있는 영역이다.

- Dura mater(硬膜) 세 개의 뇌수막 중 가장 바깥쪽이고 가장 단단하다.

- Fourth ventricle(제4 뇌실) 후뇌의 뇌실. 중뇌수도와 중심관을 연결한다.

- Ganglia(신경절) 신경세포체로 크게 조성된 말초신경계의 구조로 그 기능은 신경신호의 위치분석이다(singular, ganglion).

- Lateral ventricle(외측뇌실) 좌우 대뇌반구의 뇌실로 네 개의 뇌실 중 가장 크다.

- Longitudinal fissure(종열) 두 대뇌반구 사이에 깊은 중심선 열공(큰 틈).

- Massa intermedia(시상간교) 제3뇌실 중간에 위치한 시상간교이며 제3뇌실에서 크게 분류한 좌우 간뇌 사이에 소통 통로가 있다.

- Mesencephalon(중뇌) 중뇌(midbrain), 간뇌와 후뇌 사이에 뇌간의 영역이다.

- Metencephalon(후뇌)

중뇌와 수뇌 사이에 뇌간의 영역으로 후뇌의 2구역 중 하나이다(다른 하나는 수뇌이다).

- Myelencephalon(수뇌)

뇌의 가장 뒤에 있는 영역으로 후뇌(Metencephalon)와 척수 사이에 뇌간의 영역이며 후뇌(hindbrain)의 두 구역 중 하나이다(다른 하나는 Metencephalon이다).

- Nerves(신경)

축색에서 크게 조성된 말초신경계의 구조이며 그 기능은 말초신경계 부분에서 다른 부분으로 활동전위를 전도한다.

- Nuclei(신경핵)

신경세포체로 크게 조성된 중추신경계의 구조이며 그 기능은 신경신호의 위치분석이다(singular, nucleus).

- Olfactory nerves(후신경)

뇌신경의 첫째 쌍으로 코의 후각수용체에서 뇌로 감각신호를 보낸다.

- Optic nerves(시신경)

뇌신경의 둘째 쌍으로 눈의 시각수용체에서 뇌로 감각신호를 보낸다.

- Pia mater(유막)

세 개의 뇌수막 중 가장 안쪽에 있고 가장 섬세하다. 중추신경 표면에 부착되어 있다.

- Subarachnoid space(지주막하 공간)

지주막 주요 부분과 유막 사이에 공간이고, 여기에는 대뇌 척수액, 지주막층의 거미줄 같은 과정, 그리고 많은 혈관이 포함된다.

- Telencephalon(종뇌)

대뇌반구이며 전뇌(forebrain)의 두 구역 중 하나(다른 하나는 간뇌이다).

- Third ventricle(제3 뇌실)

간뇌의 뇌실이며 중심선을 따라 놓여 있는 수직 시트 모양의 방이다.

- Tracts(경로)

축색으로 크게 조성된 중추신경계의 구조이며 그 기능은 중추신경계 부분에서 다른 부분으로 활동전위를 전도한다.

- Trigeminal nerves(삼차신경)

세 개의 주요 분지를 각각 가진 뇌신경의 다섯번째 쌍으로 뇌에서 씹는 것을 포함한 근육으로 운동신호를 처리하고, 동일한 근육과 안면의 다른 부분에서 뇌로 감각신호를 처리한다.

- Vagus nerves(미주신경)

뇌신경에서 가장 긴 열번째 쌍으로 소화관(예, 심장, 간, 위)기관에서 신호를 처리한다.

- Vestibulocochlear nerves

내이에서 뇌로 감각신호를 보내는 뇌신경의 여덟

(전정와우신경)

번째 쌍으로 한 분지는 기관의 균형(예, 전정기관)에서 감각신호를 보내고, 다른 분지는 청각기관(예, 와우)에서 감각신호를 보낸다.

제 6 장

뇌간의 주요 구조

앞장에서 배운 바와 같이, 인간의 뇌는 두 개의 대뇌반구와 한 개의 뇌간으로 구성되어 있다. 이 장에서는 뇌간의 주요 구조를 소개하고, 다음 장에서는 대뇌반구의 주요 구조를 소개하겠다.

이 장에서 뇌간의 구조에 대한 개관은 체계적이고 선택적으로 하겠다. 즉 뇌간이 척수경계에서 시작하여 종뇌 경계로 상행한다는 의미에서 체계적이고, 또 뇌간 구조의 범주에서만이 초점을 맞춘다는 의미에서 선택적이다.

뇌간은 척수와 대뇌반구 사이에 신호들을 수행하는 많은 큰 경로(tracts)들이 포함된다. 대뇌 국소 경로의 망에 의해 서로 연결된 다수의 소핵과 약간의 대핵이 있다. 이 장에서는 뇌간의 대핵에 초점을 두겠다.

다음은 제6장에서 다루게 되는 각 절의 내용이다.

1. 수뇌의 주요 구조
2. 후뇌의 주요 구조
3. 중뇌의 주요 구조
4. 간뇌 : 시상
5. 간뇌 : 시상하부
6. 시상하부와 뇌하수체

1. 수뇌의 주요 구조

수뇌는 흔히 연수(medullar), 보다 정확히는 medulla oblongata로 알려져 있다. 연수는 주로 백색질로 구성되어 있다. 즉 뇌의 가장 미측과 척수의 바로 문측 사이에서 신호를 수행하는데, 주로 수초로(myelinated tracts)로 구성되어 있다.

연수 복측표면(ventral surface)에 튀어나온 두 개의 커다란 융기를 추체(pyramids)라 부른다. 추체는 연수의 복측표면 가까이에 있는 **추체로(pyramidal tracts)**에 의해 생긴 것이다. 추체로는 대뇌에서 척수까지 자동동작으로 신호를 수행한다. 추체는 연수의 낮은 부분에서 교차되는데, 결과적으로 각 대뇌반구는 신체의 **대측(contralateral**, 반대편)을 조절한다. 유사하게, 많은 감각섬유는 신체 한편의 감정이 대측반구에 의해 지각되는 경향이 있으므로 연수에서 교차한다.

연수 외측표면(lateral surface)에 튀어나온 두 개의 커다란 올리브 모양의 핵 군집을 올리브(olives)라 부른다. 올리브는 소뇌와 견고하게 연결되어 있으며, 후뇌 구조이다.

연수에서 가장 중요한 내측 핵 구조로 망상체(reticular formation)가 있다. 망상체는 핵의 복합망인데 연수와 중뇌 사이에서 뇌간 속으로 올라와 상호 연결하는 섬유인 것이다. 망상체의 회로에는 많은 상이한 기능들이 있는데, 한 편으로는 주의와 각성을 촉진시키고 또 다른 한 편으로는 수면을 촉진시키기도 한다.

망상체 내외 양쪽에서 연수는 근육긴장, 맥박, 혈압, 호흡, 삼키기, 기침, 재채기, 구토 등과 같은 생체기능에서 조절의 역할을 하는 핵인 것이다. 이 핵은 신체로부터 신호들을 받아 들이기도 하고 신체로 신호들을 보내기도 하는 데, 이는 척수에서 상행이나 하행경로를 통하거나 혹은 연수로 나가는 뇌신경의 네쌍(9, 10, 11, 12)을 통해서 하게 된다.

연수(Medulla, meh DULL la)
뇌간의 가장 후방 영역으로 수뇌에 있다. 주요 구조로 추체, 올리브, 연수망상체, 그리고 뇌신경 9, 10, 11, 12의 축색이 밀접히 관여되는 핵이 포함된다.

추체(Pyramids)
연수 복면에 좌에 하나 우에 하나가 있는 두 개의 커다란 융기이며 대뇌반구에서 척수운동회로에까지 수의적 동작의 신호를 수행하는 추체로가 포함된다.

올리브(Olives)
연수 외측표면에 융기로서 각 편에 하나씩 보이는 핵으로 커다란 올리브 모양 군집의 쌍이다. 이는 소뇌와 연결되어 있다.

망상체(Reticular formation, re TIK yu lar)
연수에서 중뇌까지, 뇌간의 중심지에 위치한 짧게 상호 연결된 회로와 핵의 복합망으로 이 핵은 많은 생체기능을 조절하고 각성, 긴장, 수면의 촉진 역할을 한다.

● 색칠하면서 익히기

첫째, 정중시상 절단면에서 연수를 색칠하라. 삽화예시의 감추어진 부분이다. 주목할 점은 연수에 대해 보강하여 외적 삽화에서 외부 융기가 올리브와 추체에 의해 생기는 것을 보여 준다. 마지막으로, 연수의 절단면에서 망상체, 올리브와 추체를 색칠하라.

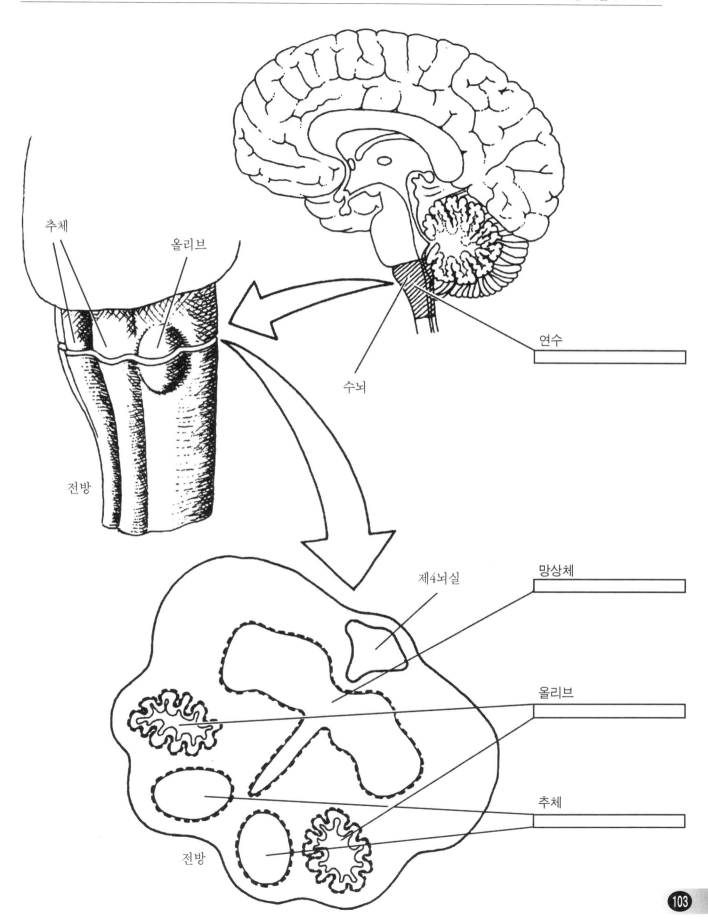

추체

올리브

연수

수뇌

전방

제4뇌실

망상체

올리브

추체

전방

2. 후뇌의 주요 구조

후뇌는 소뇌(cerebellum)와 뇌교(pons) 두 구역으로 구성되어져 있다.

소뇌는 뇌간 중심의 배표면(dorsal surface)에 걸쳐 있는 커다란 줄무늬 구조이다. 소뇌는 인간 뇌에서 세번째로 큰 구조이다. 두 개는 더 큰 대뇌반구가 있다. 소뇌는 소뇌각 (cerebellar peduncles, 하부, 중부, 상부)이라 부르는 세 개의 큰 쌍으로 된 경로에 의해 뇌간 미측과 연결되어 있다. 하부각은 소뇌와 연수의 올리브 사이에 주요 연결로 되어 있다. 소뇌의 일차 기능은 운동협응이다. 이는 근육, 관절, 힘줄(腱)로부터 수용한 감각정보들을 대뇌반구에서 하행하여 운동을 하라는 조정신호에 따라 수행된다. 소뇌가 상처를 입으면 **운동실조(ataxia)**가 생기는데, 갑자기 움직이거나, 협응이 안 되거나, 부정확한 운동으로 특징지어진다.

뇌교는 연수 앞부분에 있다. 뇌교는 소뇌와 밀착된 뇌간의 구상(球狀) 부분이다. 뇌교는 3가지 중요한 점에서는 연수와 같다. (1) 뇌교는 생명에 관한 기능의 조절에 관여하는 많은 핵과 많은 상행 하행 경로를 포함하고, (2) 네 개의 뇌신경(5, 6, 7, 8)의 핵이 포함되고, (3) 망상체인 주요 내측 핵 구조가 포함된다. 제4뇌실 대부분은 뇌교에 위치한다.

소뇌(Cerebellum, serr uh BEL um)
뇌교 바로 배측에 있는 큰 줄무늬 모양의 후뇌 구조이며 주로 운동협응 역할을 한다.

소뇌각(Cerebellar peduncles, pe DUNK ulz)
소뇌를 뇌간의 나머지 부분과 연결된 경로에 세 개의 커다란 쌍(하부, 중부, 상부).

뇌교(Pons, PONZ)
후뇌의 복측 부분으로 주요 구조에 제4뇌실, 망상체의 후뇌 부분, 많은 상행과 하행로, 뇌신경 5, 6, 7, 8의 핵이 포함된다.

● **색칠하면서 익히기**

첫째, 정중시상 삽화예시의 후뇌위치를 주목하라. 이것이 감추어진 부분이다. 다음, 직선 내에서 보여 주고 있는 각 사례에서 뇌교, 소뇌각, 소뇌를 색칠하라. 세 개의 소뇌각 중 두 개 만이 이 각도에서 볼 수 있음을 주의하라.

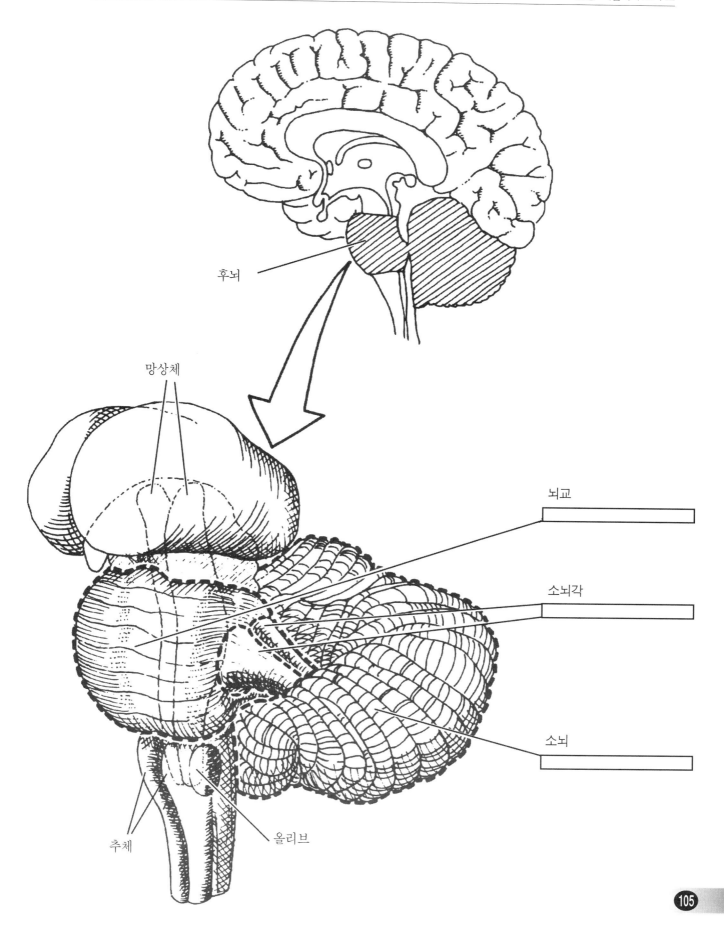

후뇌

망상체

뇌교

소뇌각

소뇌

추체

올리브

3. 중뇌의 주요 구조

중뇌는 뇌교 바로 앞에 위치한다. 뇌교에는 중뇌개(tectum)와 피개(tegmentum) 두 영역이 있다.

중뇌개(지붕)는 중뇌 배측표면에서 형성되어 있다. 포유동물에게서 중뇌개는 두 쌍의 핵으로 구성되어 있다. 훨씬 앞쪽의 쌍을 상구(superior colliculi)라 부르고 훨씬 뒤쪽의 쌍을 하구(inferior colliculi)라 부르는데, 전자는 시각 역할을 하고 후자는 청각 역할을 한다.

피개는 중뇌개에서 중뇌 복측 부분에 있다. 피개는 제3, 제4뇌실과 연결된 중뇌수도, 망상체의 중뇌 부분, 그리고 뇌신경 3과 4의 핵이 포함된다.

피개는 뒤에 색상으로 명명된 세 가지 중요한 핵구조가 포함되기 때문에, 뇌에서 색상영역으로 생각한다면 좋을 것이다. 즉, 적핵(red nuclei, 희미한 연분홍색 때문에 명명), 중뇌수도주변 회백질(periaqueductal gray, PGA, 중뇌수도 주변에 위치한 회백질 때문에 명명), 그리고 흑질(substantia nigra, 흑색물질을 의미하는 것으로, 어두운 색소가 많이 함유된 뉴런 때문에 명명)이다. 적핵과 흑질은 감각운동계에 중요한 구조이고, 중뇌수도주변 회백질(PGA)은 진통과 방어 행동을 조절하는 회로의 부분이다.

상구(Superior colliculi, kuh LIK yu lee)
포유동물의 중뇌개를 구성하는 두 쌍의 핵 중에서 훨씬 앞쪽을 상구라 부르는데, 주로 시각 역할을 한다.

하구(Inferior colliculi)
포유동물의 중뇌개를 구성하는 두 쌍의 핵 중에서 훨씬 뒤쪽을 하구라 부르는데, 주로 청각 역할을 한다.

적핵(Red nuclei)
좌우에 하나씩 있는 한 쌍의 피개핵이다. 적핵은 분홍색으로 감각운동계의 중요구조이다.

중뇌수도주변 회백질(Periaqueductal gray, PEER ee a kwuh DUK tal)
중뇌수도 주변에 위치한 피개 회백질로 진통과 방어행동 역할을 한다.

흑질(Substantia nigra, sub STAN she a NYE gra)
좌우에 하나씩 있는 한 쌍의 피개 감각운동핵으로 대부분의 뉴런들이 어두운 색소를 포함하고 있어서 그렇게 명명되었다.

색칠하면서 익히기

첫째, 정중시상 삽화예시에서, 직선 내에 있는 상구와 하구를 다른 색상으로 색칠하라. 다음, 동일 색상을 이용하여 위의 정중시상 단면에서 상구 색과 아래 횡단 단면에서 상구 색을 사용하라. 마지막으로, 횡단 단면에서 적핵과 흑질을 색칠하라.

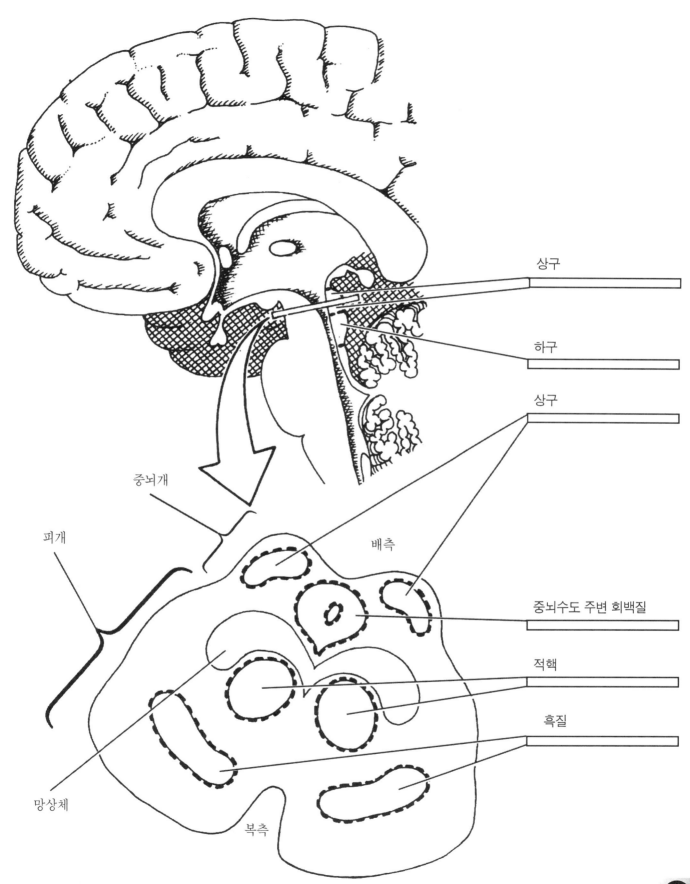

상구

하구

상구

중뇌개

피개

배측

중뇌수도 주변 회백질

적핵

흑질

망상체

복측

4. 간뇌 : 시상

시상(thalamus)은 간뇌에서 두 개의 주요 구조(시상과 시상하부) 중 하나이다. 시상하부 (hypothalamus)는 다음 절에서 논의될 것이다. 시상은 뇌간 꼭대기에 있는 두 개의 큰 엽구조로 제3뇌실 각 편에 한엽씩 있다. 시상의 2엽은 **시상간교**(massa intermedia) 와 연결되어 있다. 시상간교는 제3뇌실 중앙에 있는 시상핵이다. 이 점은 흔히 중심선에 있기 때문에 대뇌 교차연결(cerebral commissure)로 간주한다.

시상에 구성된 여러 핵들은 감각계의 핵과 연결된다. 핵은 수용체로부터 감각정보를 수용하고 또 대뇌반구의 외피나 대뇌피질의 적당한 영역으로 연결된다. 예를 들어, 좌우 외측 슬상핵(lateral geniculate nuclei), 내측슬상핵(medial geniculate nuclei) 그리고 복측후핵 (ventral posterior nuclei)들은 시각, 청각, 촉각 정보들을 제각각으로 받아들여 연결한다.

시상의 각엽에서 명백한 신경해부학적 양상은 크게 유수축색으로 구성된 내부층이나 내부 판이다. 시상 대부분이 회색질이기 때문에 각엽의 내부판(internal laminia)은 회색 배경에 대하여 백색 줄무늬로 나타난다. 이상에서 보여 주듯이 배측판은 각 엽의 배측표면에서 백색 Y모양으로 명확히 보이고 있다.

시상(Thalamus, THAL a mus)
뇌간 꼭대기에 두 개의 엽으로 된 간뇌구조로 제3뇌실 각 편에 한 엽씩 있다. 이들 여러 핵들은 감각정보를 대뇌피질의 적당한 장소로 전달해 준다.

외측슬상핵(Lateral geniculate nuclei, JEN ik yu luht)
시각정보를 대뇌피질로 연결해 주는 시상핵이다.

내측슬상핵(Medial geniculate nuclei)
청각 정보를 대뇌피질로 연결해 주는 시상핵이다.

복측후핵(Ventral posterior nuclei)
촉각 정보를 대뇌피질로 연결해 주는 시상핵이다.

내부판(Internal laminia)
시상의 각엽에 있는 백색질의 층이다.

🔵 색칠하면서 익히기

첫째, 정중시상 삽화예시 위에 시상의 실루엣 그림자를 색칠하라. 다음, 시상의 양엽에 내부판을 색칠하라. 마지막으로, 좌편의 내측 슬개, 외측슬개, 그리고 복측후핵을 색칠하라. 주의, 외부 외측에서 보면 보이지 않는 시상의 2엽과 연결된 시상간교의 위치를 확인하라.

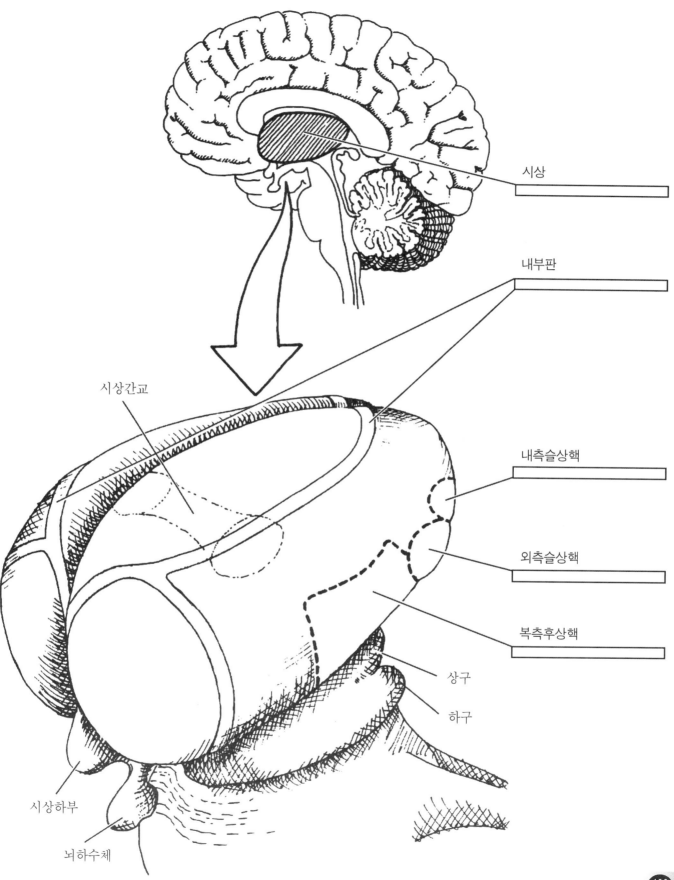

시상

내부판

시상간교

내측슬상핵

외측슬상핵

복측후상핵

상구

하구

시상하부

뇌하수체

5. 간뇌 : 시상하부

시상하부(hypothalamus)와 시상(thalamus)은 다 함께 간뇌(diencephalon)에서 구성된다. 시상하부는 시상의 앞 끝 바로 하부에 위치하고, 시상 크기의 10 : 1 정도이다(hypo란 보다 아래라는 뜻이다). 뇌하수체선(pituitary gland)은 시상하부에 매달려 있다.

시상처럼 시상하부도 좌우편에 각각 한 쌍으로, 핵의 많은 쌍들로 구성되어 있다. 다음은 세 쌍의 시상하부핵이다. 복내측핵(ventromedial nuclei)은 시상하부 중심선 가까이 복측 부분에 위치하고 혈당을 전환하여 비만해지는 것을 조정하는 역할을 한다. 시신경교차상핵(superachiasmatic nuclei)은 시교차(시신경에서 X모양의 교차) 바로 상부에 위치하고 24시간 생체리듬의 시간 역할을 한다. 그리고 유두체(mammillary bodies)는 뇌하수체 바로 뒤 시상하부의 밑에 위치하고 정서에 중요한 역할을 하는 부분이다.

시상하부의 몇몇 부분은 많은 작은 핵들을 포함하기 때문에 핵이라기보다 오히려 시상하부의 영역으로 언급되어진다. 이 같은 영역 중 하나가 시신경전 영역(preoptic area)으로, 이는 시상하부의 전방표면에 위치하며 성행위 역할을 담당한다. 시신경전 영역은 각편에 두 부분으로 구성되어져 있는데, **외측 시신경전 영역(lateral preoptic area)**과 **내측 시신경전 영역(medial preoptic area)**이 있다.

시상하부(Hypothalamus, HYPE oh THAL a mus)
시상 앞 끝 바로 아래에 위치한 간뇌 구조이며 뇌하수체가 시상하부에 매달려져 있다. 자율신경계와 내분비계를 통제하고, 종의 생존과 관련되는 행동을 조성한다.

복내측핵(Ventromedial nuclei)
좌우에 하나씩 있는 한 쌍의 시상하부핵으로, 혈당을 전환하여 신체가 비만해지는 것을 조절하는 역할을 한다; 시상하부의 복측 부분에서 중심선 가까이에 위치한다.

시신경교차상핵(Superachiasmatic nuclei, SUE pra KYE az matik)
좌우에 하나씩 있는 한 쌍의 시상하부핵으로, 24시간 생체리듬의 시간 역할을 하며, 시신경 교차 바로 배측에 위치한다.

유두체(Mammillary bodies, MAM I lair ee)
좌우에 각각 하나씩 있는 한 쌍의 시상하부로, 정서에 중요한 역할을 하는 체계의 일부분이다. 뇌하수체 바로 뒤에 숨어 있는 한 쌍의 돌기로서 시상하부의 밑에서 볼 수 있다.

시신경전 영역(Preoptic area)
시상하부 가장 앞 영역으로, 성행동 역할을 담당한다.

● 색칠하면서 익히기

첫째, 정중시상 삽화예시 위에 시상하부를 색칠하라. 그늘진 부분이다. 다음, 삽화예시 아래에서 시신경전 영역, 복내측핵, 유두체, 그리고 시상하부의 시신경교차상핵을 색칠하라. 주의, 시교차와 뇌하수체의 위치.

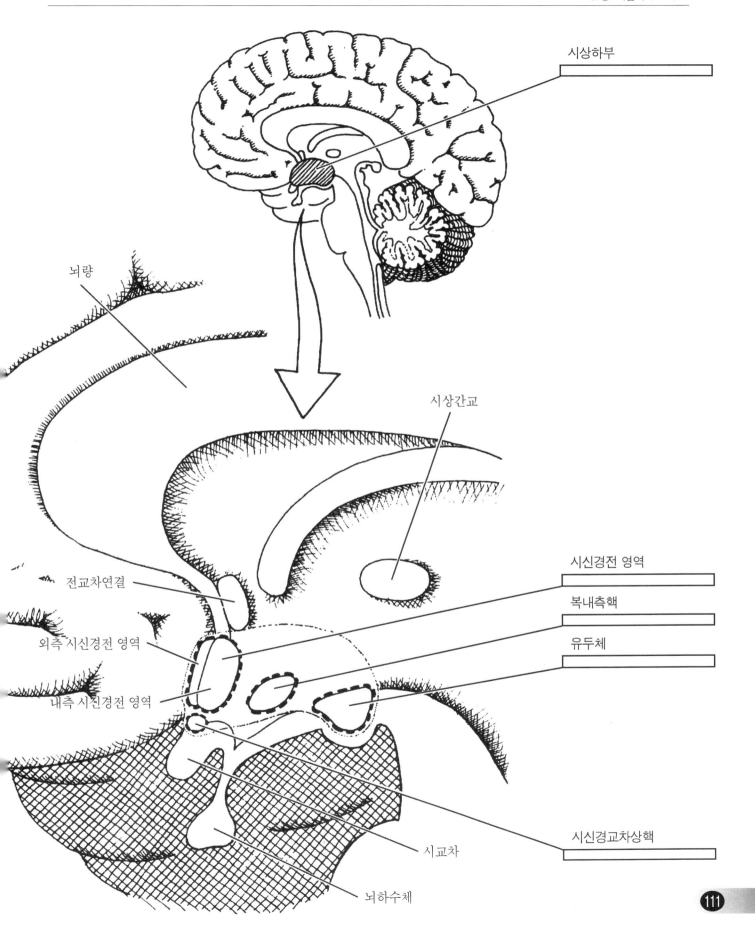

시상하부

뇌량

시상간교

시신경전 영역

복내측핵

유두체

전교차연결

외측 시신경전 영역

내측 시신경전 영역

시신경교차상핵

시교차

뇌하수체

6. 시상하부와 뇌하수체

뇌하수체는 전엽뇌하수체(anterior pituitary)와 후엽뇌하수체(posterior pituitary), 두 개의 선(glands)으로 나누어진다. 전엽과 후엽뇌하수체는 전적으로 다른 세포조직에서 발달되는데, 발달과정 동안에 뇌하수체 줄기(pituitary stalk) 끝에서 함께 융합이 된다.

여러분들이 이미 1.6단원에서 배운 바와 같이 뇌하수체선은 다른 내분비선으로 호르몬을 방출하는데 자극을 주는 **향성 호르몬**(tropic hormones)을 방출하기 때문에 흔히 주분비선이라 부른다. 뇌하수체 중에서도 전엽뇌하수체에서만이 향성 호르몬을 방출하기 때문에 엄격히 말하면, 전엽뇌하수체가 주분비선(master gland)인 것이다. 시상하부의 한 기능으로 뇌하수체 호르몬의 분비를 조정하는 것인데, 시상하부는 이런 의미에서 주분비선 중의 주(master)인 것이다.

시상하부는 두 개의 시상하부핵, 즉 실방핵(paraventricular nuclei)과 시신경상핵(supraoptic nuclei)에서 후엽뇌하수체로 투사하는 축색인 뉴런을 통하여 후엽뇌하수체를 조정한다. 이 뉴런에서 **옥시토신**(oxytocin)과 **바소프레신**(vasopressin) 두 쌍의 호르몬을 제조하는데, 이것은 혈류를 통해 후엽뇌하수체 종말로 방출된다. 옥시토신은 분만시에 자궁을 축소시키고, 아기가 젖을 빠는 동안 젖을 분비하며, 바소프레신은 신장에서 수분의 재흡수를 촉진시킨다.

전엽뇌하수체에 대한 시상하부 조정은 시상하부와 전엽뇌하수체 사이에 신경연결이 없기 때문에 직접 조정하지는 않는다. 시상하부의 뉴런은 **방출호르몬**(releasing hormones)이라 불리는 화학물질을 시상하부 **뇌하수체 문맥계**(hypothalamopituitary portal system)인 미세혈관의 국소망으로 방출한다. 시상하부뇌하수체 문맥계는 이런 방출인자가 전엽뇌하수체로 뇌하수체줄기를 통해 내려가는 것을 수행하며, 특별한 전엽뇌하수체 향성 호르몬의 방출을 발동시켜 준다. 거기에서 전엽뇌하수체 호르몬 각각에 대한 시상하부 방출 호르몬의 차이가 있는 것이다.

전엽뇌하수체(Anterior pituitary)
뇌하수체 전엽 부분으로 시상하부 방출 호르몬에 반응하여 향성 호르몬을 방출한다.

후엽뇌하수체(Posterior pituitary)
뇌하수체 후엽 부분으로 시상하부에 세포체가 있는 신경종말에서 바소프레신과 옥시토신을 방출한다.

뇌하수체 줄기(Pituitary stalk)
시상하부에 매달린 전엽뇌하수체와 후엽뇌하수체의 줄기.

실방핵(Paraventricular nuclei)
후엽뇌하수체에서 뉴런의 축색종말이 포함된 두 쌍의 시상하부핵 중 하나로 이 쌍은 제3뇌실 각 양편에 있는 시상하부의 배측표면에 위치한다.

시신경상핵(Supraoptic nuclei)
후엽뇌하수체 내 뉴런의 축색종말이 포함된 두 쌍의 시상하부핵 중 하나로 이 쌍은 시신경교차상핵 바로 뒤에 있는, 시교차 위에 위치한다.

🔵 색칠하면서 익히기

첫째, 전엽뇌하수체와 후엽뇌하수체를 색칠하라. 다음, 뇌하수체줄기를 색칠하라. 마지막으로, 시상하부의 실방핵과 시신경상핵을 색칠하라.

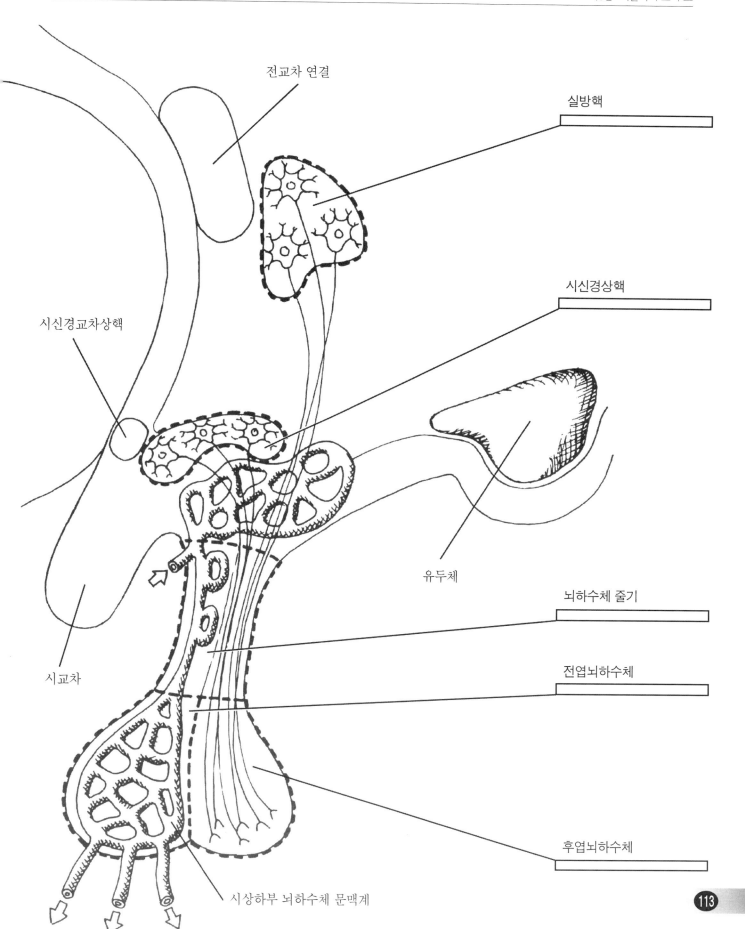

전교차 연결

실방핵

시신경교차상핵

시신경상핵

유두체

뇌하수체 줄기

전엽뇌하수체

시교차

후엽뇌하수체

시상하부 뇌하수체 문맥계

연습문제

뇌간의 주요 구조

지금 여러분은 잠시 쉬면서, 제6장에서 배운 6절의 학습단위에 대한 용어와 개념들을 정리하여 보라. 여러분들이 쉽게 잊어버리지 않도록 용어들을 여러 번 반복하여 복습하는 것이 매우 중요하다.

연습문제 1

제6장에 있는 6절의 삽화예시로 돌아가서, 각 페이지의 오른편 끝에 있는 용어들을 익히는데, 이 책 뒷부분의 겉표지로 용어를 가려 보자. 각 구조의 명칭들을 확실히 알 때까지 여섯 개의 삽화예시를 학습하라. 한 번의 실수도 없이 모든 삽화예시를 철저히 익힌 다음, 연습문제 2로 넘어가라.

연습문제 2

다음 삽화예시에서 빈칸에 적합한 용어를 채워라. 정답은 책 뒤에 제시되어 있다. 만약 틀렸을 경우, 오답과 관련된 학습내용들을 다시 한 번 살펴보라.

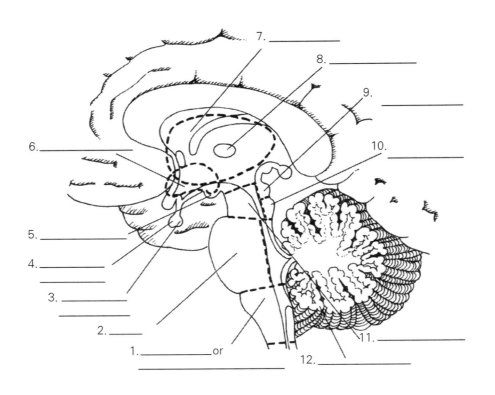

연습문제 3

6장의 학습내용을 보지 말고, 다음 빈 칸에 알맞은 답을 써 보자. 만약 틀렸을 경우, 오답과 관련된 학습내용들을 다시 한 번 살펴보자. 정답은 책 뒤에 제시되어 있다.

1. 수뇌는 흔히 _____ 라고 부른다.

2. 제4뇌실 대부분이 후뇌의 _____ 에 위치한다.

3. 중뇌 피개는 _____ 핵, _____ 회백질, 그리고 _____ 질을 포함하고 있기 때문에 뇌에서 가장 다채로운 색상 영역으로 생각되어진다.

4. 일반적으로, 각 대뇌반구는 신체의 _____ 편을 조절한다.

5. 연수에서 중뇌에까지 이르는 뇌간의 핵심은 _____ 이다. 이것은 각성, 주의, 수면의 역할을 담당한다.

6. 중뇌개는 2쌍의 핵으로 이루어져 있다. _____ 소구는 시각 역할을 하고, _____ 소구는 청각 역할을 한다.

7. 후뇌 - 소뇌 = _____ 이다.

8. _____ 는 시상의 2엽 사이에 있는 제 _____ 뇌실에 위치한다.

9. 뇌신경 5, 6, 7, 그리고 8은 후뇌의 _____ 로부터 뻗어 나온다.

10. 수뇌는 주로 _____ 질로 구성되어 있다.

11. 소뇌는 3쌍의 소뇌 _____ 에 의해 뇌의 나머지부분과 연결되어 있고, 그중 가장 아래쪽의 것이 소뇌와 연수의 _____ 와 연결되어 있다.

12. 주요 하행 운동로인 _____ 로는 연수의 뒷부분에서 교차한다.

13. 방출인자는 _____ 뇌하수체로 전달되는 시상하부 뇌하수체 문맥계에서 시상하부 뉴런에 의해 방출된다.

14. 소뇌는 _____ 의 부분이다.

15. 옥시토신과 바소프레신은 실방핵과 _____ 의 시신경상핵 및 _____ 뇌하수체의 종말단추에 세포체가 있는 뉴런에 의해 방출되고 합성된다.

16. 복 후측, 외측 슬상핵, 그리고 내측 슬상핵은 _____ 에 위치한 감각연결핵이다.

17. _____ 의 외상은 운동실조를 가져온다.

18. 복내측핵, 시신경교차상핵, 그리고 유두체는 _____의 핵이다.

19. 엄격히 말해서 향성호르몬을 방출하는 것은 뇌하수체가 아니다. 그것은 _____ 뇌하수체이다.

20. 중뇌수도는 _____ 에 위치한다.

21. 중뇌 - 피개 = _____ 이다.

연습문제 4

아래 알파벳 순서는 제6장에서 배운 모든 용어와 정의들의 목록들이다. 이 페이지의 정의 부분을 가리고, 그 용어들을 따라내려 가면서 정의를 명확히 익혀 나가라. 이 과정에서도 한 번의 실수도 없을 때까지 목록을 철저히 되풀이하라. 그런 다음에, 용어를 가리고 나서 정의내용들을 읽은 다음 정확한 용어로 말해 보아라. 이런 과정들을 철저히 반복하면서 학습하도록 하자.

• Anterior pituitary(전엽뇌하수체)	뇌하수체 전엽 부분으로 시상하부 방출 호르몬에 반응하여 향성 호르몬을 방출한다.
• Cerebellar peduncles(소뇌각)	소뇌를 뇌간의 나머지 부분과 연결된 경로에 세 개의 커다란 쌍(하부, 중부, 상부).
• Cerebellum(소뇌)	뇌교 바로 배측에 있는 큰 줄무늬 모양의 후뇌 구조이며 주로 운동협응 역할을 한다.
• Hypothalamus(시상하부)	시상 앞 끝 바로 아래에 위치한 간뇌 구조이며 뇌하수체가 시상하부에 매달려 있다.
	* 자율신경계와 내분비계를 통제하고, 종의 생존과 관련되는 행동을 조직화한다.
• Inferior colliculi(하구)	포유동물의 중뇌개를 구성하는 두 쌍의 핵 중에서 훨씬 뒤쪽을 하구라 부르고, 주로 청각 역할을 한다.
• Internal laminia(내부판)	시상의 각엽에 있는 백색질의 층.
• Lateral geniculate nuclei (외측 슬상핵)	시각정보를 대뇌피질로 연결하여 주는 시상핵이다.
• Mammillary bodies(유두체)	좌우에 각각 하나씩 있는 한쌍의 시상하부로, 정서에 중요한 역할을 하는 체계의 일부분이다. 뇌하수체 바로 뒤에 숨어 있는 한쌍의 돌기로서 시상하부의 밑에서 볼 수 있다.
• Medial geniculate nuclei (내측 슬상핵)	청각정보를 대뇌피질로 연결하여 주는 시상핵이다.
• Medulla(연수)	뇌간의 가장 후방 영역으로 수뇌에 있다. 주요 구조로 추체, 올리브, 연수망상체, 그리고 뇌신경 9, 10, 11, 12의 축색이 밀접히 관여되는 핵이 포함된다.
• Olives(올리브)	연수 외측표면에 융기로서 각편에 하나씩 보이는

한쌍의 커다란 올리브 모양의 핵 군집이다 ; 이는 소뇌와 연결되어 있다.

- Paraventricular nuclei(실방핵)

후엽뇌하수체 내 뉴런의 축색종말이 포함된 두 쌍의 시상하부핵 중 하나이며 이 쌍은 제3뇌실 각 양편에 있는 시상하부의 배측표면에 위치한다.

- Periaqueductal gray (중뇌수도 주변 회백질)

중뇌수도 주변에 위치한 피개 회백질이며 진통과 방어행동 역할을 한다.

- Pituitary stalk(뇌하수체 줄기)

시상하부에 매달린 전엽뇌하수체와 후엽뇌하수체의 줄기.

- Pons(뇌교)

후뇌 복측 부분으로 주요 구조로 제4뇌실, 망상체의 후뇌 부분, 많은 상행과 하행로, 뇌신경 5, 6, 7, 8의 핵이 포함된다.

- Posterior pituitary(후엽뇌하수체)

뇌하수체 후엽 부분으로 시상하부에 세포체가 있는 신경종말에서 바소프레신과 옥시토신을 방출한다.

- Preoptic area(시신경전 영역)

시상하부 가장 앞 영역으로 성행동 역할을 담당한다.

- Pyramids(추체)

연수 복면에 좌에 하나 우에 하나가 있는 두 개의 커다란 융기이며 대뇌반구에서 척수운동회로에까지 수의적 동작의 신호를 수행하는 추체로가 포함된다.

- Red nuclei(적핵)

좌우에 하나씩 있는 한쌍의 피개 핵이다. 적핵은 분홍색으로 감각운동계의 중요 구조이다.

- Reticular formation(망상체)

연수에서 중뇌까지, 뇌간의 중심지에 위치한 짧게 상호 연결된 회로와 핵의 복합망으로 이 핵은 많은 생체기능을 조절하고 각성, 긴장, 수면의 촉진 역할을 한다.

- Substantia nigra(흑질)

좌우에 하나씩 있는 한쌍의 피개 감각운동핵으로 대부분의 뉴런들이 어두운 색소를 포함하고 있어서 그렇게 명명되었다.

- Superior colliculi(상구)

포유동물의 중뇌개를 구성하는 두 쌍의 핵 중에서 훨씬 앞쪽을 상구라 부르고, 주로 시각 역할을 한다.

- Superachiasmatic nuclei (시신경교차상핵)

좌우에 하나씩 있는 한쌍의 시상하부핵으로, 24시간 생체리듬의 시간 역할을 하고 시신경교차 바로 배측에 위치한다.

• Supraoptic nuclei(시신경상핵)　후엽뇌하수체 내 뉴런의 축색종말이 포함된 두 쌍의 시상하부핵 중 하나로 이 쌍은 시신경교차상핵 바로 뒤에 있는, 시교차 위에 위치한다.

• Thalamus(시상)　뇌간 꼭대기에 두 개의 엽으로 된 간뇌 구조로, 제3뇌실 각편에 한 엽씩 있다. 이들 여러 핵들은 감각정보를 대뇌피질의 적당한 장소로 전달해 준다.

• Ventral posterior nuclei(복측 후핵)　촉각정보를 대뇌피질로 연결해 주는 시상핵이다.

• Ventromedial nuclei(복내측 핵)　좌우에 하나씩 있는 한쌍의 시상하부 핵으로, 혈당을 전환하여 신체가 비만해지는 것을 조절하는 역할을 한다. 시상하부의 복측 부분에서 중심선 가까이에 위치한다.

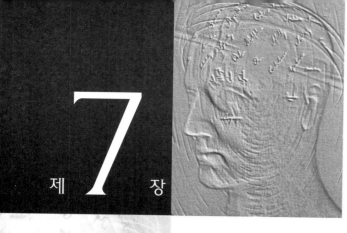

제 7 장

대뇌반구의 주요 구조

앞장에서 여러분은 뇌간의 주요 구조들을 살펴보았다. 그 내용에는 대부분이 뇌간 구조의 하위 영역인 연수에서 시작하여 상위 영역인 시상으로 상행하는 데 대하여 설명하고 있다. 이 장에서는 대뇌반구 주요 구조들을 여러분에게 소개함으로써 인간 뇌의 상행에 대해서는 마칠까 한다. 여러분의 대뇌반구는 뇌 전체의 80%로 구성되어 있고 또 아주 복잡한 심리적 과정들이 개입되고 있다.

이 장에서는 인간 대뇌반구의 주요 외부 양상에 대하여 살펴볼 것이다. 그런 다음에 그 내부 구조들을 탐색하겠다.

다음은 제7장에서 다루게 되는 각 절의 내용이다.

1. 대뇌반구의 주요 열
2. 대뇌반구의 엽
3. 대뇌반구의 주요 회
4. 대뇌피질
5. 대뇌피질 구분
6. 일차 감각과 운동 영역
7. 피질하부의 구조 : 변연계
8. 피질하부의 구조 : 기저핵

1. 대뇌반구의 주요 열

인간 대뇌반구의 외적 모양은 많은 홈(grooves)들로 이루어져 있는데, 큰 홈을 열 (fissures, 틈새)이라 부르고 작은 홈을 구(sulci, 고랑)라고 부른다. 대뇌반구는 종열 (longitudinal fissures)로 두 개의 대뇌반구로 나누어지고 , 또 네 개의 가장 큰 대뇌열 로서는 좌우 중심열(central fissures)과 좌우 외측열(lateral fissures)이 있다. 열 부근 사이 에 융선을 회(gyri) 혹은 회선(convolutions)이라 부른다.

척추동물들 모두가 깊은 회선을 가진 것은 아니다. 사실, 큰 포유동물들을 제외한 대부 분의 척추동물들은, 이와 관련하여 평활(민무뇌)뇌가 있다. 회선의 진화는 대뇌반구 외층인 대뇌피질(cerebral cortex)의 영역에서 대부분 진화하여 나온 것이다. 인간과 기타 큰 포유 동물에게서 대뇌피질 영역은 뇌의 나머지에 비해 상당히 큰데, 이는 대뇌반구 표면 그 자 체가 주름으로 잡혀 있기 때문이다. 따라서, 인간 대뇌피질 대부분은 대뇌 열과 구의 깊은 주름 속으로 숨어 있어서 외견상 볼 수가 없다.

대뇌피질은 회색질(gray matter)인데 이 점은 크게 세포체, 수지상돌기, 짧은 무수축 색(unmyelinated axons) 등으로 구성되어 있기 때문에 색이 회색으로 보이는 것이다. 대뇌 피질 바로 아래 큰 백색질(white matter)층이 있는데, 이는 뇌의 기타 부분과 또 다른 부 분의 대뇌피질 여러 영역과 연결되는 커다란 유수축색(myelinated axons)으로 구성되어 있 다. 뇌의 구조나 영역은 일반적으로 피질이 아니라 피질하부와 관련된다.

열(Fissures)
대뇌반구 내 크고 깊은 홈.

구(Sulci, SUL key)
대뇌반구 내 작은 홈(singular, sulcus).

중심열(Central fissures)
대뇌반구 외측표면에 길고 깊은 열, 각편에 하나씩 있다. 거기에는 종열 아래로부터 외 측열에까지 이어져 있다.

외측열(Lateral fissures)
대뇌반구 각편에 하나씩, 외측표면에 거칠게 수평으로 이어지는 길고 깊은 열.

회(Gyri, GYE rye)
열 부근 사이에, 크다란 융선이나 회선(singular, gyrus).

대뇌피질(Cerebral cortex)
대뇌반구의 외층(피질은 나무껍질을 뜻한다)이며 이는 크게 회색질로 구성되어져 있다.

🔵 색칠하면서 익히기

첫째, 위의 삽화예시에 표시된 일반 구조 열, 회, 구를 색칠하라. 다음, 아래 삽화예시에 양 반구를 색칠하라. 삽화예시 양편에 중심열과 외측열을 색칠하라. 마지막으로, 아래 삽화예시 에 대뇌피질을 색칠하고 양반구를 다시 한 번 색칠하라.

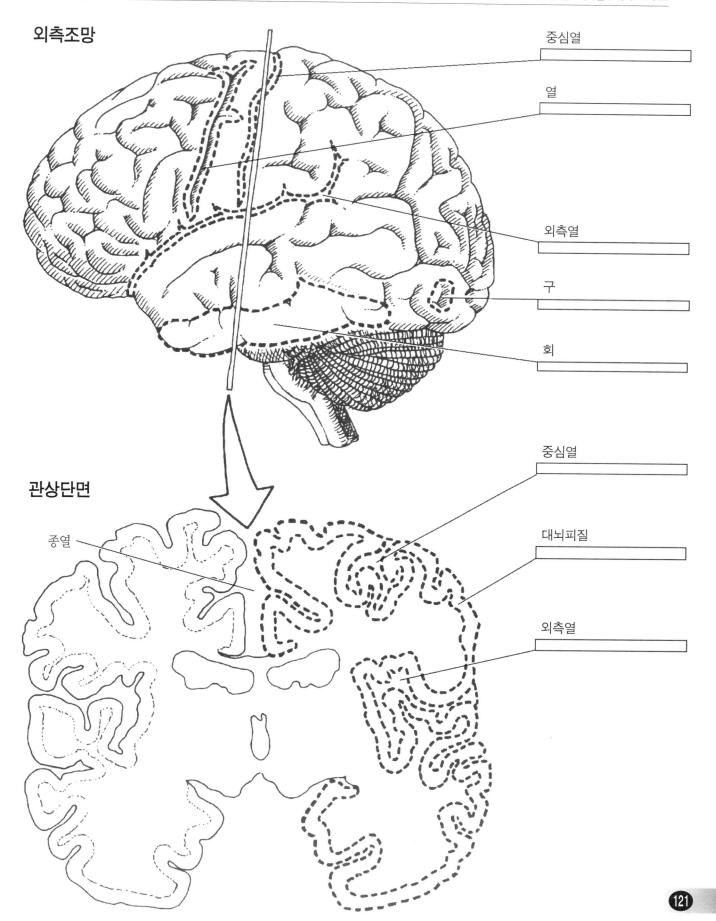

외측조망

중심열

열

외측열

구

회

관상단면

종열

중심열

대뇌피질

외측열

2. 대뇌반구의 엽

인간 대뇌반구는 중심열과 **외측열**에서 네 개의 엽으로 각각 나누어져 있다. (1) 각 대뇌반구의 앞 끝부분에서 중심열 앞과 외측열 상부 앞이 전두엽(frontal lobes)이다. (2) 각 반구 꼭대기에 중심열 바로 뒤와 외측열 상부가 두정엽(parietal lobes)이다. (3) 외측열 하부 각 반구 바닥이 측두엽(temporal lobes)이다. (4) 마지막으로, 각 반구 뒤편 극에 두정엽과 측두엽 뒷부분이 후두엽(occipital lobes)이다.

대뇌반구의 엽들은 기능적 단위가 아니라는 점에 대해 유의하기 바란다. 대뇌피질은 많은 영역으로 이루어져 있고, 특수 기능을 수행하는 각 엽들은 별개의 구조적 양상을 지니고 있다. 그런데 이들 기능단위의 경계는 엽들 사이의 경계를 따르는 것이 아니다. 즉 주요 열의 위치는 피질기능에 관하여 임의적이라는 점이다. 각 엽은 많은 기능단위들로 이루어져 있고, 또 많은 기능단위들은 엽들 부근에 경계가 가로놓여져 있다. 따라서, 대뇌엽들의 네 쌍에 대한 일반적 위치가 대뇌반구 내 특수 기능적 영역의 위치로 유용하게 기술되고 있는 것으로 알고 있지만, 사실 각 반구는 특수기능을 갖고 있지 않다.

전두엽(Frontal lobes)
대뇌반구의 두 영역, 각 반구 내 하나씩 중심열 앞에 있다.

두정엽(Parietal lobes, pa RYE e tal)
대뇌반구의 두 영역, 각 반구 내 하나씩 중심열 뒤에와 외측열 상부에 있다.

측두엽(Temporal lobes)
대뇌반구의 두 영역, 각 반구 내 하나씩 외측열 하부에 있다.

후두엽(Occipital lobes, ok SIP I tal)
대뇌반구의 두 영역, 각 반구의 뒤편 극에 있다.

⬤ **색칠하면서 익히기**

첫째, 삽화예시 위에 측두엽, 전두엽, 두정엽, 후두엽들을 색칠하라. 다음, 삽화예시 아래에 위와 동일한 색을 사용하여 전두엽, 두정엽, 후두엽들을 색칠하라.

외측조망

중심열

전두엽

두정엽

후두엽

외측열

측두엽

전두엽

배측조망

두정엽

종열

후두엽

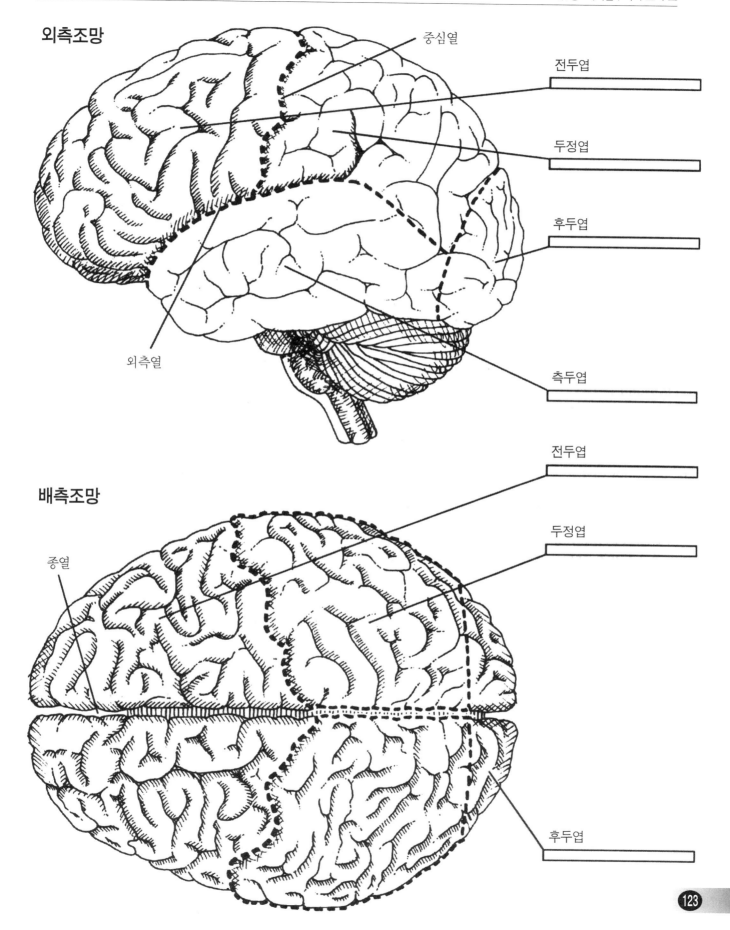

3. 대뇌반구의 주요 회

뇌의 회나 회선(回旋)의 모양은 사람에 따라서 또는 같은 사람일지라도 뇌반구에 따라 다양하지만, 가장 큰 회는 가장 큰 열 부근에 있기 때문에 사실상 모든 인간에게서 쉽게 알려져 있다.

다음은 인간 대뇌반구의 외측표면에서 몇몇 주요 회에 관한 것이다.

각 전두엽은 중심전회(precentral gyrus), 상전두회(superior frontal gyrus), 중전두회(middle frontal gyrus) 그리고 하전두회(Inferior frontal gyrus)가 있다. / 각 측두엽은 상측두회(superior temporal gyrus), 중측두회(middle temporal gyrus), 하측두회(inferior temporal gyrus)로 되어 있다. / 각 두정엽에서는 중심후회(postcentral gyrus)와 각회(angular gyrus)가 있다.

주의할 점은 대부분 회의 명칭은 그 위치가 있는 것으로 제공된다는 점이다. 예를 들어, 중심전회는 중심열 바로 앞에 있고, 중심후회는 중심열 바로 뒤에 있다.

대뇌엽에서처럼 대뇌반구의 회 역시 기능단위로서 고려하지 않는다. 가끔 인습적으로 단일 특수기능에 대하여 특별한 회를 언급하지만, 그 회의 경계가 기능적 영역의 경계로 엄밀히 정의되어진 경우가 아니다. 즉 회의 위치는 피질기능과 관련하여 임의적이다.

중심전회(Precentral gyrus)
중심열 바로 앞에 위치하는 전두엽회

상전두회(Superior frontal gyrus)
엽 꼭대기를 따라 수평으로 가는 전두엽회

중전두회(Middle frontal gyrus)
전두회 상부와 하부 사이에 위치한 전두엽회

하전두회(Inferior frontal gyrus)
중전두회 바로 아래에 위치하는 전두엽회

상측두회(Superior temporal gyrus)
외측열 바로 아래에 위치하는 측두엽회

중측두회(Middle temporal gyrus)
측두회 상부와 하부 사이에 위치한 측두엽회

하측두회(Inferior temporal gyrus)
중측두회 바로 아래에 위치하는 측두엽회

중심후회(Postcentral gyrus)
중심열 바로 뒤에 위치하는 두정엽회

각 회(Angular gyrus)
측두엽과 후두엽의 두정엽 경계에 위치하는 두정엽회

● **색칠하면서 익히기**

> 우 대뇌반구의 뇌 외측 표면에 있는 아홉 개의 회를 각각 색칠하라.

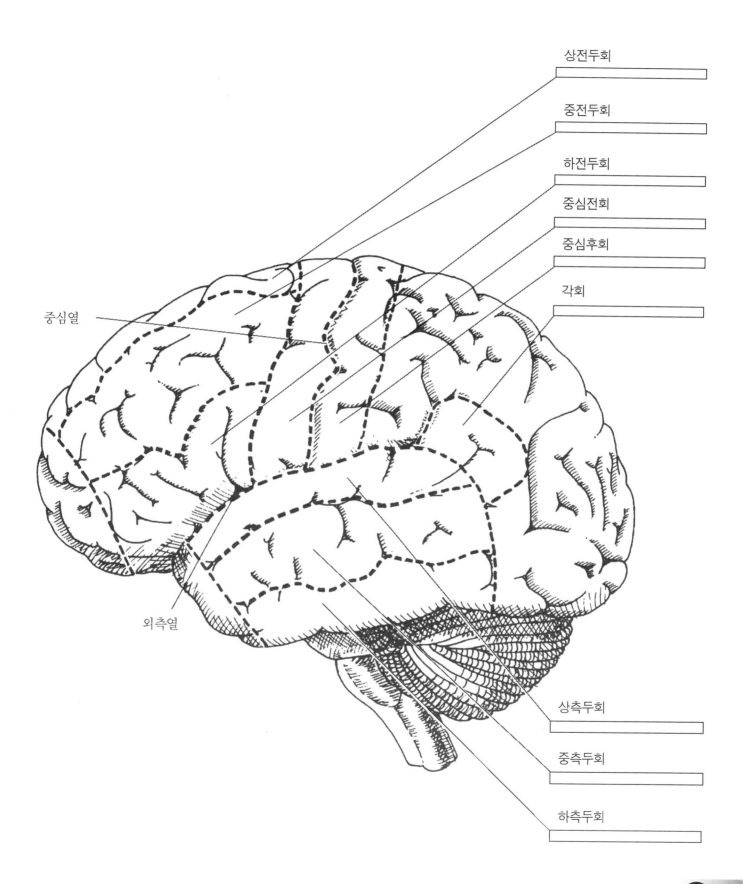

상전두회

중전두회

하전두회

중심전회

중심후회

각회

중심열

외측열

상측두회

중측두회

하측두회

4. 대뇌피질

척추동물들은 진화과정 기간에서 **대뇌피질**이 크게 발달되어 왔다. 대뇌피질은 가장 복잡한 심리적 과정을 다루게 되는데, 특히 인간은 고도의 복잡성을 이루는 과정을 겪게 된다.

진화에서 대뇌피질은 처음엔 3층으로 구성된 단순피질이었다. 세포작용상 구성된 것으로 두 피질층 사이에 끼어 있는 세포체층이 있는데, 이를 고피질(allocortex)이라 부른다(allo는 other를 뜻한다). 옛날 초기 척추동물(예, 물고기, 파충류, 양서류 등)의 모든 대뇌피질은 고피질이다. 대조적으로 영장류는 고피질이 거의 없고 대부분 해마와 인접피질로 이루어져 있다. 보다 근간에 영장류의 대부분 피질들은 여섯 개 층으로 다양하게 진화되었고, 이를 신피질(neocortex)이라 부른다(neo는 new를 뜻한다). 영장류에서 6층 피질의 중요성은 고피질이라 부르는 3층의 피질이 있기 때문이다.

신피질의 층들은 1층에서 6층까지 있다. 1층은 대부분 표면층이고, 6층은 가장 깊은 층이다. 층들은 층이 포함하고 있는 뉴런 유형의 용어를 구분하기 위해, 그리고 뉴런의 과정이나 세포체를 우선적으로 구성하는 것이 어떤 것인지 알아보기 위해, 절편염색법(stained sections)으로 각각 구분해 볼 수 있다. 신피질의 구조는 기능 영역에서 기능 영역으로 약간 구분되고, 또 여섯 개 층의 특징들을 늘 제시하고 있다.

대뇌피질에는 많은 다른 종류들의 뉴런이 있는데, 대부분 크게 두 구역의 범주로 나누어진다. 즉 **추체세포**(pyramidal cells)와 **성상**(星狀)**세포**(stellate cells)이다. 추체세포는 커다란 추체모양의 세포체로 된 뉴런인데, 피질표면(선단수지상 돌기)으로 향하는 큰 중심 수지상돌기와 긴축색이 있다. 성상세포는 많은 수지상돌기와 짧은 축색으로 별 모양의 세포이다. 추체세포는 대뇌피질의 다른 부분이나 혹은 기타 중추신경계 구조에 신호를 주고, 성상세포는 국재 피질회로에 관여한다.

고피질(Allocortex, AL oh KOR tex)
대뇌피질 진화에서 첫 유형으로, 3층의 대뇌피질. 인간은 대개 신피질을 갖고 있다.

신피질(Neocortex)
비교적 근래에 진화한 6층의 대뇌피질이다. 주로 인간의 대뇌피질은 신피질이다.

추체세포(Pyramidal cells, puh RAM i dal)
세포체, 선단 수지상돌기, 긴 축색돌기로 된 추체의 피질뉴런.

성상세포(Stellate cells)
많은 짧은 수지상돌기와 짧은 축색돌기로 된 별모양의 피질뉴런.

 색칠하면서 익히기

> 첫째, 삽화예시 위에 뇌 양편 고피질과 신피질을 색칠하라. 다음, 두 삽화예시에서 위와 동일한 두 개의 색을 이용하여 경계를 칠하라. 마지막으로, 다른 색을 사용하여 하나는 추체세포 색으로 또 하나는 성상세포 색으로 음영이 아닌 곳에 칠하라. 모든 과정을 색으로 확인하라.

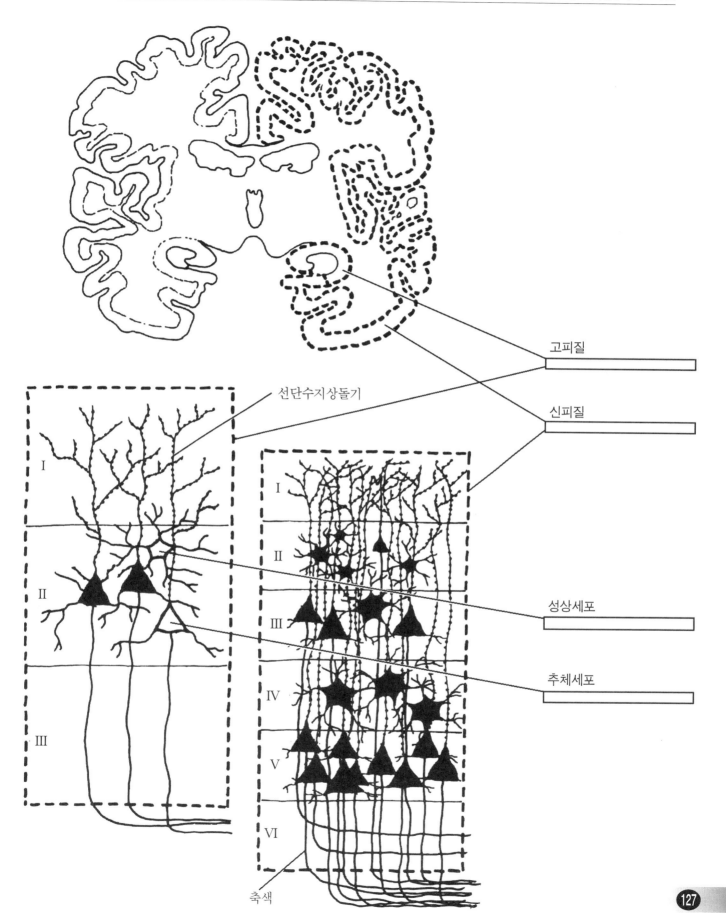

선단수지상돌기

고피질

신피질

성상세포

추체세포

축색

5. 대뇌피질 구분

대뇌피질은 크게 5종의 영역으로 나눈다. 감각 영역에 2종, 운동 영역에 2종, 그리고 연합 영역에 1종이 있다.

일차 감각 영역(primary sensory areas)은 단일감각계의 하위 피질 구조로부터, 즉 단일감각계의 핵과 연결된 시상감각으로부터 대부분 입력 수용하는 피질 영역이다. 이차 감각 영역(secondary sensory areas)은 단일 일차 피질 영역에서 또 동일 체계의 다른 이차 영역에서 입력 수용하는 피질 영역으로, 여기에는 일차 감각피질의 각 영역 부근에 전형적으로 이차 감각피질의 여러 영역들이 있다.

일차 운동 영역(primary motor areas)은 뇌간과 척수의 운동회로로 내려가는 운동부호로 좌우 두 개의 피질 영역이다. 그리고 이차 운동 영역(secondary motor areas)은 일차 운동 영역에 직접 투사하는 피질 영역이다.

대뇌피질의 연합 영역(association areas)은 가장 복잡한 심리기능을 수행하여서 정확히 그들이 하는 일이 무엇인지 이해하기가 어렵다. 정의에 의하면, 연합 영역은 이차 감각피질의 영역에서 우선적으로 받아 어떤 감각계보다 더 많이 입력되어 수용하는 영역이며 이차 운동피질의 영역을 활성화시킨다.

따라서 각 감각체계로부터 입력은 그 체계의 일차 감각 영역을 경유하여 피질로 들어가고, 동일체계의 이차 감각 영역으로 전도된다. 그래서 다른 감각계의 이차 감각 영역으로부터 입력은 연합피질 영역으로 함께 오게 된다. 연합피질은 이차 운동피질의 영역에서 활성화되는데, 이는 일차 운동피질의 영역과 교대로 활성화된다. 마지막으로, 일차 운동피질의 출력은 뇌간(brain stem)과 척수(spinal cord)의 운동회로(motor circuits)로 전도한다.

일차 감각 영역(Primary sensory areas)

단일 감각체계의 핵을 이어 주는 시상으로부터 대부분 입력 수용하는 대뇌피질 영역으로 동일체계의 이차 감각 영역 부근으로 대부분 출력한다.

이차 감각 영역(Secondary sensory areas)

일차 감각 영역에서 그리고 동일체계의 다른 이차 영역에서 입력 수용하는 감각피질 영역 ; 여기에는 각 일차 감각 영역 부근에 전형적으로 여러 개의 이차 감각 영역들이 있다.

일차 운동 영역(Primary motor areas)

하위피질과 척추운동회로로 출력하여 보내지는 운동피질 영역 ; 이차 운동 영역 부근으로부터 대부분 입력된다.

이차 운동 영역(Secondary motor areas)

일차 운동피질의 영역으로 대부분 출력하여 보내지는 운동피질 영역 ; 연합피질에서 대부분 입력된다.

연합 영역(Association areas)

한 감각계보다 더 많이 입력되고, 이차 감각피질의 영역을 경유하여 전형적으로 수용하는 대뇌피질 영역으로, 대부분 이차 운동피질 영역으로 출력한다.

● **색칠하면서 익히기**

> 연속선상 감각, 연합, 운동피질의 망상(網狀)을 통한 작업을 색칠하라. 두 개의 일차 감각 영역, 네 개의 이차 감각 영역, 연합 영역, 두 개의 이차 운동 영역, 그리고 마지막으로 일차 운동 영역을 색칠하라. 주의, 이 도표는 도식이다. 여기서는 크기나 위치와 관련지은 것이 아니라 피질 영역의 유형 가운데 일반적인 관련성을 보여 주려고 시도하였다.

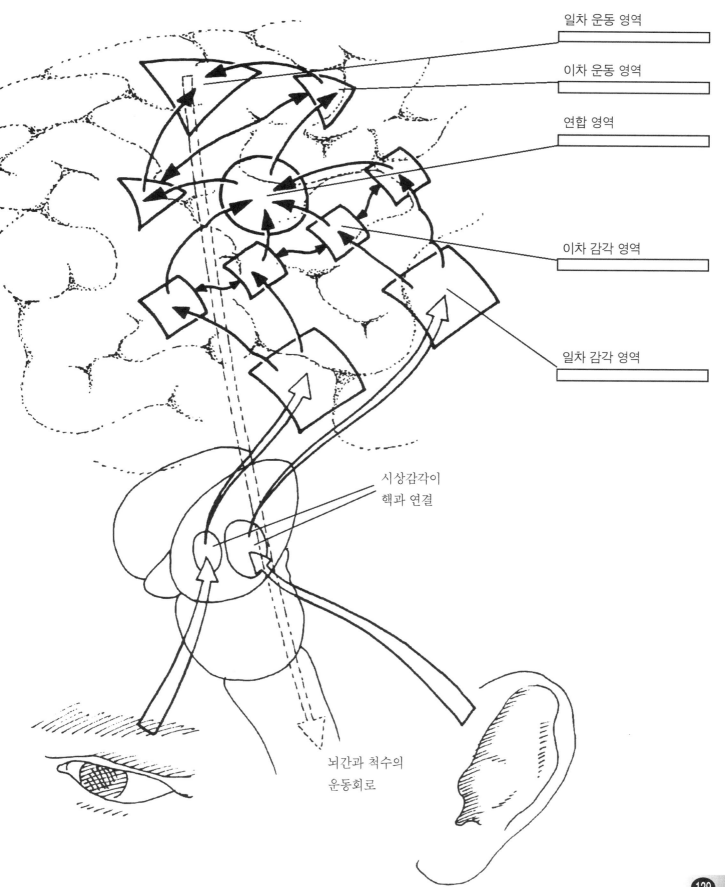

일차 운동 영역

이차 운동 영역

연합 영역

이차 감각 영역

일차 감각 영역

시상감각이
핵과 연결

뇌간과 척수의
운동회로

6. 일차 감각과 운동 영역

일차 감각과 운동 영역은 인간 대뇌 신피질의 기능 영역 중 가장 잘 알려진 부분이다. 이 학습단위는 이런 영역의 위치를 기술해 줄 것이다. 일차 감각이나 운동 영역은 각각 쌍으로 되어 있는데, 각 반구에 한 영역씩 양외측으로 대칭된 위치에 있다.

일차 시각피질(primary visual cortex)의 영역은 대뇌반구 맨 뒤편에 있다. 즉 후두엽에 위치한다. 일차 시각피질 대부분은 종열 깊숙한 곳에 위치하기 때문에 쉽게 볼 수가 없다. 마찬가지로 일차 청각피질(primary auditory cortex)의 영역과 일차 미각피질(primary gustatory cortex)의 영역도 종열 내에 있어서 바로 찾아 낼 수가 없다. 일차 청각피질은 외측열 측두엽편에 있고, 일차 미각피질은 두정엽편에 있다.

일차 운동피질(primary motor cortex)과 일차 체성감각피질(primary somatosensory cortex)의 영역은 중심열 반대편에 놓여 있는데, 측두엽의 중심전회 내에는 일차 운동피질이 있고, 두정엽의 중심후회 내에는 일차 체성감각피질이 있다. 마지막으로, 일차 후각피질(primary olfactory cortax)의 신피질 영역은 두 개의 후각신경(예, 1 뇌신경 근처) 가까이 있는 전두엽 아래 표면에 위치하고 있다. 후각체계는 특이한데, 시상에서 또 신피질 영역에서 처리되기 전에 피질 영역(예, 내측 측두엽 내에 고피질 영역)에서 처리되는 신호로 감각체계에서만 있다.

일차 시각피질(Primary visual cortex)
시상핵(예, 외측슬상 핵)에서 이어 주는 시각으로부터 대부분 입력하여 수용하는 각 뇌반구인 피질 영역으로 이는 크게 종열 내에서 후두엽에 위치한다.

일차 청각피질(Primary auditory cortex)
시상핵(예, 내측슬상 핵)에서 이어 주는 청각으로부터 대부분 입력하여 수용하는 각 뇌반구인 피질 영역으로 이는 크게 외측열 내에서 상측두엽에 위치한다.

일차 미각피질(Primary gustatory cortex, GUS ta tor ee)
시상핵에서 이어 주는 미각으로부터 대부분 입력하여 수용하는 각 뇌반구인 피질 영역으로 이는 크게 외측열 내에서 두정엽의 아래 경계에 위치한다.

일차 운동피질(Primary motor cortex)
뇌간과 척수의 운동회로에 대부분 운동섬유로 보내지는 각 대뇌반구인 피질영역 ; 이는 전두엽 중심전회에 위치한다.

일차 체성감각피질(Primary somatosensory cortex)
시상핵(예, 복측후 핵)에서 이어 주는 체성감각으로부터 대부분 입력하여 수용하는 각 대뇌반구인 피질영역으로 이는 두정엽 중심후회에 위치한다.

일차 후각피질(Primary olfactory cortex, ole FAK tor ee)
시상핵에서 이어 주는 후각으로부터 대부분 입력하여 수용하는 각 대뇌반구인 피질 영역으로 이는 전두엽의 아래 표면에 위치한다.

● **색칠하면서 익히기**

첫째, 일차 운동피질을 색칠하라. 다음, 일차 감각피질의 5영역을 색칠하라. 주의, 많은 일차 감각피질은 열(틈새) 내에 깊숙이 위치하기 때문에 볼 수가 없다.

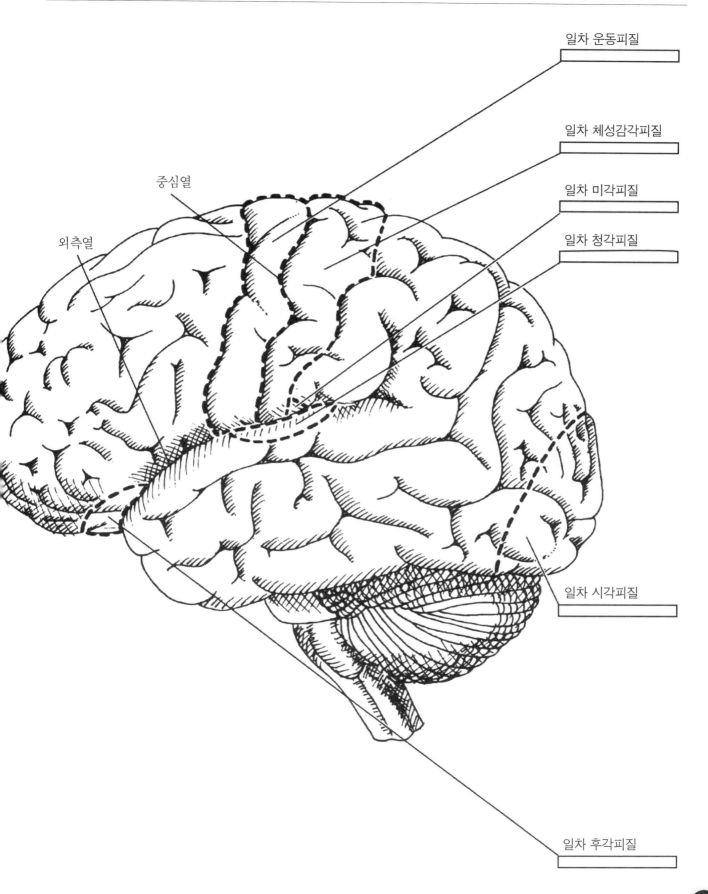

일차 운동피질

일차 체성감각피질

일차 미각피질

일차 청각피질

중심열

외측열

일차 시각피질

일차 후각피질

7. 피질하부의 구조 : 변연계

　대뇌반구에서 피질하의 영역은 크게 백색질로 구성되어 있고, 또 많은 핵이 포함된다. 여러 핵은 **변연계**(limbic system)라 부르는 회로의 부분이다. 변연계는 시상괘도에 있는 중심선 구조의 회로이며(변연은 고리를 뜻한다) 정서행동에 중요한 역할을 한다.

　다음은 변연계의 주요 구조들이다. 편도체(amygdala), 해마(hippocampus), 대상피질(cingulate cortex), 뇌궁(fornix), 중격(septum) 그리고 유두체(mammillary bodies)가 있다. 전측두엽 내 아몬드 모양의 핵인 편도체(편도체는 아몬드를 뜻한다)에서 변연회로(limbic circuit)를 추적하여 보자. 편도체 바로 뒤에 해마가 있는데, 이는 측두피질의 내측 끝을 따라 내려가면, 변연고리(limbic ring) 내 시상 바로 아래에 있는 고피질 영역에 있다(hippocampus means seahorse 해마의 단면은 마치 해마처럼 보인다). 변연고리 다음은 대상피질과 뇌궁이 있다. 대상피질은 **뇌량** 바로 위에 있고, 대뇌반구의 내측표면에 대상회 내 피질의 큰 영역이다. 즉 이것은 배측 시상을 둘러싸고 있다(대상은 포위를 뜻한다). 뇌궁 또한 배측 시상을 둘러싸고 있다 ; 즉 변연계의 주요 섬유로서 뇌궁은 해마의 배측 끝으로 떠나 시상 주위를 둘러싸고 있으며, 제3뇌실 상부 표면을 따르는 과정에 있다. 뇌궁은 중격과 후시상하부의 유두체 종말에 있다(뇌궁은 활모양을 뜻한다). 중격은 대상피질의 앞 꼭대기에 위치한 중심선 핵이다. 여러 가지 작은 경로는 중격과 편도체와 유두체가 연결되어 변연고리로 완성된다.

　후신경(1번 뇌신경)은 궁극적으로 변연계 구조와 연결되어 있는데 척추동물의 초기진화 근원에서 보면 변연구조의 기능은 정서적이라기보다는 최초의 후각인 것이다.

편도체(Amygdala, a MIG duh luh)
측두엽 앞에 아몬드 모양의 핵. 변연계와 기저핵 두 부분에 있다.

해마(Hippocampus, HIP oh CAMP us)
내측 측두엽의 고피질 변연계 구조이며 범위가 구조 전방 끝 편도체로부터 구조 후방 끝 뇌궁과 대상피질에까지 걸쳐있다.

대상피질(Cingulate cortex, SING gyu lut)
뇌량 바로 배측에 위치하며, 각 대뇌반구의 내측표면상 변연피질의 큰 영역이다.

뇌궁(Fornix)
변연계의 주요 경로이며 각 뇌반구의 배측 뇌해마, 시상괘도, 그리고 중격과 유두체종말로부터 투사된다.

중격(Septum)
대상피질의 전방 꼭대기 중심선상에 위치한 변연핵으로 뇌궁의 주요 종말이다.

유두체(Mammillary bodies, MAM I lair ee)
뇌하수체 바로 뒤에, 뇌의 하부 표면에 추돌함으로써 보이는 시상하부 핵의 쌍이며 이는 변연계와 뇌궁의 주요 종말 부분이다.

● 색칠하면서 익히기

　시계바늘 방향으로 편도체에서 연속으로 시작하여 계산해서 좌편 변연고리의 주요 구조를 색칠하라. 얼굴 좌편에 편도체, 해마, 대상피질, 뇌궁, 중격, 그리고 유두체 순서로 연속해서 색칠하라. 다음으로, 동일한 색을 사용하여 오른편에도 동일 구조의 색으로 볼 수 있는 곳에 칠하라.

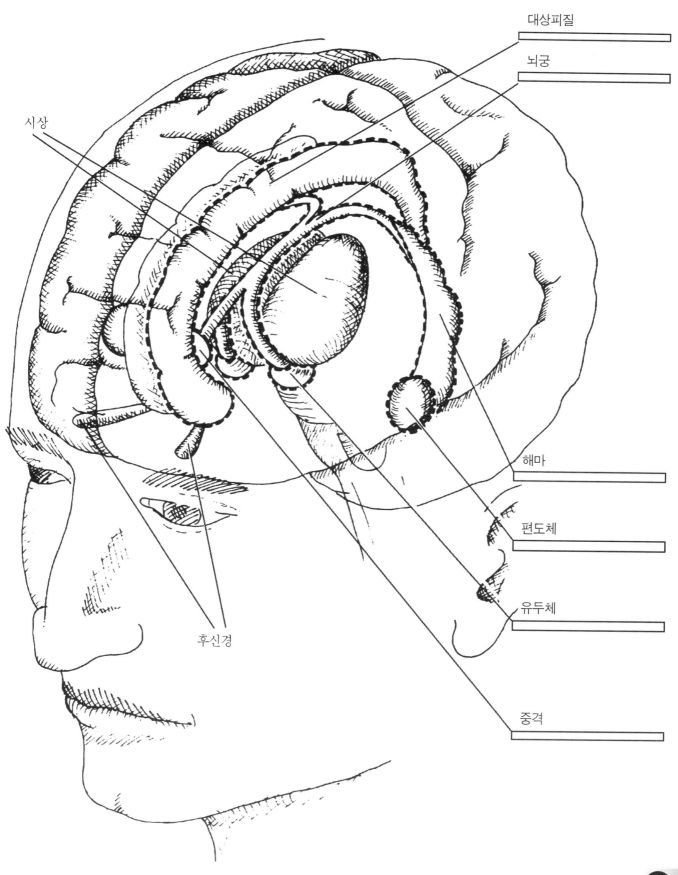

대상피질

뇌궁

시상

해마

편도체

유두체

후신경

중격

8. 피질하부의 구조 : 기저핵

기저핵(Basal ganglia)은 각 반구에 하나씩 두 개의 대뇌핵군으로 운동조절 역할을 한다. 기저핵은 편도체(amygdala), 미상(caudate), 피각(putamen), 그리고 담창구(globus pallidus)가 포함된다. 일반적으로, 기저핵은 시상 앞 바로 외측에 위치한다.

편도체는 변연계와 기저핵 두 구조에 운동계 역할을 하는 것으로 알려지고 있다. 전측두엽에서 각 편도체의 청소는 미상핵이 한다. 미상핵(caudate nucleus)은 다른 기저핵을 거의 완전히 둘러싸고 있다(미상은 꼬리를 뜻한다). 시상 앞에 위치한 미상핵의 커다란 전방 끝은 시상외측에 위치하고 기저핵에서 가장 큰 피각과 일련의 섬유교에 의해 연결된다. 또, 피각과 시상 사이에 담창구가 놓여 있다(문자상으로는, the pale globe). 미상과 피각은 함께 줄무늬 모양을 하고 있기 때문에 **선조체**(striatum)로 알려져 있다(선조체는 줄무늬 조직을 뜻한다).

운동조절에서 기저핵의 중요성은 파킨슨병 환자에게서 뚜렷이 나타난다. 파킨슨병(Parkinson's disease)은 중뇌의 흑색질에서 선조체에까지 투사된 도파민성(dopamine-releasing) 뉴런의 퇴화로 특징지어진다. 파킨슨병은 근육이 굳어지고, 동작이 느리고, 걸음거리가 질질 끄는 모양을 하고, 특히 비활동 기간에 발음이 떨리는 등의 특징들을 보인다.

편도체(Amygdala)
측두엽 앞에 아몬드 모양의 핵으로 변연계와 기저핵 두 부분에 있다.

미상(Caudate, KAW date)
기저핵. 후측방향의 편도체와 기타 기저핵을 거의 완전히 둘러싸고 있고, 각 뇌반구에 걸쳐 있는 꼬리와 같은 핵(미상은 꼬리를 뜻한다). 미상과 피각은 함께 선조체로 알려져 있다.

피각(Putamen, PEW tay men)
기저핵. 담창구 바로 외측 각 뇌반구에 위치하고, 일련의 섬유교에 의해 미상 전방 끝에 연결된다. 피각과 미상은 함께 선조체로 알려져 있다.

담창구(Globus pallidus, GLOE bus PAL l 연)
기저핵. 시상과 피각 사이의 각 뇌반구에 위치한다(담창구는 연한 공을 뜻한다).

● 색칠하면서 익히기

첫째, 시상 뒤에 보이는 우편 담창구의 작은 부분을 색칠하라. 좌편 담창구는 피각으로 완전히 감추어져 있다(색칠하지 말라). 다음, 좌편 미상을 색칠하라. 편도체에서 시작하여 섬유교에 의해 연결된 피각을 거의 완전히 괴도로 둘러싸고 있다. 다음, 좌편 피각과 좌편 편도체를 색칠하라. 마지막으로, 여러분이 이미 색칠한 우편 담창구를 제외한 우반구 기저핵을 색칠하라.

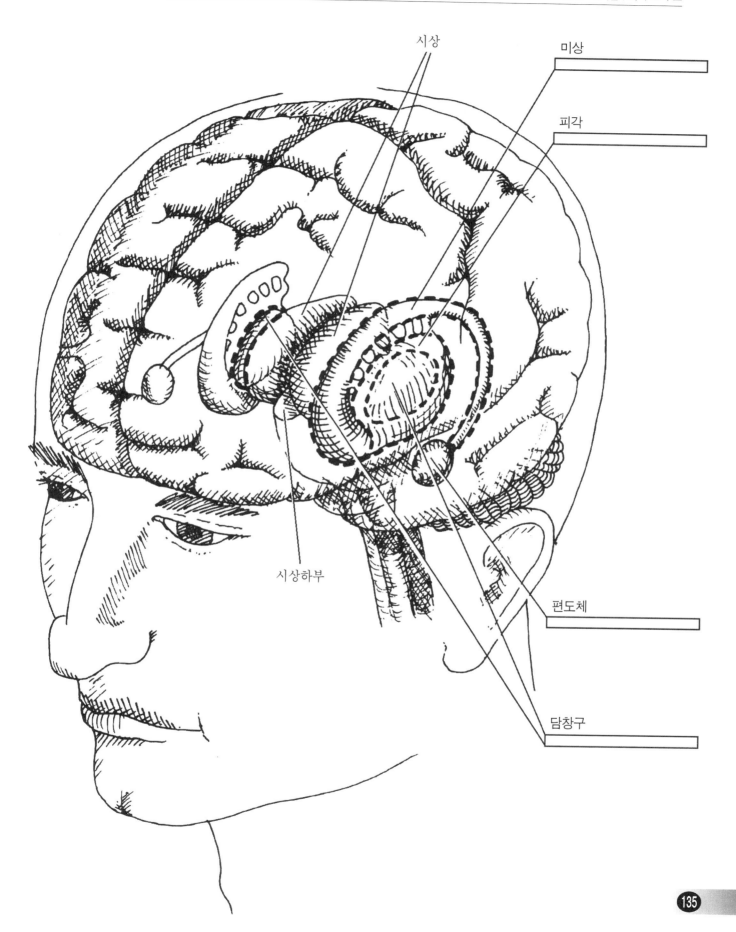

시상

미상

피각

시상하부

편도체

담창구

연습문제

대뇌반구의 주요 구조

지금 여러분은 잠시 쉬면서, 7장에서 배운 여덟 개의 학습단위에 대한 용어와 개념들을 정리하여 보라. 여러분이 쉽게 잊어버리지 않도록 용어들을 여러 번 반복하여 복습하는 것이 매우 중요하다.

연습문제 1

제7장에 있는 8절의 삽화예시로 돌아가서 각 페이지의 오른편 끝에 있는 용어들을 익히는데, 이 책 뒷부분의 겉표지로 용어를 가려 보자. 각 신경해부학 구조의 명칭들을 확실히 알 때까지 여덟 개의 삽화예시를 학습하라. 한 번의 실수도 없이 모든 삽화예시를 철저히 익힌 다음, 연습문제 2로 넘어가라.

연습문제 2

다음 삽화예시에서 빈 칸에 적합한 용어를 채워라. 정답은 책 뒤에 제시되어 있다. 만약 틀렸을 경우, 오답과 관련된 학습내용들을 다시 한 번 살펴보자.

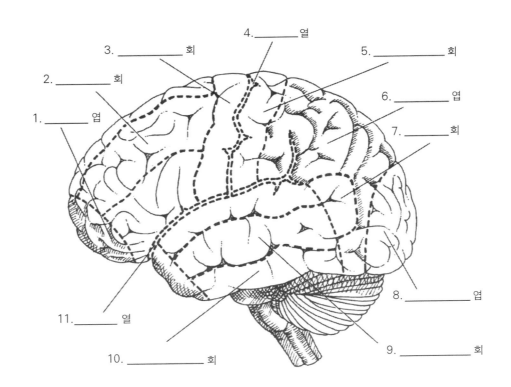

연습문제 3

제7장의 학습내용을 보지 말고 다음 빈 칸에 알맞은 답을 써 보라. 만약 틀렸을 경우, 오답과 관련된 학습내용들을 다시 한 번 살펴보라. 정답은 책 뒤에 제시되어 있다.

1. 좌우 대뇌반구는 _____ 열에 의해 분리되어 졌다.
2. _____ 는 내측 측두엽의 고피질 구조이다.
3. 뇌량 바로 상부에는 변연계 구조인 _____ 피질이다.
4. 각 반구의 뒤편 끝에는 _____ 엽이 있다.
5. 대부분의 인간 대뇌피질은 신피질이다. 단 10% 정도만이 _____ 이다
6. 미상, 피각, 담창구 그리고 편도체는 모두 _____ 과 관련이 있다.
7. 연합 영역은 _____ 감각 영역으로부터 입력되어 수용한다.
8. 일차 운동 영역은 _____ 운동 영역으로부터 실질적으로 입력되어 수용한다.
9. 미상 + 피각 = _____ 이다.
10. 일차 시각 영역은 _____ 엽 내에 있다.
11. 파킨슨병은 흑질에서 _____ 에까지 투사하는 도파민성의 뉴런이 퇴화되어 생긴 것이다.
12. _____ 회와 _____ 회는 중심열의 반대편에 있다. 그 기능은 각각 운동기능과 감각기능을 담당한다.
13. 이차 감각피질의 각 영역은 _____ 감각 영역에서 입력되어 수용한다.
14. 일차 미각피질은 _____ 열의 바깥쪽에 위치한 두정엽에 있다.
15. 뇌해마, 대상피질, 중격 그리고 뇌궁은 모두 _____ 계의 구조이다.
16. 중심열은 두정엽과 _____ 엽을 분리한다.
17. 외측열은 두정엽과 _____ 엽을 분리한다.
18. 뇌궁은 중격과 유두체를 _____ 로 연결한다.
19. _____ 는 시상과 피각 사이에 놓여 있다.
20. 일차 운동피질과 일차 체성감각피질은 _____ 열의 반대편에 있다.
21. 신피질과 고피질은 6 : _____ 이다.
22. _____ 측두회는 외측열과 중측두회 사이에 위치한다.

연습문제 4

아래 알파벳 순서는 제7장에서 배운 모든 용어와 정의들의 목록들이다. 이 페이지의 정의 부분을 가리고, 그 용어들을 따라내려 가면서 정의를 명확히 익혀 나가라. 이 과정에서도 한 번의 실수도 없을 때까지 목록을 철저히 되풀이하라. 그런 다음에, 용어를 가리고 나

서 정의내용들을 읽은 다음 정확한 용어로 말해 보라. 이런 과정들을 철저히 반복하면서 학습하도록 하라.

• Allocortex(고피질)	대뇌피질 진화에 첫 유형으로 3층의 대뇌피질이다. 인간은 대개 신피질을 갖고 있다.
• Amygdala(편도체)	측두엽 앞에 아몬드 모양의 핵. 변연계와 기저핵 두 부분에 있다.
• Angular gyrus(각회)	측두엽과 후두엽의 두정엽 경계에 위치하는 두정엽회
• Association areas(연합 영역)	한 감각계보다 더 많이 입력되고, 이차 감각피질의 영역을 경유하여 전형적으로 수용하는 대뇌피질 영역으로, 대부분 이차 운동피질 영역으로 출력한다.
• Caudate(미상)	기저핵. 후측방향의 편도체와 기타 기저핵을 거의 완전히 둘러싸고 있고, 각 뇌반구에 걸쳐 있는 꼬리와 같은 핵(caudate means tail-like). 미상과 피각은 함께 선조체로 알려져 있다.
• Central fissures(중심열)	대뇌반구 외측 표면에 길고 깊은 열, 각편에 하나씩 있다. 거기에는 종열 아래로부터 외측열에까지 이어져 있다.
• Cerebral cortex(대뇌피질)	대뇌반구의 외층(피질은 나무껍질을 뜻한다)이며 이는 크게 회색질로 구성되어져 있다.
• Cingulate cortex(대상피질)	뇌량 바로 배측에 위치하며, 각 대뇌반구의 내측표면상 변연피질의 큰 영역이다.
• Fissures(열)	대뇌반구 내 크고 깊은 홈.
• Fornix(뇌궁)	변연계의 주요 경로이며 각 뇌반구의 배측해마, 시상패도, 그리고 중격과 유두체종말로부터 투사된다.
• Frontal lobes(전두엽)	대뇌반구의 두 영역, 각 반구 내 하나씩, 중심열 앞에 있다.
• Globus pallidus(담창구)	기저핵. 시상과 피각 사이의 각 뇌반구에 위치한다(담창구는 연한 공을 뜻한다).
• Gyri(회)	열 부근 사이에, 커다란 융선이나 회선(singular, gyrus).
• Hippocampus(해마)	내측 측두엽의 고피질 변연계 구조이며 범위가 구

조 전방 끝 편도체로부터 구조 후방 끝 뇌궁과 대
상피질에까지 걸쳐 있다.

- Inferior frontal gyrus(하전두회) 중전두회 바로 아래에 위치하는 전두엽회
- Inferior temporal gyrus(하측두회) 중측두회 바로 아래에 위치하는 측두엽회
- Lateral fissures(외측열) 대뇌반구 각편에 하나씩, 외측 표면에 거칠게 수평
으로 이어지는 길고 깊은 열.
- Mammillary bodies(유두체) 뇌하수체 바로 뒤에, 뇌의 하부 표면에 추돌함으로
써 보이는 시상하부 핵의 쌍. 이는 변연계와 뇌궁
의 주요 종말 부분이다.
- Middle frontal gyrus(중전두회) 전두 회 상부와 하부 사이에 위치한 전두엽회
- Middle temporal gyrus(중측두회) 측두회 상부와 하부 사이에 위치한 측두엽회
- Neocortex(신피질) 비교적 최근에 진화한 6층의 대뇌피질로 주로 인
간의 대뇌피질은 신피질이다.
- Occipital lobes(후두엽) 대뇌반구의 두 영역, 각 반구의 뒤편 극에 있다.
- Parietal lobes(두정엽) 대뇌반구의 두 영역, 각 반구 내 하나씩, 중심열 뒤
에와 외측 열 상부에 있다.
- Postcentral gyrus(중심후회) 중심열 바로 뒤에 위치하는 두정엽회
- precentral gyrus(중심전회) 중심열 바로 앞에 위치하는 전두엽회
- Primary auditory cortex
  (일차 청각피질) 시상핵(예, 내측슬상 핵)에서 이어 주는 청각으로부
터 대부분 입력하여 수용하는 각 뇌반구인 피질 영
역으로 이는 크게 외측열 내에서 상측두엽에 위치
한다.
- Primary gustatory cortex
  (일차 미각피질) 시상핵에서 이어 주는 미각으로부터 대부분 입력
하여 수용하는 각 뇌반구인 피질 영역 ; 이는 크게
외측열 내에서 두정엽의 아래 경계에 위치한다.
- Primary motor areas
  (일차 운동 영역) 하위 피질과 척추운동회로로 출력하여 보내지는
운동피질 영역으로 이차 운동 영역 부근으로부터
대부분 입력된다.
- Primary motor cortex
  (일차 운동피질) 뇌간과 척수의 운동회로에 대부분 운동섬유로 보
내지는 각 대뇌반구인 피질 영역으로 이는 전두엽
중심전회에 위치한다.
- Primary olfactory cortex
  (일차 후각피질) 시상핵에서 이어 주는 후각으로부터 대부분 입력
하여 수용하는 각 대뇌반구인 피질 영역으로 이는
전두엽의 아래 표면에 위치한다.
- Primary sensory areas 단일감각체계의 핵을 이어 주는 시상으로부터 대

（일차 감각 영역）

부분 입력 수용하는 대뇌피질 영역으로 동일체계의 이차 감각 영역 부근으로 대부분 출력한다.

• Primary somatosensory cortex
（일차 체성감각피질）

시상핵(예, 복측후 핵)에서 이어 주는 체성감각으로부터 대부분 입력하여 수용하는 각 대뇌반구인 피질 영역으로 이는 두정엽 중심후회에 위치한다.

• Primary visual cortex
（일차 시각피질）

시상핵(예, 외측膝上핵)에서 이어 주는 시각으로부터 대부분 입력하여 수용하는 각 뇌반구인 피질 영역으로 이는 크게 종열 내에서 후두엽에 위치한다.

• Putamen（피각）

기저핵. 담창구 바로 외측 각 뇌반구에 위치하고, 일련의 섬유교에 의해 미상 앞의 끝에 연결된다. 피각과 미상은 함께 선조체로 알려져 있다.

• Pyramidal cells（추체세포）

세포체, 선단 수지상돌기 긴 축색돌기로 된 추체의 피질뉴런.

• Secondary motor areas
（이차 운동 영역）

일차 운동피질의 영역으로 대부분 출력하여 보내지는 운동피질 영역으로 연합피질에서 대부분 입력된다.

• Secondary sensory areas
（이차 감각 영역）

일차 감각 영역에서 그리고 동일 체계의 다른 이차 영역에서 입력 수용하는 감각피질 영역으로 여기에는 각 일차 감각 영역 부근에 전형적으로 여러 개의 이차 감각 영역들이 있다.

• Septum（중격）

대상피질의 전방 꼭대기 중심선상에 위치한 변연핵으로 뇌궁의 주요 종말이다.

• Stellate cells（성상세포）

많은 짧은 수지상 돌기와 짧은 축색돌기로 된 별모양의 피질뉴런.

• Sulci（구）

대뇌반구 내 작은 홈(singular, sulcus).

• Superior temporal gyrus（상측두회）

외측열 바로 아래에 위치하는 측두엽회

• Superior frontal gyrus（상전두회）

엽 꼭대기에 따라 수평으로 가는 전두엽회

• Temporal lobes（측두엽）

대뇌반구의 두 영역, 각 반구 내 하나씩, 외측 열 하부에 있다.

제2부 기능적 신경해부도

이 책 제2부에서는 기능적 신경해부도에
관하여 살펴볼 것이다. 지금까지 여러분들은
대뇌 신경 구조에 관하여 배웠다.
2부에서는 1부에서 이미 학습했던
신경 구조 대부분을 다시 한 번 점검해 볼 것이다.
그런데 1부에서 주로 신경체계의 특정 구조가
뇌에 위치한 데 기초하여 편성하였던 것과는 대조적으로,
2부에서는 그 기능에 기초를 두고 편성하였다.
2부의 각 학습단위에서는 신경체계의 특정 영역에 위치한
신경 구조를 개관하기보다는 오히려 특정 심리학적 기능과 연관되는
신경 구조들을 살펴볼 것이다. 따라서 2부에서는
여러분들에게 대뇌의 다른 배경을 제공해 줌으로써
1부에서 배운 것을 더 강화시켜 줄 것이다.
다음 제2부에서는 5장이 나오는데, 각 장들은 몇 개의 절로 구성되어 있다.

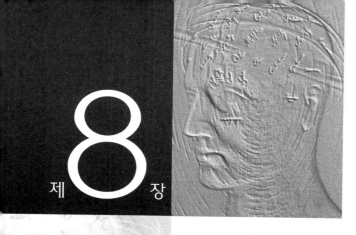

제 8 장

중추신경계의 감각체계

여러분의 대뇌가 효율적으로 기능하기 위해서는 두 종류의 정보를 요구하게 되는데, 하나는 신체 내부에 관한 정보이고 또 하나는 외부 환경적 조건에 관한 정보이다. 이 두 종류의 정보를 분석·처리하기 위해 특수 역할을 하는 신경체계를 바로 감각체계라 한다. 모든 감각정보는 감각수용체라 불리는 특수 세포에 의해 탐지되고, 분석을 위해 중추신경계로 전도된다. 일반적으로 대뇌피질에 도달한 감각신호에 대해서만이 의식적 인식을 일으킬 수 있다.

이 장의 학습단위는 감각경로의 3체계, 즉 시각체계, 청각체계, 그리고 체성감각체계에 초점을 두겠다. 각 체계의 경우, 처음에는 감각 수용체에서 대뇌 일차감각피질에 이르기까지 전도하는 감각신호의 경로를 살펴보고, 그리고 나서 일차감각피질에서 이차 감각피질과 연합령에 이르기까지의 경로를 탐색하겠다.

다음은 제8장에서 다루게 되는 각 절의 내용이다.

1. 시각계 : 눈에서 피질까지
2. 시각피질 영역
3. 청각계 : 귀에서 피질까지
4. 청각피질 영역
5. 체성감각계 : 수용기에서 피질까지
6. 체성감각피질 영역
7. 하행 무통각 회로

1. 시각계 : 눈에서 피질까지

빛은 눈에서 동공을 통해 안구 뒷편 5층선의 신경 구조인 **망막**(retina)으로 향한다. 빛이 도달한 마지막 층이 시각수용체이다. 시각수용체가 빛에 의해 자극을 받으면, **망막신경절세포**(retinal ganglion cells) 1층 망막에서 신호가 발생된다. 망막신경절세포는 망막뉴런축색에만 있는데 ; 즉 축색진로는 각 안구 내 표면을 가로질러 **시신경**(optic nerve, 예, 제2 뇌신경)다발로 나간다.

망막신경절세포의 축색 대부분은 **시교차**(optic chiasm)를 통과한다. 뇌 하부 표면에 위치하고 **시상하부** 바로 아래에 있는 시교차에서 축색 절반은 교차(예, 뇌의 다른 편으로 가로질러 가는 것)되고, 나머지 축색의 절반은 교차되지 않는다. 내측 **반망막**의 세포체(예, 각 망막 중 내측 절반)는 교차되고, 외측 반망막의 세포체는 교차되지 않는다. 결과적으로, 이런 배열은 어느 편 눈으로 들어가는 것과는 관계 없이 좌시각야와 우측 반망막에서 얻은 정보는 우반구에서 취급되고, 우시각야와 좌측 반망막에서 얻은 정보는 좌반구에서 취급하게 된다.

시교차에서 망막신경절세포 축색은 **시색**(optic tracts)으로 알려진 두 개의 신경다발이 있는 뇌로 덜어간다. 시색뉴런은 시상의 **외측슬상핵**(lateral geniculate nuclei) 내 종말에 있다. 외측슬상핵 뉴런의 축색은 동측(同側) 일차 시각피질로 **시신경 방사**(optic radiations)를 통해 투사된다.

망막표면에서 출발하는 신경섬유 가운데 공간관계는 일차 시각피질로 시각경로에 따라 유지한다. 결과적으로 일차 시각피질의 표면은 **망막국소적**(retinotopically)으로 조직되어 있는데, 즉 그 표면은 우반구에 그려진 우시각피질과 좌반구에 그려진 좌시각피질로 된 망막표면을 지도처럼 펼쳐진 것이다.

망막(Retina)
각 안구 후방에 5층으로 된 신경 구조로, 동공에서 가장 먼 망막층은 시각수용체와 망막신경절세포를 가장 밀접히 포함하고 있다.

시신경(Optic nerves)
각 안구로 가는 망막신경절세포축색의 다발(속). 제 2뇌신경.

시교차(Optic chiasm, KYE az im)
시상하부의 하층표면에 X형 중앙 구조로 망막신경절세포축색은 시신경 시교차를 통해 내측 반망막 교차 내에서 발생된다.

시색(Optic tracts)
좌우 시색은 시신경 교차에서 외측슬상핵까지 투사된다. 주로 망막신경절세포축색으로 구성되어 있다.

외측슬상핵(Lateral geniculate nuclei)
시신경 방사선을 통하여 시색에서 동측으로 일차 시각피질에까지 시각정보를 중계해 주는 시상핵.

시신경 방사(Optic radiations)
각 외측 슬상핵에서 같은 대뇌반구의 일차 시각피질에까지 걸쳐 확산하는 신경경로.

● **색칠하면서 익히기**

첫째, 좌측 망막을 색칠하라. 삽화예시 우편 중 하나인데, 이는 하부 배경에서 이끌어 냈다. 다음은, 좌측 시각경로의 각 연속단계를 색칠하라. 이는 시신경, 시교차, 시색, 외측 슬상핵, 그리고 시신경 방사이다. 여러분이 좌반구의 시각체계를 색칠하여 마칠 때, 우반구의 시각체계 색들도 동일한 색을 사용하여 칠하라.

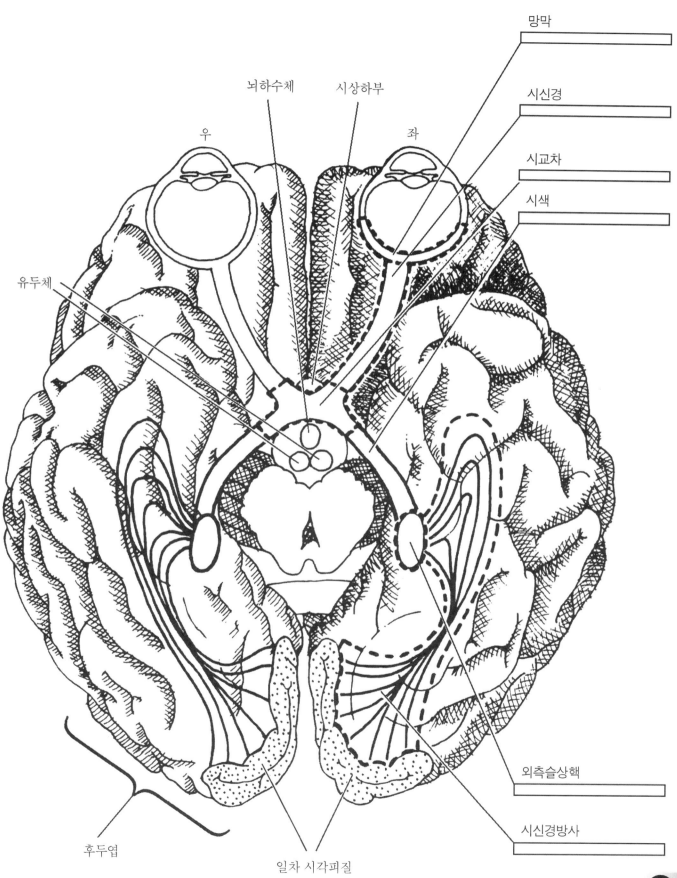

망막

시신경

시교차

시색

뇌하수체

시상하부

우

좌

유두체

외측슬상핵

시신경방사

후두엽

일차 시각피질

2. 시각피질 영역

일차 시각피질(primary visual cortex)은 대뇌반구 종열(從裂)에서 보면 대부분 감춰져 있다. 후두엽의 많은 피질로 구성되어져 있으며, 시상에서 대뇌피질까지 시각입력을 위해 이르는 길이다. 일차 시각피질을 때로는 선조피질이라 부른다. 왜냐하면 시상시냅스에서 시신경 방사선이 있는 곳에는 4층의 시각줄무늬를 갖고 있기 때문이다(선조는 줄무늬를 의미한다).

일차 시각피질에서, 시각신호는 이차 시각피질(secondary visual cortex)의 여러 영역을 통하여 전도된다. 원숭이에게는 적어도 30개의 시각피질 하위 영역이 확인되었다. 이차 시각피질의 각 소 영역은 대측 시각야의 완전한 망막국소지도(retinotopic map)이고, 각 영역은 시각신호가 모양을 잘 구별하는 데 관여한다(예로 색이나 형태, 위치, 동작 등). 이차 시각피질의 영역은 선조전피질(prestriate cortex)과 하측두피질(inferotemporal cortex)에 위치한다. 선조전피질은 일차 시각피질로 둘러싸인 피질의 대이고, 하측두피질은 하측두회의 피질이다.

시각정보는 수많은 경로에 따라 이차 시각피질의 여러 영역을 통하여 흘러가게 되는데, 시각세계의 여러 다른 면들을 각각 취급한다. 이 경로에는 일반적으로 두 노선, 즉 배측노선(dorsal route)과 복측노선(ventral route)이 있다. 배측노선은 일차 시각피질에서부터 선조전피질의 배측 영역, 후두정피질(posterior parietal cortex)에까지 투사된다. 후두정피질은 연합 영역피질인데 이는 실질적인 청각과 체성감각을 수용하고 더 나아가 시각입력에도 관여한다. 이 시각투사의 배측노선은 일차적으로 물체가 어디에 있는지 위치와 동작을 지각하는 데 관여한다. 반대로, 복측노선은 일차 시각피질에서부터 선조전피질의 복측 영역, 하측두피질에까지 투사하고, 일차적으로 물체의 색과 형태를 지각하는 데 관여한다. 즉, 일반적으로 배측노선의 체제는 물체가 어디에 있고 그들이 어디로 가는지를 알려 주고, 그리고 복측노선의 체제는 물체가 무엇인지를 알려 준다.

일차 시각피질(Primary visual cortex)

후두피질 영역으로 왼쪽에 하나 그리고 오른쪽에 하나가 있다. 시상의 외측슬상핵으로부터 대부분 수용되며 또한 선조피질과도 관련된다.

선조전피질(Prestriate cortex)

대뇌피질 영역, 각 대뇌반구에 하나씩 있으며, 일차 시각피질로 둘러싸여 있다. 각 대뇌반구의 선조전피질은 이차 시각피질의 영역에 여러 가지 다른 기능들이 포함되어 있다.

하측두피질(Inferotemporal cortex)

하측두엽의 피질로 각 대뇌반구의 하측두피질은 이차 시각피질의 영역에 여러 가지 다른 기능들이 포함되어 있고, 이 영역은 각 대상의 시각적 재인 역할을 한다.

후두정피질(Posterior parietal cortex)

각 대뇌반구의 후두정엽에 있는 연합피질 영역으로 여기서는 시각, 청각 그리고 체성감각 체계를 받아들이며, 위치와 동작을 지각하는 역할을 담당하기도 한다.

🔵 색칠하면서 익히기

> 시각계의 4주요 피질 영역 각각에 대하여 다르게 색칠하라. 일차 시각피질, 선조전피질, 후두정피질, 그리고 하측두피질을 색칠하라.

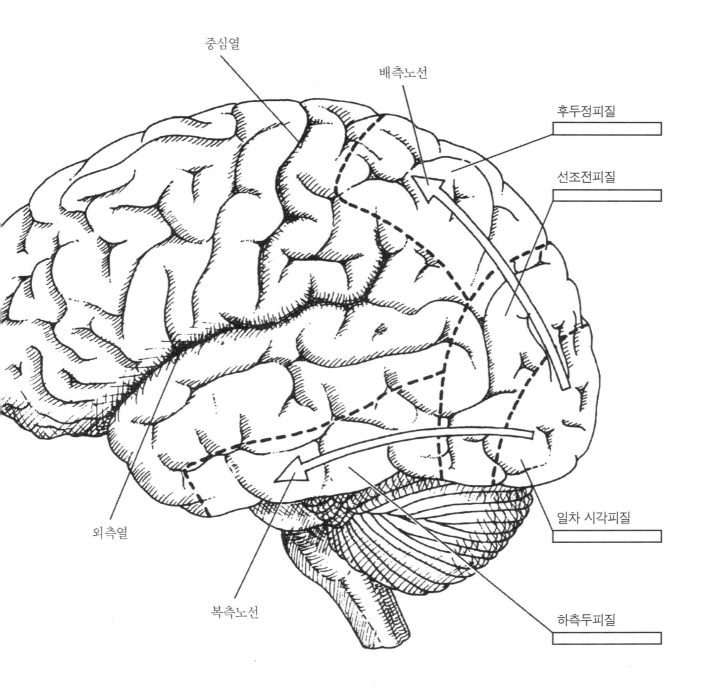

중심열

배측노선

후두정피질

선조전피질

일차 시각피질

외측열

복측노선

하측두피질

3. 청각계 : 귀에서 피질까지

청각수용기는 와우(cochlea) 내에 있고, 내이(內耳)의 긴 고리 구조이다. 와우는 달팽이처럼 보인다(와우는 달팽이 껍질을 뜻한다). 소리의 파장은 와우체액의 진동으로 발생되고, 청각수용기를 흥분시킨다. 청각신경(auditory nerve)은 와우에서 연수의 동측 배와 복 와우핵(cochlear nuclei)에까지 청각신호들을 전도한다. 청각신경은 전정와우신경(vestibulocochlear nerve)의 한 분지이고(예, 제8 뇌신경) 기타는 전정신경(vestibular nerve)인데, 이는 내이 내에서 균형을 잡는 기관들에 신호를 보낸다.

각 와우핵에서 축색은 연수의 양편에 있는 내외측 상올리브핵(superior olivary nuclei)으로 단거리 투사를 한다. 각 상올리브핵이 양외측에서 입력한 것을 수용하기 때문에(예, 양쪽 귀로부터의 입력), 그들은 두 귀로 동일한 소리가 도달하는 시간과 음량과 관련지어 비교함으로써 소리의 원천이 어디인지 알아낼 수 있다. 상올리브핵에서 신경섬유는 뇌간 아래 청각경로의 외측융대(lateral lemnisci) 내로, 또 중뇌개의 하소구(inferior colliculi)로 상행한다.

하소구뉴런의 축색은 시상의 내측슬상핵(medial geniculate nuclei)으로 상행한다. 내측슬상핵에서 축색은 청각방사선(auditory radiations)을 통해 일차 청각피질로 투사한다. 일차 청각피질은 상측두엽 내에 위치하는데, 외측열 내에 대부분 감춰져 있다.

와우(Cochlea, COCK lee a)
달팽이처럼 생긴 내이 구조 고리로 청각수용기를 포함한다.

청각신경(Auditory nerve)
각 와우에서 동측으로 와우핵에까지 신호를 수행하는 신경으로 전정와우신경(예, 제8 뇌신경)의 한 구성 요소이다.

와우핵(Cochlear nuclei)
연수핵의 두 쌍으로, 좌편에 두 개 우편에 두 개가 있다. 신경으로부터 동측으로 입력하여 수용.

상올리브핵(Superior olivary nuclei, ol l VAIR ee)
연수핵의 두 쌍으로, 좌편에 두 개 우편에 두 개가 있다. 와우핵에서 양측 청각신호를 수용.

하소구(Inferior colliculi(kuh LIK yu lee)
중뇌개의 두 핵으로 좌에 하나, 우에 하나가 있다. 외측융대를 경유하여 청각신호를 입력하여 수용.

내측슬상핵(Medial geniculate nuclei)
두 개의 청각이 시상핵과 연결, 좌편에 하나와 우편에 하나가 있다. 동측으로 일차 청각피질에 종말투사.

청각방사선(Auditory radiations)
내측슬상핵에서 일차 청각피질에까지 동측으로 투사.

색칠하면서 익히기

> 첫째, 좌편와우를 색칠하라. 삽화예시의 우편에도 와우를 앞 배경으로부터 이끌어 낸다. 그래서 좌편 와우를 통과하는 신호에서 뇌 양편 구조들을 여러분의 방식으로 색칠을 하라. 좌 청각신경, 좌 와우핵, 좌우 상올리브핵, 좌우 하소구, 좌우 내측슬상핵, 그리고 좌우 청각방사선 등을 익히며 색칠하라.

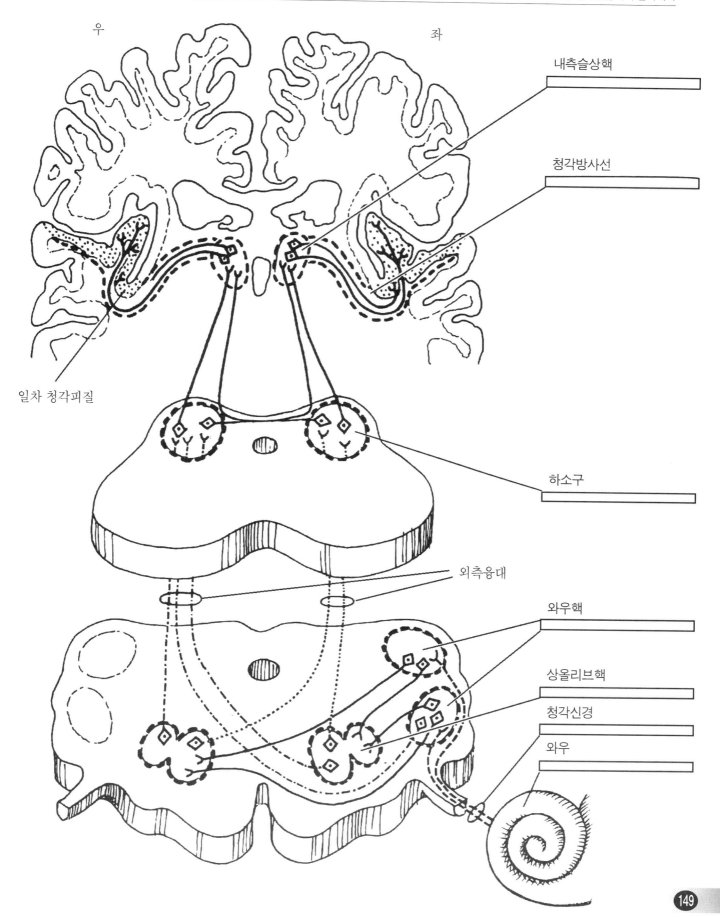

우

좌

내측슬상핵

청각방사선

일차 청각피질

하소구

외측융대

와우핵

상올리브핵

청각신경

와우

4. 청각피질 영역

일차 청각피질(primary auditory cortex) 대부분이 헤셀회(heschl's gyrus)에 있다. 헤셀회는 상측두엽 내에 위치하여 밖에서 보면 외측열 내로 감추어져 있다.

망막국소(retinotopically)로 조직화되어 있는 일차 시각피질과 같이, 일차 청각피질도 안압국소(tonotopically)로 조직화되어 있다. 즉 소리 빈도나 음색에 기초하여 조직화한 것이다. 일차 청각피질에서 전(前)영역의 많은 뉴런들은 높은 빈도에 반응하는 데 반해, 후(後) 영역의 많은 뉴런들은 낮은 빈도에 반응한다. 대부분 사람들의 경우 헤셀회는 정면보다 뇌의 옆면에서 약간 더 크다.

일차 청각피질의 많은 출력은 측두피질의 인접 영역에 위치한 이차 청각피질(secondary auditory cortex) 영역으로 전도된다. 다음, 이차 청각피질의 많은 출력은 후두정 연합피질에 도달한다. 후두정피질은 청각, 시각, 그리고 체성감각피질의 이차 영역으로부터 자극을 수용 입력한 것을 바탕으로 하여 공간위치를 지각하는 데 주 역할을 한다.

인간의 청각피질 영역은 이해하기가 어려운데, 이는 청각피질 일부가 외측열 깊숙히 위치하기 때문이다. 인간에게서 청각피질이 손상되면 드물게는 청각이 완전히 파괴될 수도 있으며, 주변 영역들도 큰 손상을 피할 수 없게 된다. 일차 청각피질과 이차 청각피질의 양 외측에 외과적 손상을 크게 입은 원숭이의 경우, 심각한 청각장애를 일으켰고, 특히 소리의 복잡한 연속성을 변별하고, 공간에서의 소리위치를 탐지하는 데 있어서 큰 장애를 보였다.

일차 청각피질(Primary auditory cortex)
대뇌피질 영역에 좌편 하나와 우편 하나가 있다. 시상의 내측슬상핵으로부터 대부분 입력하여 수용된다. 일차 청각피질 대부분이 헤셀회 내에 위치한다.

헤셀회(Heschl's gyrus, HESH uhls)
각 반구의 외측열에 위치한 상측두엽회로 대부분 일차 청각피질에 위치한다.

이차 청각피질(Secondary auditory cortex)
일차 청각피질에서 대부분 입력 수용하는 각 반구의 청각피질 영역으로 상측두엽에 위치한다.

● **색칠하면서 익히기**

> 첫째, 삽화예시 꼭대기에서 보여 주고 있는 좌편 일차 청각피질과 좌편 이차 청각피질을 색칠하라. 다음으로, 삽화예시 아래 좌편에 동일한 두 영역을 색칠하라. 마지막으로, 삽화예시 아래 헤셀회를 색칠하라.

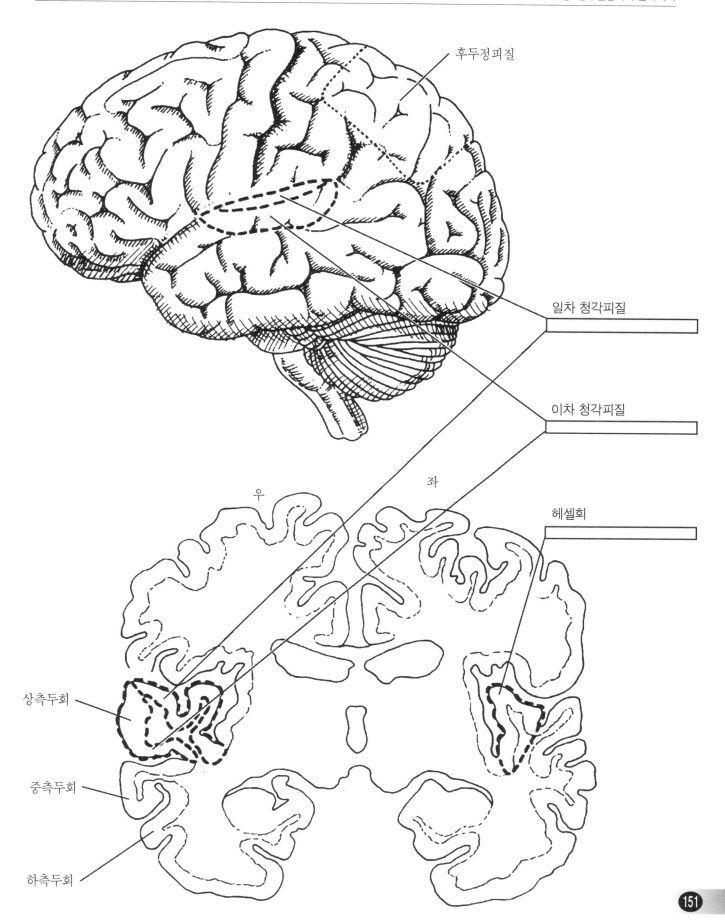

후두정피질

일차 청각피질

이차 청각피질

헤셀회

우

좌

상측두회

중측두회

하측두회

5. 체성감각계 : 수용기에서 피질까지

체성감각(somatosensation)은 신체의 감각을 말하는 일반 용어이다(체성은 신체를 의미한다). 체성감각계는 세 개의 수용기로 나누어지는데, 이들은 서로 상호작용을 하고 있다. (1) **고유수용기**(proprioceptive system)는 근육, 관절, 그리고 신체기관의 균형수용기에서 신체의 위치에 관한 정보를 탐지한다. (2) **내부수용기** (interoceptive system)는 신체 내부의 조건상태들(예, 혈압, 체온 등)에 관한 정보를 탐지한다. (3) **외부수용기** (exteroceptive system)는 피부로부터 수용기를 통하여 오는 촉감, 체온, 통각자극 등에 관한 정보를 탐지한다. 피부의 촉각수용기로부터, 또 근육과 관절의 고유감각수용기로부터 받은 정보는 배주(dorsal columns) 내측융대계 (medial lemnisci system)에 의해 신피질로 전도한다.

감각신경(sensory nerves)은 배근을 경유한 척수의 정보를 감지하는데 고유수용기에서 수행하며, 그리고 시냅스를 거치지 않고 배주의 좌편이든 우편이든 척수의 배측부에서 동측으로 상행한다. 감각뉴런의 많은 축색들은 결국 배주핵(dorsal column nuclei)의 두 쌍이 연수에서 동측으로 시냅스하게 된다. 즉 배주핵의 두 쌍 중 하나는 **박근핵**(nucleus gracilis, 다리와 몸통 아래)이고, 또 하나는 **설상핵**(nucleus cuneatus, 팔과 몸통 위에)이다. 배주핵 뉴런의 축색은 십자로 교차되고 내측융대 부분처럼 왼편이든 오른편이든 시상으로 상행한다. 그 축색은 대측 삼차신경핵(trigeminal nuclei)의 뉴런에 의해 내측융대로 올라가 만나게 되고, 이는 삼차신경(예, 제5 뇌신경)의 3지류를 경유한 면이 촉각수용과 고유 수용정보인 것이다.

내측융대의 대부분 축색은 시상의 복측후핵(ventral posterior nuclei)의 뉴런과 시냅스된다. 시상의 복측후핵의 뉴런 대부분은 차례로 일차 **체성감각피질**에 투사한다.

배주(Dorsal columns)
좌우 체성감각로, 배측척수에서 올라간다. 체성감각로는 감각뉴런의 축색으로 구성되어 있고, 동측수용기에서 촉각과 고유 수용기로 정보를 수행한다.

배주핵(Dorsal column nuclei)
배측연수에 좌우에 두 개씩인 핵(예, 박근핵과 설상핵)으로 이는 배주에서 올라와 동측으로 체성감각에 입력하여 수용된다.

내측융대(Medial lemnisci)
연수에서 시상까지 올라가는 두 개의 체성감각로. 배주핵과 교차에서 대측복측후핵에까지 올라간다(단일융대).

삼차 신경핵(Trigeminal nuclei)
좌우 두 개의 연수핵으로 삼차 신경을 경유하여 안면의 절반에서 동측으로 체성감각에 입력되어 수용한다.

복측후핵(Ventral posterior nuclei)
좌우 시상핵, 이는 내측융대에서 동측으로 일차 체성감각피질에까지 체성감각정보를 이어 준다.

⬤ **색칠하면서 익히기**

첫째, 왼손에서 시상까지의 체성감각경로의 주요 구조는 좌배주, 좌배주핵, 그리고 우내측융대이다. 이를 색칠하라. 다음은, 좌편 얼굴에서 정보를 이어 주는 삼차 신경핵을 색칠하라. 마지막으로, 우편 복측후핵을 색칠하라. 신체 좌편에서만의 경로를 보여 주고 있다.

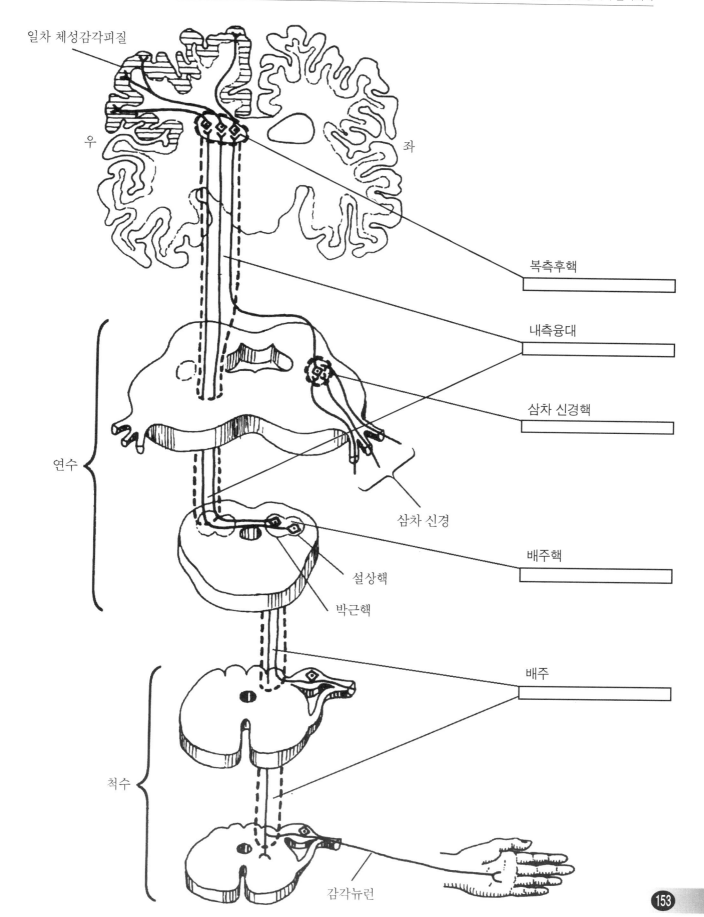

일차 체성감각피질

우

좌

복측후핵

내측융대

삼차 신경핵

연수

삼차 신경

배주핵

설상핵

박근핵

배주

척수

감각뉴런

6. 체성감각피질 영역

일차 체성감각피질(primary somatosensory cortex)은 복측후핵에서, 그리고 체성감각정보를 수행하는 다른 시상핵에서 입력 수용된다. 이 피질은 좌우 두정엽의 중심후회에 위치한다.

각 반구의 일차 체성감각피질은 **체성국소적(somatotopical)**으로 펼쳐 보여 준다. 즉 신체의 지도라 할 수 있다. 각 일차 체성감각피질은 신체의 대측편 지도인 것이다. 각 체성국소적 지도는 찌그러진 모양이다. 일차 체성감각피질의 가장 큰 영역은 촉각변별을 가장 잘 할 수 있는 입, 얼굴, 손등과 같이 신체의 부분으로부터 입력되어 수용한다. 체성피질 지도를 흔히 체성감각 소인뇌도(somatosensory homunculus)라 부른다(homunclus, 소인은 꼬마를 뜻한다).

일차 체성감각피질의 많은 출력은 이차 체성감각피질(secondary somatosensory cortex)로 전도된다. 이차 체성감각피질은 외측열에서 보면 많이 감추어진 중심후회 내 일차 체성감각피질 바로 아래에 위치한다. 일차 체성감각피질과 같이 이차 체성감각피질의 좌우 두 영역은 체성국소적으로 배열되어 있다. 좌우 일차 체성감각피질 양쪽에서 입력되어 각기 수용하기 때문에, 신체의 양쪽에서 체성감각신호에 반응하게 된다. 이차 체성감각피질에서 많은 출력은 후 두정연합피질로 전도된다.

일차 체성감각피질(Primary somatosensory cortex)
좌에 하나 우에 하나인 대뇌피질 영역은 복측후핵과 시상에서 체성감각에 입력 수용된다. 일차 체성감각피질은 각 반구의 중심후회에 위치한다.

체성감각 소인뇌도(Somatosensory homunculus, HOE mung kyu lus)
일차 체성감각피질에서 구성된 체성국소적 지도.

이차 체성감각피질(Secondary somatosensory cortex)
일차 체성감각피질에서 입력된 것을 대부분 수용하는 각 반구의 피질 영역으로 이 피질은 일차 체성감각피질 바로 아래 중심후회 내에 위치한다.

⬤ **색칠하면서 익히기**

> 첫째, 삽화예시 위에 뇌의 외측에서 보이는 일차 체성감각피질과 이차 체성감각피질을 색칠하라. 다음은, 관상절단면에서 일차 체성감각피질과 체성감각 소인뇌도(일차 체성감각피질로 입력되는 체성감각지도)를 색칠하라.

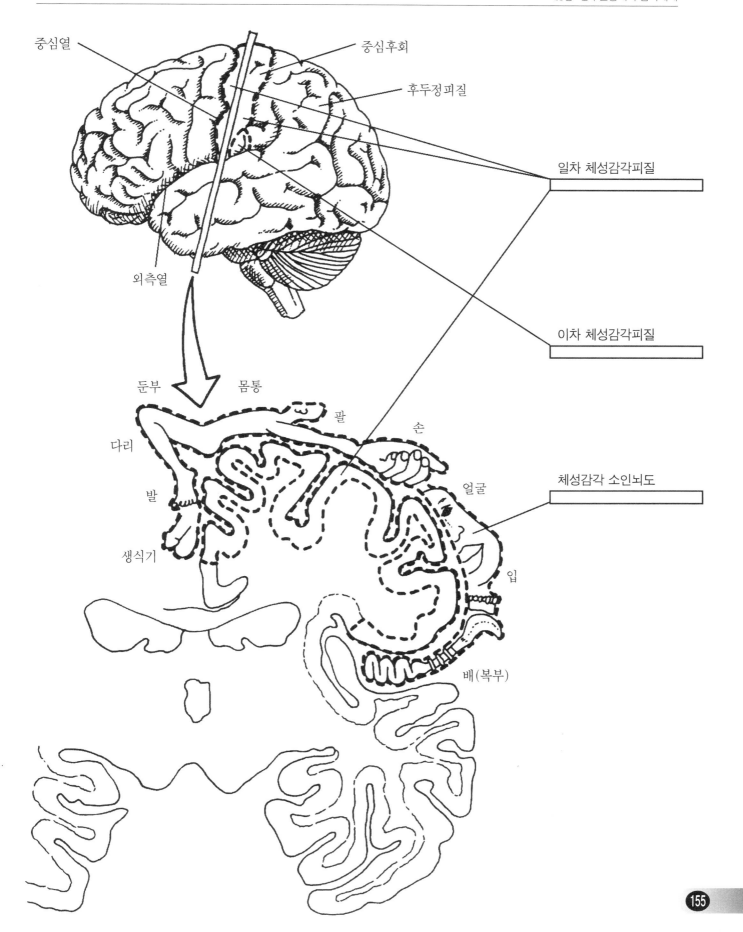

중심열

중심후회

후두정피질

일차 체성감각피질

이차 체성감각피질

외측열

둔부   몸통

팔

손

다리

얼굴

발

체성감각 소인뇌도

생식기

입

배(복부)

7. 하행 무통각 회로

뇌에서 감각정보의 흐름은 뇌 자체가 그 정도를 조절한다. 이런 조절은 감각정보의 흐름이 일반적인 수용기에서 대뇌피질로 가는 경로를 통하여 이루어진다. 이를 원심력(遠心力) 경로(centrifugal pathway)라 부른다. 원심력 경로의 한 예로 하행 무통각(예, 통각차단) 회로가 있다. 격렬한 감정(예, 생활에서 위기에 부딪쳤을 때)기간에 심리적 상처로 고통받는 사람이 이 회로의 활동으로 인해 고통이 없어지거나 줄어든다. 격렬한 감정시기에 적응된 것이며, 이런 상황을 효과적으로 처리하기 위해 심한 통증이 분열되는 효과를 가져온 것이다.

하행 무통각회로(desending analgesia circuit)는 중뇌수도 주변회백질(periaqueductal gray, PAG)에서 배측 척수의 회백질로 하행한다. 중뇌수도 주변회백질이란 중뇌수도관(cerebral aqueduct)을 둘러싸고 있는 회백질 영역이다. 이는 아편 무통각(opiate analgesics, 모르핀과 같은 통각을 없애는 약물)과 엔돌핀(endorphins, 모르핀과 같은 뇌자체에서 합성되는 화학물질) 양자에 의해 활성화되는 뉴런이 포함되어 있다.

중뇌수도 주변회백질이 엔돌핀이나 무통각약물로 활성화될 때, 축색은 봉선핵(raphe' nuclei)에서 중뇌수도 주변회백질의 활성화된 뉴런으로 하행한다. 봉선핵은 망상체(reticular formation)의 중심선 아래로 내려간 세로토너직핵(serotonergic nuclei)의 수직시트이다(라페란 봉선(封線)을 의미한다). 바꿔 말해, 봉선핵뉴런의 축색은 하행 운동 섬유로 된 배측 척수로 내려간다. 이들은 척수회백질의 배측 부분에서 시냅스하는데, 예로, 배측각(dorsal horn)에서 통각신호가 들어오면 뇌로 상행하기 전에 억압하는 뉴런을 작동시켜 주는 것이다.

중뇌수도 주변회백질(Periaqueductal gray, PEHR ee AKweh DUKtahl)
대뇌연수를 둘러싸고 있는 중뇌회백질의 영역으로 중뇌수도 주변회백질뉴런은 아편무통각과 엔돌핀에 의해 자극된다.

중뇌수도관(Cerebral aqueduct)
제3뇌실과 제4뇌실로 연결된 좁은 영역의 중뇌통로.

봉선핵(Raphe' nuclei, RA fay)
세로토너직핵의 얇은 수직시트로 망상체 중심선을 따라 위치해 있다.

 색칠하면서 익히기

> 첫째, 중뇌수도관을 색칠하라. 다음으로, 이에 둘러 싸여진 중뇌수도 주변회백질을 색칠하라. 마지막으로, 봉선핵을 색칠하라.

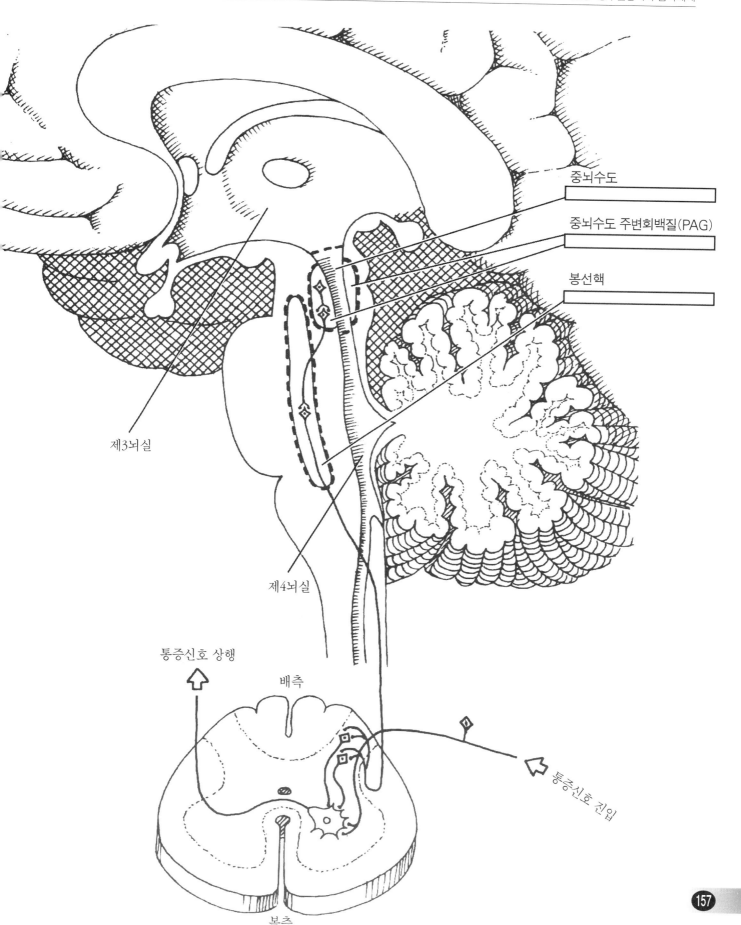

중뇌수도

중뇌수도 주변회백질(PAG)

봉선핵

제3뇌실

제4뇌실

통증신호 상행

배측

통증신호 진입

복측

연습문제

중추신경계의 감각체계

지금 여러분은 잠시 쉬면서, 제8장에서 배운 일곱 개의 학습단위에 대한 용어와 개념들을 정리해 보라. 여러분이 쉽게 잊어버리지 않도록 용어들을 여러 번 반복하여 복습하는 것이 매우 중요하다.

연습문제 1

8장에 있는 7절의 삽화예시로 돌아가서 각 페이지의 오른편 끝에 있는 용어들을 익히는데, 이 책 뒷부분의 겉표지로 용어를 가려 보자. 각 구조의 명칭들을 확실히 알 때까지 일곱 개의 삽화예시를 학습하라. 한 번의 실수도 없이 모든 삽화예시를 철저히 익힌 다음, 연습문제 2로 넘어가라.

연습문제 2

다음 삽화예시에서 빈 칸에 적합한 용어를 채워라. 정답은 책 뒤에 제시되어 있다. 만약 틀렸을 경우, 오답과 관련된 학습내용들을 다시 한 번 살펴보자.

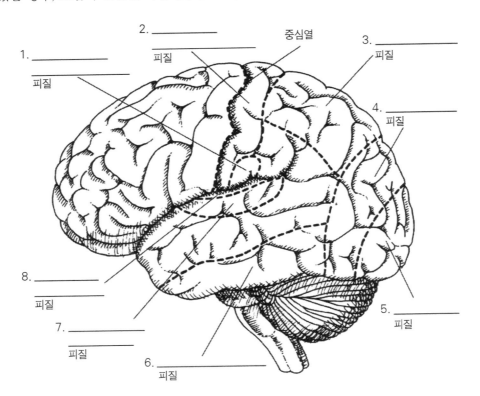

연습문제 3

제8장의 학습내용을 보지 말고, 다음 빈 칸에 알맞은 답을 써 보자. 만약 틀렸을 경우, 오답과 관련된 학습내용들을 다시 한 번 살펴보라. 정답은 책 뒤에 제시되어 있다.

1. 망막 ＿＿＿＿＿ 세포는 외측슬상핵에서 눈으로 신호를 수행한다.

2. ＿＿＿＿＿ 신경은 제8뇌신경의 일부분인 와우에서 출발하여 동측으로 와우핵에서 끝마친다.

3. 내측 반망막에서의 축색은 시교차에서 ＿＿＿＿＿ 되고, 외측 반망막에서의 축색은 그렇지 않다.

4. 일차 체성감각피질은 각 ＿＿＿＿＿ 엽의 ＿＿＿＿＿ 회에 위치한다.

5. 시각경로에서 X형 교차의 양상 때문에, 우리가 주시(注視)의 중심 좌편을 바라보는 어떤 사물에 대한 정보는 좌안에서 ＿＿＿＿＿＿ 반구로 전도되고 그리고 우안에서 ＿＿＿＿＿＿반구로 전도된다.

6. 촉각과 고유수용기에 관한 정보는 ＿＿＿＿＿ 척수에서 동측으로 상행한다.

7. 각 반구에 있는 두 개의 이차 시각피질 영역은 선조전피질과 ＿＿＿＿＿ 피질이 있다.

8. 시신경이 시교차를 통과하여 뇌로 들어가는 것은 ＿＿＿＿＿ 으로 알려졌다.

9. 상올리브핵은 와우핵에서 신호를 받아들여 외측융대를 경유하여 하 ＿＿＿＿＿＿ 로 전도된다.

10. 청각체계의 핵을 이어주는 시상은 내측 ＿＿＿＿＿ 핵이다.

11. 일차 청각피질은 각 ＿＿＿＿＿ 엽의 상위 영역에 위치한다.

12. 일차 청각피질 대부분은 ＿＿＿＿＿ 회에 있고, 이는 ＿＿＿＿＿ 열에 위치한다.

13. 일차 시각피질 대부분은 ＿＿＿＿＿ 엽으로 구성되어 있다.

14. 배주핵은 ＿＿＿＿＿ 에 위치한다.

15. 중뇌수도 주변회백질는 중뇌 ＿＿＿＿＿ 주변으로 중뇌 내에 위치한다.

16. 안면에서 촉각과 고유 수용정보는 제5뇌신경인, ＿＿＿＿＿ 신경의 3지류를 경유하여 뇌에 도달한다.

17. 일차 시각피질은 ＿＿＿＿＿＿ 로 조직되어 있고, 일차 청각피질은 ＿＿＿＿＿＿ 로 조직되어 있으며 일차 체성감각피질은 ＿＿＿＿＿＿ 로 조직되어 있다.

18. 일차 체성감각피질의 국소지도는 흔히 체성감각 ＿＿＿＿＿＿ 로 언급된다.

19. 이차 시각, 청각, 체성감각피질은 모두 후 ＿＿＿＿＿ 연합피질로 투사된다.

20. 엔돌핀은 ＿＿＿＿＿＿ 회백질에서 뉴런이 흥분된다.

21. ＿＿＿＿＿＿ 핵은 망상체 중뇌의 세로토닌성 핵이다.

연습문제 4

아래 알파벳 순서는 제8장에서 배운 모든 용어와 정의들의 목록들이다. 이 페이지의 정의 부분을 가리고, 그 용어들을 따라 내려가면서 정의를 명확히 익혀 나가라. 이 과정에서도 한번의 실수도 없을 때까지 목록을 철저히 되풀이하라. 그런 다음에, 용어를 가리고 나서 정의내용들을 읽은 다음 정확한 용어로 말해 보라. 이런 과정들을 철저히 반복하면서 학습하도록 하라.

- Auditory nerve(청각신경)　　　각 와우에서 동측으로 와우핵에까지 신호를 수행하는 신경으로 전정와우신경의 한 구성요소(예, 제8 뇌신경)이다.

- Auditory radiations(청각방사선)　내측슬상핵에서 일차 청각피질에까지 동측으로 투사.

- Cerebral aqueduct(중뇌수도관)　제3뇌실과 제4뇌실로 연결된 좁은 영역 중뇌통로.
- Cochlea(와우)　　　　　　　　달팽이처럼 생긴 내이구조로 고리는 청각수용기를 포함한다.

- Cochlear nuclei(와우핵)　　　연수핵의 두 쌍으로 좌편에 두 개, 우편에 두 개가 있다. 신경으로부터 동측으로 입력하여 수용.

- Dorsal columns(배주)　　　　좌우 체성감각로. 배측척수에서 올라간다. 체성감각로는 감각뉴런의 축색으로 구성되어 있고, 동측 수용기에서 촉각과 고유수용기로 정보를 수행한다.

- Dorsal column nuclei(배주핵)　배측연수에 좌우에 두 개씩인 핵(예, 박근핵과 설상핵)으로 이는 배주에서 올라와 동측으로 체성감각에 입력하여 수용된다.

- Heschl's gyrus(헤셀회)　　　각 반구의 외측열에 위치한 상측두엽회로 대부분 일차 청각피질에 위치한다.

- Inferior colliculi(하소구)　　중뇌개의 두 핵으로 좌에 하나, 우에 하나가 있다. 외측융대를 경유하여 청각신호를 입력하여 수용.

- Inferotemporal cortex(하측두피질) 하측두엽의 피질로 각 대뇌반구의 하측두피질은 이차 시각피질의 영역에 여러 가지 다른 기능들이 포함되어 있고, 이 영역은 각각 대상의 시각적 재인 역할을 한다.

- Lateral geniculate nuclei
  (외측슬상핵)　　　　　　　시신경 방사선을 통하여 시색에서 동측으로 일차 시각피질에까지 시각정보를 중계해 주는 시상핵.

- Medial geniculate nuclei
  (내측슬상핵)

두 개의 청각이 시상핵과 연결, 좌편에 하나와 우편에 하나가 있다. 동측으로 일차 청각피질에 종말 투사.

- Medial lemnisci(내측융대)

연수에서 시상까지 올라가는 두 개의 체성감각로. 배주핵과 교차에서 대측복측후핵에까지 올라간다 (단일융대).

- Optic chiasm(시교차)

시상하부의 하층표면에 X형 중앙 구조로 망막신경 절세포축색은 시신경 시교차를 통해 내측 반망막 교차 내에서 발생된다.

- Optic nerves(시신경)

각 안구로 가는 망막신경절세포축색의 다발(속). 제2뇌신경

- Optic radiations(시신경 방사)

각 외측 슬상핵에서 같은 대뇌반구의 일차 시각피질에까지 걸쳐 확산하는 신경경로.

- Optic tracts(시색)

좌우 시색은 시신경 교차에서 외측슬상핵까지 투사된다. 주로 망막신경절세포축색으로 구성되어 있다.

- Periaqueductal gray
  (중뇌수도 주변회백질)

대뇌연수를 둘러싸고 있는 중뇌회백질의 영역으로 중뇌수도 주변회백질 뉴런은 아편무통각에 의해 또 엔돌핀에 의해 자극된다.

- Posterior parietal cortex
  (후두정피질)

각 대뇌반구의 후두정엽에 있는 연합피질 영역으로 여기서는 시각, 청각 그리고 체성감각체계를 받아들이고, 그리고 위치와 동작을 지각하는 역할을 담당하기도 한다.

- Prestriate cortex(선조전피질)

대뇌피질 영역, 각 대뇌반구에 하나, 일차 시각피질로 둘러싸여 있다. 각 대뇌반구의 선조전피질은 이차 시각피질의 영역에 여러 가지 다른 기능들이 포함되어 있다.

- Primary auditory cortex
  (일차 청각피질)

대뇌피질영역에 좌편 하나와 우편 하나가 있다. 시상의 내측슬상핵으로부터 대부분 입력 수용된다. 일차 청각피질 대부분이 헤셀회 내에 위치한다.

- Primary visual cortex
  (일차 시각피질)

후두피질영역, 왼쪽에 하나 그리고 오른쪽에 하나, 시상의 외측 슬상핵으로부터 대부분 수용되며 또한 선조피질과도 관련된다.

- Primary somatosensory cortex
  (일차 체성감각피질)

좌에 하나 우에 하나인 대뇌피질 영역은 복측 후핵에서 크게, 시상에서 체성감각에 입력 수용한다.

일차 체성감각피질은 각 반구의 중심후회에 위치한다.

- Raphe' nuclei(라페핵)

세로토너직핵의 얇은 수직시트로 망상체 중심선에 따라 위치해 있다.

- Retina(망막)

각 안구 후방에 5층으로 된 신경구조로 동공에서 가장 먼 망막층은 시각수용체와, 망막신경절세포를 가장 밀접히 포함하고 있다.

- Secondary auditory cortex (이차 청각피질)

일차 청각피질에서 대부분 입력하여 수용하는 각 반구의 청각피질 영역으로 상측두엽에 위치한다.

- Secondary somatosensory cortex (이차 체성감각피질)

일차 체성감각피질에서 입력된 것을 대부분 수용하는 각 반구의 피질영역으로 이 피질은 일차 체성감각피질 바로 아래 중심후회 내에 위치한다.

- Somatosensory homunculus (체성감각 소인뇌도)

일차 체성감각피질에서 구성된 체성국소적 지도.

- Superior olivary nuclei (상올리브핵)

연수핵의 두 쌍으로, 좌편에 두 개 우편에 두 개가 있다. 와우핵에서 양측청각신호를 수용.

- Trigeminal nuclei(삼차 신경핵)

좌우 두 개의 연수핵으로 삼차 신경을 경유하여 안면의 절반에서 동측으로 체성감각에 입력되어 수용한다.

- Ventral posterior nuclei (복측 후핵)

좌우 시상핵, 이는 내측융대에서 동측 일차 체성감각피질에까지 체성감각정보를 이어 준다.

제 9 장

중추신경계의 감각운동 경로

　이 장에서는 운동조절의 CNS 회로에서 중추신경계의 감각운동 회로에 관하여 살펴볼 것이다. 여기서는 운동회로에 관해서라기보다, 감각입력에 의해 결정적 역할을 하는 것으로 알려진, 그리고 효과적인 동작을 하도록 안내해주는 감각운동 회로에 관하여 주로 살펴볼 것이다.

　앞장에서, 여러분은 수용기에서 대뇌피질 연합 영역에 이르기까지 계층 구조를 통하여 올라가는 세 개의 감각체계(시각, 청각, 체성감각) 경로를 보았다. 이 앞장과 대비하여 이 장에서는 연합피질에서 시작하여 척수의 감각운동회로로 내려가는 운동명령의 경로를 추적해 보겠다.

　다음은 제9장에서 다루게 되는 각 절의 내용이다.

　1. 감각운동피질 경로
　2. 일차 운동피질
　3. 하행 배외측 운동경로
　4. 하행 복내측 운동경로
　5. 소뇌와 기저핵
　6. 파킨슨병과 흑질선조 경로

1. 감각운동피질 경로

어떤 운동을 시작하기 전에 감각운동계는 움직이려는 신체 부위와 그 신체가 상호작용하려는 외부 대상의 위치를 먼저 알아야만 한다. 이러한 정보는 시각, 청각, 체성감각계에 의해 **후두정피질**(posterior parietal cortex)에서 제공한다. 후두정피질은 이 정보를 배외측 전전두피질(dorsollateral prefrontal cortex)을 포함해 전두엽 운동 영역에 차례로 제공한다. 배외측 전전두피질은 수의적으로 운동을 일으키고 반응하려는 대상에 정신적 표상을 제공해 주는 연합피질이다.

배외측 전전두피질에서의 신호는 4영역의 이차 운동피질(Secondary motor cortex)로 투사된다. 이 4영역은 보조운동 영역(supplementary motor area), 전운동피질(premotor cortex), 그리고 두 개의 대상운동 영역(cingulate motor areas)이다. 각 반구의 보조운동 영역은 **중심전회** 바로 앞 배전두피질에 위치하며, 대부분이 **종열**에 있다. 각 반구의 전운동피질은 중심전회 바로 앞 복전두피질에 위치하며, 대부분이 외측열에 있다. 그리고 두 개의 대상운동 영역은 대상회에 있다.

보조운동 영역과 전운동피질은 발동하기 전에 연속적인 수의운동을 계획하는데 관여하는 것으로 보인다. 보조운동 영역은 체성감각피질에서 축색에 의해 충분히 신경자극이 되고, 전운동피질은 시각피질에서 축색에 의해 충분히 신경자극이 된다. 대상운동 영역의 기능은 잘 알 수가 없다.

이차 운동피질의 출력 대부분이 일차 운동피질로 간다. 각 반구의 일차 운동피질은 보조운동 영역과 전운동피질 바로 뒤 전두엽 중심전회에 위치한다.

배외측 전전두피질(Dorsollateral prefrontal cortex)
전두엽 내 연합피질 영역은 대상에 대한 정신적 상상력을 제공해 주는 역할을 하고 있는 것으로 보이며, 이는 수의적으로 반응을 일으키고 또 반응하려는 정신적 표상이다.

이차 운동피질(Secondary motor cortex)
보조운동 영역, 전운동피질, 그리고 두 개의 대상운동 영역으로 구성되어 있으며, 일차 운동피질로 주로 출력하는 피질 영역이다.

보조운동 영역(Supplementary motor area)
중심전회 바로 앞에 있는 배측 전두엽에 위치한 이차 운동피질 영역으로 후두정피질에서 입력되고, 체성감각피질에서 실질적으로 입력 수용된다.

전운동피질(Premotor cortex)
중심전회 바로 앞에 있는 복측 전두엽에 위치한 이차 운동피질의 영역으로 후두정피질에서 입력되고, 시각피질에서 실질적으로 입력 수용된다.

대상운동 영역(Cingulate motor areas)
각 뇌반구의 대상회 내에 이차 운동피질의 두 영역이다.

🔵 색칠하면서 익히기

첫째, 삽화예시 상부에 이차 운동피질의 전 영역을 색칠하라. 다음, 삽화예시 하부에 대상운동 영역, 보조운동 영역, 그리고 전운동피질 등 이차 운동피질의 각 영역을 색칠하라. 마지막으로, 배외측 전전두엽 연합피질을 색칠하라.

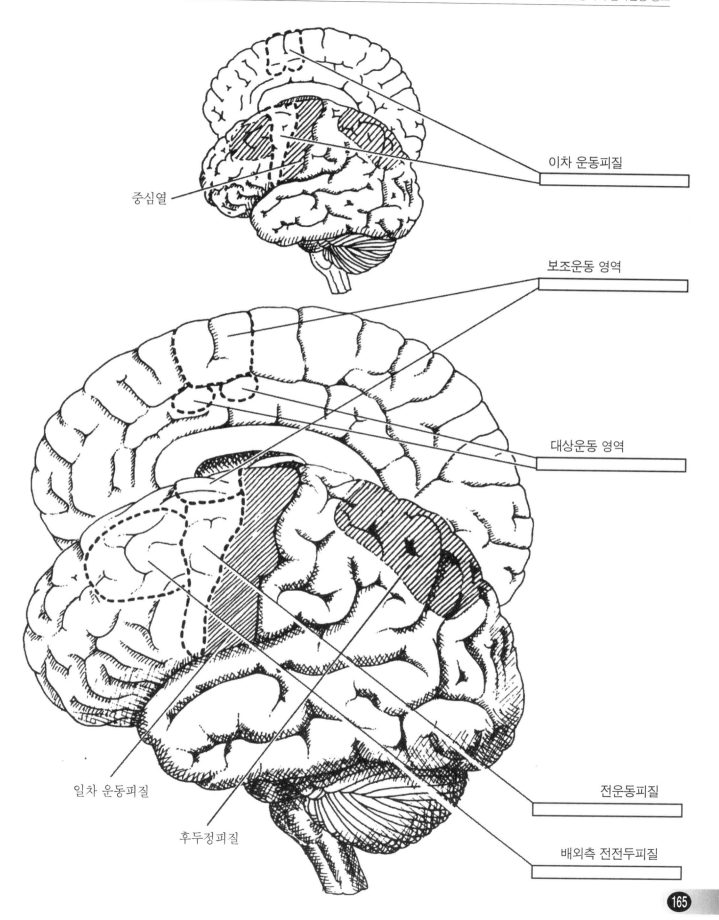

이차 운동피질

보조운동 영역

대상운동 영역

중심열

일차 운동피질

전운동피질

후두정피질

배외측 전전두피질

2. 일차 운동피질

일차 운동피질(primary motor cortex)은 축색이 피질에서 감각운동계의 낮은 수준으로 하행하게 하기 때문에 중요한 출발점이 되는 피질 영역이다. 일차 운동피질은 전두엽 중심전회에 위치하고, 이차 운동피질의 네 영역에서 주로 입력하여 받아들인다.

일차 운동피질 표면의 각 지점에 전기자극을 주면 신체의 반대측에서 근육이 수축된다. 신경과학자들은 일차 운동피질의 각 영역에 자극을 주고 각 자극에 반응하는 근육수축을 기록함으로써, 일차 체성감각피질에서처럼 일차 운동피질도 체성국소적으로 배열되어 있음을 발견하였다. 일차 운동피질의 배열상 **체성국소적**(somatotopic) 지도를 신체운동 소인뇌도(motor homunculus)라 부른다. 동작을 잘 할 수 있는(예, 손가락의 근육통제 영역) 신체운동 소인뇌도의 영역은 동작을 잘 할 수 없는(예, 등쪽의 근육통제 영역) 것보다 더 균형이 잘 맞지 않는다.

신체운동 소인뇌도의 모든 영역은 그 영역들이 조절하는 관절과 근육의 수용기에서 체성감각피질을 경유하여 체성감각에서 입력 수용된다. 즉 일차 운동피질의 영역이 활성화될 때 동작이 일어나고, 그 영역은 동작의 정확성에 관해 즉각 **피드백**을 받는다. 이 감각 피드백은 정확한 동작에 대해 매우 중요하다.

각 일차 운동피질들이 함께 모이고 또 큰 경로쪽으로 하행하는 축색을 내포(internal capsule)라 한다. 각 내포는 한편에는 **피각과 담창구**로 또 다른 한 편에서는 **미상과 시상**에서 경계로를 통하여 지나간다. 각 내포는 대뇌피질 전체로 상행하고, 또 대뇌피질에서 하행하는 축색을 포함한다.

일차 운동피질(Primary motor cortex)
운동섬유가 피질에서 감각운동계의 낮은 수준으로 하행하게 하는 주요 출발점 ; 일차 운동피질은 각 반구의 중심전회에 위치하고, 이차 운동피질과 체성감각피질의 영역에서 주로 입력 수용된다.

신체운동 소인뇌도(Motor homunculus, HOE mung kyu lus)
일차 운동피질의 체성국소적 지도이다. 각 반구의 일차 운동피질은 신체의 대측편 대부분을 관리한다.

내포(Internal capsules)
대뇌피질에서 상행하고 하행하는 축색다발, 즉 한편에는 피각과 담창구로 또 다른 한 편에서는 미상과 시상으로 경계로를 통하여 지나가는 깔때기 모양의 기관.

🔵 색칠하면서 익히기

> 첫째, 상부와 하부 삽화예시에서 일차 운동피질을 색칠하라. 그리고 하부 삽화예시에서 점선 내에 있는 내포를 색칠하라. 마지막으로, 신체운동 소인뇌도를 색칠하라.

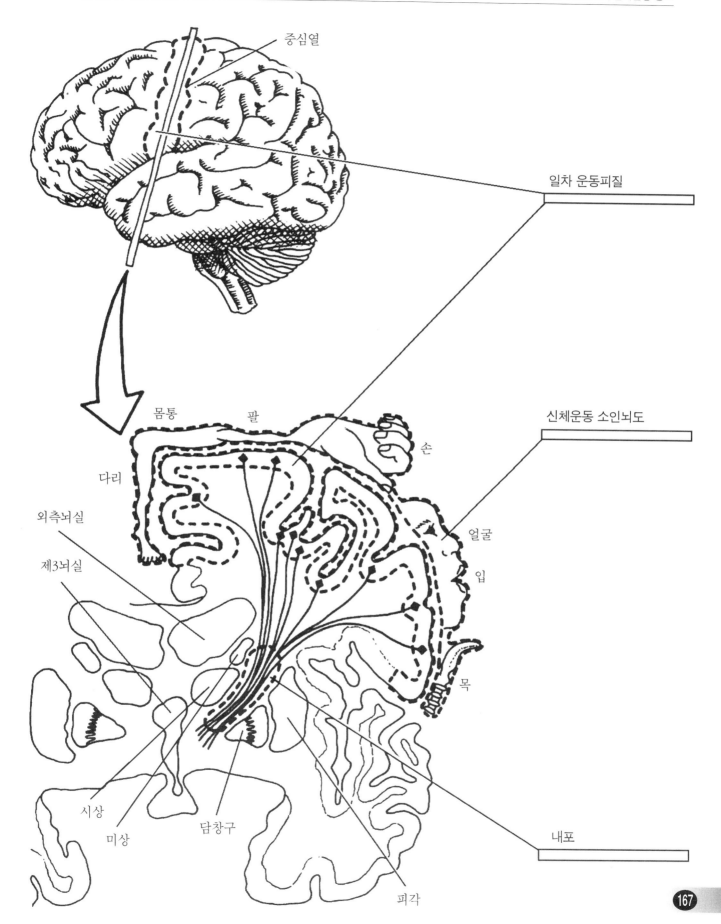

중심열

일차 운동피질

몸통 　팔

손

다리

신체운동 소인뇌도

외측뇌실

얼굴

제3뇌실

입

시상

목

미상

담창구

내포

피각

3. 하행 배외측 운동경로

운동경로의 네 쌍은 일차 운동피질에서 척수에 이르기까지 내포(internal capsules)를 경유하여 하행한다. 그 중 두 쌍은 척수의 배외측 영역으로 내려가고, 또 나머지 두 쌍은 복내측 영역으로 내려간다. 이 학습단위에서는 두 쌍의 배외측 경로에 대하여 기술할 것이다.

배외측 피질척수로(dorsolateral corticospinal tracts)의 축색은 뇌간에서 동측(ipsilaterally)으로 내려가는데, 추체(pyramids)의 연수 복표면에서 볼 수 있다. 따라서, 시냅스 없이 대측 배외측 척수에서 각각 교차하여 하행한다. 배외측 피질척수로 축색 대부분이 척수 회백질 내 뉴런간(interneurons)에 시냅스하고 말단사지의 근육에 투사하는 운동뉴런에서 시냅스한다(예, 손과 손가락의 근육). 또한, 소수의 뉴런은 배외측 피질척수로 내의 운동뉴런에서 직접 시냅스한다.

기타 배외측로, 배외측 피질적척수로(dorsolateral corticorubrospinal tracts)는 직접 시냅스하지 않는다. 이들 경로(tracts)의 제1구역으로 구성된 일차 운동피질뉴런의 축색은 그들이 시냅스되는 곳인, 중뇌의 적핵(red nucleus)에서 동측으로 내려간다(rubro는 red를 뜻한다). 적핵뉴런의 축색은 이들 경로(tracts)의 제2구역으로 구성되는데, 그들은 연수를 통해서 교차하여 하행하고, 이들 중 얼마는 안면근육을 조절하는 뇌신경핵에 시냅스한다. 나머지는 대측 배외측 코드로 하행하는데, 그곳은 말단사지의 근육으로 투사되는 운동뉴런에 차례로 시냅스를 하고 척추회백질의 뉴런 사이를 시냅스하는 곳이다.

각 배외측 피질척수로 뉴런에서 출력하는 경로의 두 쌍 사이에 주요 차이는 아주 작은 수의 근육섬유에 집중된다. 즉, 배외측 피질척수로가 파괴되었을 때, 피험자는 그의 손가락을 여전히 움직일 수는 있겠지만 손가락을 한번에 하나씩 움직일 수는 없다.

배외측 피질척수로(Dorsolateral corticospinal tracts)
대측 배외측 척수에서 각 일차 운동피질로 내려가는 축색의 운동로 ; 말단사지의 근육을 조절한다.

추체(Pyramids)
연수의 복 표면에 두 개의 융기로, 하나는 왼편에 또 하나는 오른편에 있는데, 이는 배외측 피질척수로의 축색에서 생산된다.

배외측 피질적척수로(Dorsolateral corticorubrospinal tracts)
각 일차 운동피질에서 동측 적핵으로 내려가는 축색에서 구성되고 또 대측 배외측 척수로로 교차되어 내려가는 각 적핵의 축색에서 구성된 운동로; 말단사지의 근육을 조절한다.

적핵(Red nuclei)
배외측 피질적척수로로 내려가는 중요한 중뇌핵.

● 색칠하면서 익히기

첫째, 배외측 피질척수로와 배외측 피질적척수로를 색칠하라. 다음으로, 추체와 적핵을 색칠하라. 주의, 한 뇌반구에서 내려가는 통로에서만이 볼 수 있다.

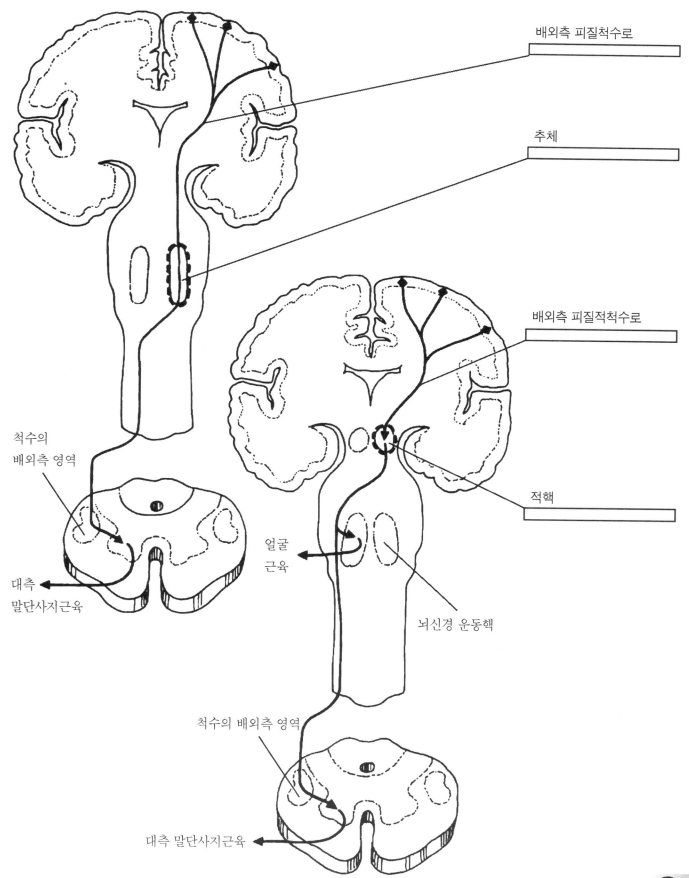

배외측 피질척수로

추체

배외측 피질적척수로

적핵

척수의
배외측 영역

대측
말단사지근육

얼굴
근육

뇌신경 운동핵

척수의 배외측 영역

대측 말단사지근육

4. 하행 복내측 운동 경로

배외측 운동로의 두 쌍이, 일차 운동피질로 하행하는데, 하나는 직접적이고 또 하나는 간접적이다. 복내측 운동로의 두 쌍도, 하나는 직접적이고 또 하나는 간접적이다.

직접적인 복내측 운동로는 복내측 피질척수로(ventromedial corticospinal tracts)이다. 이 척수로의 축색은 척수의 복내측부위 내에 동측으로 일차 운동피질로 하행한다. 그들이 하행함으로써 각 축색은 확산적으로 갈라지고 척수 양편의 수준에 따라서 뉴런간의 회로를 자극하여 활동하게 된다. 복내측 피질척수로는 몸통, 목, 근위사지(예, 어깨)를 조절한다.

간접적인 복내측 운동로는 복내측 피질뇌간척수로(ventromedial cortico-brainstem-spinal tracts)이다. 이 경로의 축색은 감각운동 구조인 뇌간의 복합망상으로 하행한다(이는 **중뇌개**, 망상체의 몇몇 핵, 그리고 **전정핵**을 포함한 몇몇 뇌신경핵이 포함되고, 이는 뇌신경 8을 경유한 내이로부터 균형에 관한 정보를 수용한다). 각 복내측 피질뇌간척수로의 축색은 복내측 영역 내에 척수 양편의 복합뇌간회로로 하행한다. 하행하는 각 뉴런은 뉴런간의 회로에 척수의 여러 가지로 다른 수준에서 시냅스하는데, 몸통, 목, 근위사지(예, 어깨, 엉덩이)의 근육으로 투사하는 운동뉴런과 시냅스하게 된다.

복내측로의 두 쌍은 자세를 조절하고 활동을 조정하는 것이 포함되는데, 이는 기고 걷는 운동과 같은 전신의 큰 운동도 포함된다. 즉 배외측로의 뉴런과 비교하여 볼 때 복내측로의 뉴런은 보다 가깝고 덜 집중적이다.

복내측 피질척수로(Ventromedial corticospinal tracts)
동측 복내측 척수 내에 각 일차 운동피질에서 하행하는 축색의 운동로 ; 각 축색은 신체 양편 근위근육에 영향을 주는 운동피질로 하행한다.

복내측 피질뇌간척수로(Ventromedial cortico-brainstem-spinal tracts)
일차 운동피질 각각에서 뇌간의 감각운동 회로에까지 동측으로 하행하는 축색, 그리고 복내측 척수 내에 뇌간에서 동측으로 하행하는 축색으로 구성된 운동로 ; 각 축색은 신체 양편 근위근육에 영향을 주는 운동피질로 하행한다.

🔵 **색칠하면서 익히기**

첫째, 복내측 피질척수로를 색칠하라. 다음으로, 복내측 피질뇌간척수로를 색칠하라. 주의, 뇌반구에서 하행하는 경로만 볼 수 있다.

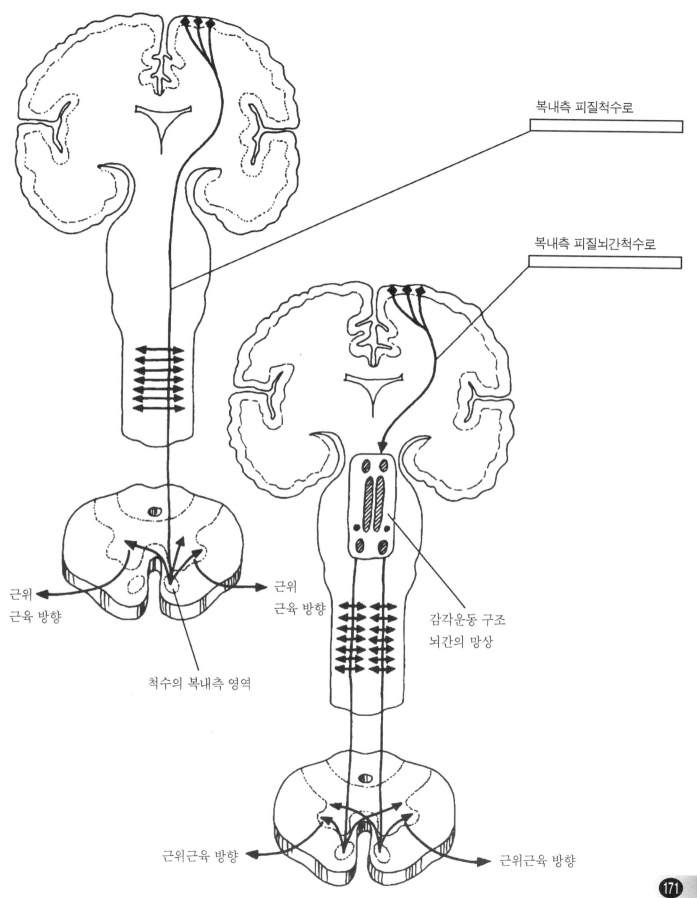

복내측 피질척수로

복내측 피질뇌간척수로

근위
근육 방향

근위
근육 방향

감각운동 구조
뇌간의 망상

척수의 복내측 영역

근위근육 방향

근위근육 방향

5. 소뇌와 기저핵

소뇌(cerebellum)와 기저핵(basal ganglia)은 주요 감각운동 구조이다. 그러나 하행운동로 구조와는 달리 일차운동피질에서 척수운동회로까지 운동신호의 전도에는 관여하지 않는다. 대신에 소뇌와 기저핵은 하행 감각운동 회로에서 구조의 활동을 조절하고 조정하는 것으로 보인다. 즉 이들은 둘다 감각운동 구조에서 신경 섬유를 수용하고, 또 그 구조로 신경 섬유를 보낸다.

비록 소뇌가 뇌 전체 중 불과 10%만 구성하고 있다고 하지만, 거기에는 뇌 전체의 뉴런 절반 이상이 포함되어 있다. 소뇌의 주요 입력은 대뇌피질의 감각과 운동 영역, 적핵, 전정핵에서 오며 척수소뇌로(spinocerebellar tract)를 경유하여 관절과 근육 내에서 수용기로 온다. 소뇌의 주요 출력은 적핵, 전정핵, 망상체로 뒤돌아 나가며 시상을 경유하여 일차 운동피질로 되돌아 나간다.

미상(caudate)과 피각(putamen) (둘다 선조체(striatum)로 알려짐), 담창구(globus pallidus), 편도체(amygdala)인 기저핵은 대뇌핵에서 독립적으로 있다. 기저핵은 대뇌피질에서 대부분 입력되어 수용하는 데, 우선 일차 운동피질로부터 입력된다. 주요 출력은 시상을 경유하여 일차 운동피질로 되돌아 나가지만, 전정핵, 뇌교, 그리고 망상체로 출력되기도 한다.

기저핵과 소뇌, 이들의 관계는 복잡하여 그 기능들을 정밀하게 열거하여 입증하기란 매우 어려운 일이다. 기저핵과 소뇌는 운동경로로 하행하고 상호작용(예, 시상을 경유한 일차 운동피질)을 하면서 운동을 조정하고 조절하는 데 관여한다. 특히, 연속적인 새로운 운동의 학습과 환경적 조건에 변화를 조정하는 반응에 관여하고 있다. 기저핵은 말단사지 운동에 큰 역할을 하고 있는 것으로 알려져 있고, 소뇌는 균형과 자세조정에 큰 역할을 하고 있는 것으로 알려져 있다.

소뇌(Cerebellum, sair uh BEL um)
뇌교의 뒷편 배측에 큰 회선의 구조이며 운동활동을 조정하고 조절하는 것으로 알려져 있다. 특히 균형과 자세조정에 크게 관여한다.

기저핵(Basal ganglia, BAZE ul)
미상, 피각, 담창구 그리고 편도핵으로 구성되어 있다. 대뇌핵의 체계로서 운동활동을 조정하고 조절하는데, 일차 운동피질에서부터 시상을 경유하여 일차 운동피질로 되돌아가는 신호를 전도하는 회로에 참여하며 특히 말단사지 활동에 관여하는 것으로 알려져 있다.

● **색칠하면서 익히기**

> 직선 내에 기저핵의 보이는 부분을 색칠하라. 다음은 소뇌의 보이는 부분을 색칠하라. 주의, 담창구가 피각 뒤에 숨어 있어서 보이지 않는다.

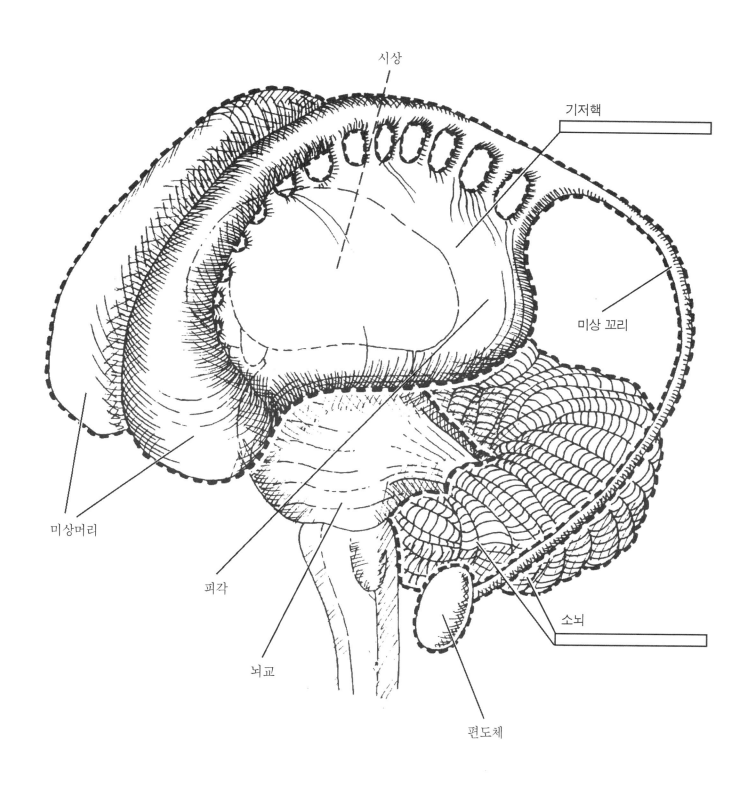

시상

기저핵

미상 꼬리

미상머리

피각

뇌교

소뇌

편도체

6. 파킨슨병과 흑질선조 경로

파킨슨병(Parkinson's disease)은 보통 성인 집단 중 약 1% 정도에서 발생되는 운동장애이다. 증상의 시발은 가볍지만-아마 손가락이 떨리거나 경직되는 정도-해가 갈수록 증상은 점점 더 심해진다. 다음은 파킨슨병 장애의 가장 흔한 증상이다. (1) 가만히 쉬는데도 진전(떨림). 이 진전은 활동하지 않는 동안에도 지속되지만 수의운동과 수면 동안에는 억제된다. (2) 근육강직. (3) 자세가 지속적인 부수의적 움직임. (4) 동작이 느리고 허약함. (5) 셔플링(발을 끌며 짧게 내걷다). 이제 걸음걸이를 배우려는 듯한 자세로 걷는 모양이 넓게 자리하고 있다. 그러나 지적저하는 거의 없다.

파킨슨병은 단일원인으로는 오지 않는다. 뇌 감염, 뇌졸증, 뇌종양, 외상적 뇌 상처 그리고 신경독성물질 등 모두가 특수 원인으로 포함하고 있다. 여하튼, 주요 원인으로 명백한 이유는 없고, 또 가계내력의 장애도 거의 없다.

파킨슨병은 선조체(미상+피각)가 흑질선조로(nigrostriatal pathway)를 경유하여 투사한 뉴런 도파민성의 중뇌핵인 흑질(substantia nigra)의 변성과 관련된다. 그 결과 오랜 기간 파킨슨병을 앓아 온 환자에게서 흑질과 선조체 내에 신경전달물질인 도파민이 거의 완전히 결핍되어 있었다. 반대로 파킨슨병 증상은 도파민이 합성되어진 화학물질인 L-DOPA를 주사함으로써 때로는 경감되었는데, 도파민 그 자체는 중추신경계(CNS)를 투과할 준비가 안 되어 있기 때문에 효과가 없다. 그래서 L-DOPA를 사용한 것이다. 불행히도 L-DOPA를 주사하여 긍정적으로 반응한 환자들까지도 주사의 유익한 효과가 점차적으로 내성화되기 때문에 일시적으로 증상이 경감될 뿐이다.

흑질(Substantia nigra, sub STAN she a NYE gruh)
선조체 내 도파민성 뉴런 종말을 갖는 중뇌핵 ; 파킨슨병이 진전된 사례에서는 흑질뉴런이 크게 변성된 것이다.

흑질선조로(Nigrostriatal pathway, NYE groe strye AY tal)
흑질에서 선조체까지 도파민성의 경로.

선조체(striatum, strye AY tum)
미상과 피각 ; 도파민성 흑질선조로의 종말에 있다.

🔵 **색칠하면서 익히기**

> 첫째, 흑질과 흑질선조로를 색칠하라. 다음 선조(미상+피각)의 보이는 부분을 색칠하라. 피각 뒤에 숨어 있는 모호한 구조에는 색칠을 하지 않도록 선조를 가볍게 색칠하라.

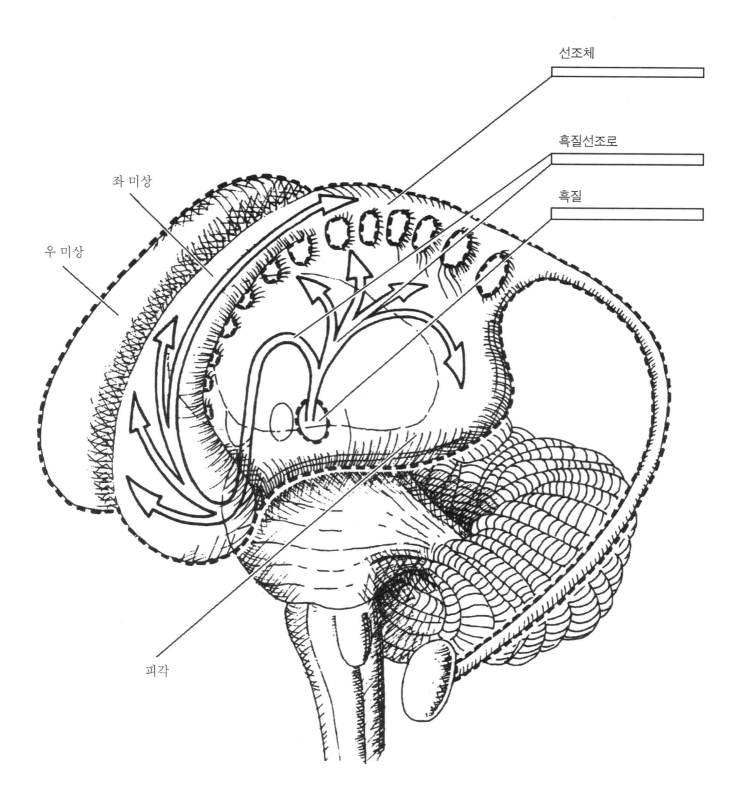

선조체

흑질선조로

흑질

좌 미상

우 미상

피각

연습문제

중추신경계의 감각운동경로

지금 여러분은 잠시 쉬면서, 제9장에서 배운 여섯 개의 학습단위에 대한 용어와 개념들을 정리하여 보라. 여러분이 쉽게 잊어버리지 않도록 용어들을 여러 번 반복하여 복습하는 것은 매우 중요하다.

연습문제 1

제9장에 있는 6절의 삽화예시로 돌아가서 각 페이지의 오른편 끝에 있는 용어들을 익히는데, 이 책 뒷부분의 겉표지로 용어를 가려 보자. 각 구조의 명칭들을 확실히 알 때까지 여섯 개의 삽화예시를 학습하라. 한 번의 실수도 없이 모든 삽화예시를 철저히 익힌 다음, 연습문제 2로 넘어가라.

연습문제 2

다음 도표에서 빈 칸에 적합한 용어를 채워라. 정답은 책 뒤에 제시되어 있다. 만약 틀렸을 경우, 오답과 관련된 학습내용들을 다시 한 번 살펴보자.

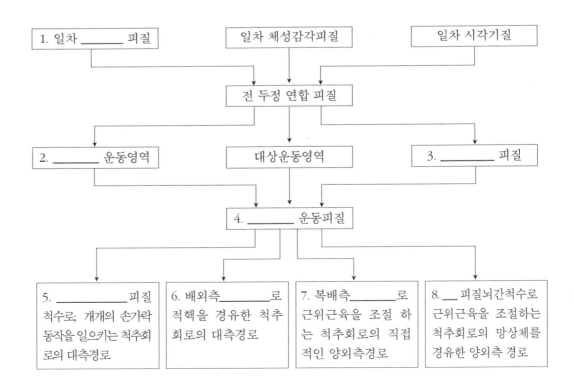

연습문제 3

제9장의 학습내용을 보지 말고, 다음 빈 칸에 알맞은 답을 써 보라. 만약 틀렸을 경우, 오답과 관련된 학습내용들을 다시 한 번 살펴보라. 정답은 책 뒤에 제시되어 있다.

1. 후두정연합피질의 신호는 전두엽 내 연합피질의 _____ 피질로 투사된다.
2. 신체의 중심부는 _____ 로 언급되고, 손과 발은 _____ 로 언급된다.
3. 흑질뉴런의 축색은 미상과 피각의 _____ 경로로 조성된다.
4. 파킨슨병은 _____ 진전(뜰림)으로 특징지어진다.
5. 유사한 경로를 따르지만 배외측 피질적척추로는 적핵으로 우회하여 가지만 배외측 _____ 로는 그렇지가 않다.
6. _____ 는 파킨슨병을 치료하는데 사용한다.
7. 추체는 연수의 복표면상 융기이다. 추체는 왼쪽과 오른쪽측의 배외측 _____ 로에 의해 생산된다.
8. _____ 과 피각은 선조를 구성한다.
9. 흑질에서 투사된 뉴런은 _____ 에서 도파민을 방출한다.
10. 전정핵은 내이에 위치한 _____ 기관으로부터 감각정보를 받아들이는 뇌간핵(腦幹核)이다.
11. 소뇌와 기저핵의 축색은 _____ 을 경유하여 일차 운동피질까지 뻗어간다.
12. 두 개의 _____ 하행운동경로는 몸통, 목, 근위사지의 수의근을 조절한다.
13. 편도체, 선조체 그리고 _____ 는 기저핵을 구성한다.
14. _____ 은 뇌의 도파민성 뉴런의 많은 세포체를 포함한다.
15. 신체운동 소인뇌도는 일차 운동피질의 _____ 지도이다.
16. 배외측 _____ 로는 운동뉴런에 직접 시냅스하는 뉴런의 축색을 포함한다.
17. 4개의 주요 운동 경로는 _____ 운동피질로부터 척수로 하행한다.
18. 대부분의 축색은 뇌간에 피질과 연결되고 그리고 _____ 포를 통해 깔대기 모양의 척수와 연결된다.
19. 종열(縱裂) 내에 완전하게 위치한 이차 운동피질의 두 영역은 두 개의 _____ 운동영역이다.
20. 대부분의 이차 운동피질의 출력은 _____ 회에 위치한 _____ 운동피질로 향한다.
21. 각 내포는 한편은 담창구와 _____ 이고, 다른 한편은 시상과 _____ 에 의해 경계되어진 경로를 통하여 지나간다.

연습문제 4

아래 알파벳 순서는 제9장에서 배운 모든 용어와 정의들의 목록들이다. 이 페이지의 정의 부분을 가리고, 그 용어들을 따라 내려가면서 정의를 명확히 익혀 나가라. 이 과정에서도 한 번의 실수도 없을 때까지 목록을 철저히 되풀이하라. 그런 다음에, 용어를 가리고 나서 정의내용들을 읽은 다음 정확한 용어로 말해 보라. 이런 과정들을 철저히 반복하면서 학습하도록 하라.

- Basal ganglia(기저핵)

미상, 피각, 담창구 그리고 편도핵으로 구성되어 있다. 대뇌핵의 체계로서 운동활동을 조정하고 조절하는데, 일차 운동피질에서부터 시상을 경유하여 일차 운동피질로 되돌아가는 신호를 전도하는 회로에 참여하며, 특히 말단사지 활동에 관여하는 것으로 알려져 있다.

- Cerebellum(소뇌)

뇌교의 뒷편 배측에 큰 회선의 구조이며, 운동활동을 조정하고 조절하는 것으로 알려져 있다. 특히 균형과 자세조정에 크게 관여한다.

- Cingulate motor areas
  (대상운동 영역)

각 뇌반구의 대상회 내에 이차 운동피질의 두 영역

- Dorsolateral corticorubrospinal tracts(배외측 피질적척수로)

각 일차 운동피질에서 동측 적핵으로 내려가는 축색에서 구성되고 또 대측 배외측 척수로로 교차되어 내려가는 각 적핵의 축색에서 구성된 운동로; 말단사지의 근육을 조절한다.

- Dorsolateral corticospinal tracts
  (배외측 피질척수로)

대측 배외측 척수에서 각 일차 운동피질로 내려가는 축색의 운동로; 말단사지의 근육을 조절한다.

- Dorsollateral prefrontal cortex
  (배외측 전전두피질)

전두엽 내 연합피질영역은 대상에 대한 정신적 상상력을 제공해 주는 역할을 하고 있는 것으로 보이며, 이는 수의적으로 반응을 일으키고 또 반응하려는 정신적 표상이다.

- Internal capsules(내포)

대뇌피질에서 상행하고 하행하는 축색다발, 즉 한 편에는 피각과 담창구로 또 다른 한 편에서는 미상과 시상으로 경계로를 통하여 지나가는 깔때기 모양의 기관.

- Motor homunculus
  (신체운동 소인뇌도)

일차 운동피질의 체성순서 지도이다. 각 반구의 일차 운동피질은 신체의 대측편 대부분을 관리한다.

- Nigrostriatal pathway(흑질선조로)   흑질에서 선조체까지 도파민성의 경로.

• Premotor cortex(전운동피질)	증심선에 바로 앞에 있는 복측 전두엽에 위치한 이차 운동피질의 영역으로 후두정피질에서 입력되고, 시각피질에서 실질적으로 입력 수용된다.
• Primary motor cortex (일차 운동피질)	운동섬유가 피질에서 감각운동계의 낮은 수준으로 하행하게 하는 주요출발점; 일차 운동피질은 각 반구의 중심전회에 위치하고 이차 운동피질과 체성감각피질의 영역에서 주로 입력 수용된다.
• Pyramids(추체)	연수의 복표면에 두 개의 융기로, 하나는 왼편에 또 하나는 오른편에 있는데, 이는 배외측 피질척수로의 축색에서 생산된다.
• Red nuclei(적핵)	배외측 피질적척수로로 내려가는 중요한 중뇌핵.
• Secondary motor cortex (이차 운동피질)	보조운동 영역, 전운동피질, 그리고 2개의 대상운동 영역으로 구성되어 있으며 일차 운동피질로 출력하는 피질영역이다.
• Striatum(선조체)	미상과 피각; 도파민성 흑질선조로의 종말이다.
• Substantia nigra(흑질)	선조체 내 도파민성 뉴런종말을 가진 중뇌핵 ; 파킨슨병이 진전된 사례에서는 흑질뉴런이 크게 변성된 것이다.
• Supplementary motor area (보조운동 영역)	중심전회 바로 앞에 있는 배측 전두엽에 위치한 이차 운동피질 영역으로 후두정피질에서 입력되고, 체성감각피질에서 실질적으로 입력 수용된다.
• Ventromedial cortico-brainstem-spinal tracts(복내측 피질뇌간척추로)	일차 운동피질 각각에서 뇌간의 감각운동회로에까지 동측으로 하행하는 축색, 그리고 복내측 척수 내에 뇌간에서 동측으로 하행하는 축색으로 구성된 운동로; 각 축색은 신체 양편 근위근육에 영향을 주는 운동피질로 하행한다.
• Ventromedial corticospinal tracts (복내측 피질척추로)	동측 복내측 척수 내에 각 일차 운동피질에서 하행하는 축색의 운동로; 각 축색은 신체 양편 근위근육에 영향을 주는 운동피질로 하행한다.

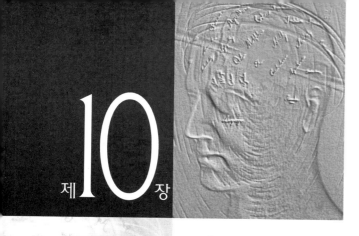

제10장

뇌 구조와 기억

기억은 뇌의 가장 중요한 기능 중 하나이다. 기억은 일상생활의 경험에 관한 정보들을 저장하는 기관이다. 뇌는 경험들에 의해 잠시 변화되는데, 이러한 변화는 경험정보들을 기록 저장하고 제공해 주는 역할을 한다.

기억의 신경구조에 관해서는 아직 해결되지 못한 의문점들이 많이 있다. 이 장에서는 그 중 하나에 초점을 두겠다. 즉 어느 뇌의 구조가 기억과정에 관여하는가? 여러분은 이 장에서 기억기능이 뇌 구석구석 평등하게 배치되어 있지 않음을 배우게 될 것이다. 뇌의 한 특수 구조는 기억에서 일정한 역할을 한다. 이 장에서 여러분은 어느 정도의 중요한 기억 구조에 관해 배우게 될 것이다. 이 장에서 각 학습단위는 뇌 부위에 손상을 입은 신경심리 환자들의 기억상실을 연구함으로써 기억에 관여하는 뇌의 특별한 영역을 다루고 있다.

다음은 제10장에서 다루게 될 각 절의 내용이다.

1. 해마체와 기억 : H.M 사례
2. 후피질과 기억
3. 해마와 공간기억
4. 내측 간뇌와 기억 : 코르사코프 기억장애
5. 기저 전뇌와 기억 : 알츠하이머 기억장애

1. 해마체와 기억 : H.M 사례

1950년대 초 H.M.은 간질환자로 생명이 위태로워 **내측 측두엽** 양편을 제거하였다. 내측 측두엽 제거수술로 그의 간질증세는 크게 호전되어졌지만, 심각한 기억상실을 초래하게 되었다.

외과수술 이후 H.M은 의식적으로 인식시켜 주는 장기기억에서 새로운 장기 **외현 기억**(explicit memory)을 형성할 수가 없었다. 반면, 그는 외과수술 바로 전에 일어났던 경험들에 대해서는 약간의 기억장애가 있었을 뿐이었고 단기기억에서는 대체로 정상적이었다(예, 그가 정신집중을 하는 동안 짧은 기간에 대한 일들은 기억할 수 있었다). 또한 그는 정상적으로 **암묵기억**(implicit memory)도 할 수 있었다(예, 그는 정보에 대한 의식적인 인식이 없음에도 불구하고 향상된 수행으로써 장기 정보의 보유를 과시할 수 있었다). 여러분이 H.M을 만난다면, 그의 주의력이 산만해질 때까지는 아주 정상적으로 이야기할 수가 있는데, 사실 그는 당신 혹은 당신과의 대화를 기억하지 못할 수도 있다.

H.M의 사례는 내측 측두엽의 여러 구조들이 단기기억을 장기기억으로 바꾸는 역할을 하는 것임을 시사받을 수 있었다. 이런 과정은 **기억강화**(memory consolidation)로 알려졌다. 비록 몇몇 주요 구조들이 내측 측두엽 절제수술로(지금은 간질치료로 더 이상 사용하지 않는) 손상받았다고 하더라도 H.M.의 기억결함은 해마체(hippocampal formation)의 손상으로 야기된 결과임을 가정할 수 있다. 해마체는 3피질구조로 구성되어 있는데 해마(hippocampus), 치상회(dentate gyrus), 지각피질(subicular cortex)이다. 해마와 치상회는 **고피질**이고, 지각피질은 해마와 신피질 사이에 변이 영역의 부분이다. 신경다발 내 내측 표면을 따라 가면 해마로 투사되는 많은 축색이 있는데, 이를 **채상**(fimbria)이라 부른다. 채상의 축색은 **뇌궁**(fornix)으로 투사한다.

해마체(Hippocampal formation)
내측 측두엽 구조는 해마, 치상회, 지각피질로 구성되는데, 또한 해마 복합체로도 알려졌다.

해마(Hippocampus)
내측 측두엽 고피질의 큰층은 뇌개 피질 끝과 지각피질 사이에 위치한다. 이 교차구역의 구조는 바다말로 초기 신경해부학자들이 지어낸 것이다(해마는 바다말을 뜻한다).

치상회(Dentate gyrus)
내측 측두엽 내에 고피질회. 교차구역에서 치상회는 해마 끝 주변의 곡선에 C모양 구조이다.

지각피질(Subicular cortex, sub IK yu lar)
해마 곁에 변이피질 영역으로 지각피질은 해마와 치상회 아래를 지지해 주는 받침대와 같은 층이다(지각은 지지해 주는 받침대를 의미한다).

채상(fimbria)
해마의 내측 표면을 따라 가는 축색다발로 해마에서 뇌궁까지 옮기는 신호이다.

● **색칠하면서 익히기**

> 첫째, 삽화예시 상부에 해마체의 위치를 색칠하라. 해마체는 내측 구조 때문에 외측에서는 볼 수가 없다. 다음, 해마, 치상회, 직각피질 등 해마체의 구성을 색칠하라. 마지막으로, 채상을 색칠하라.

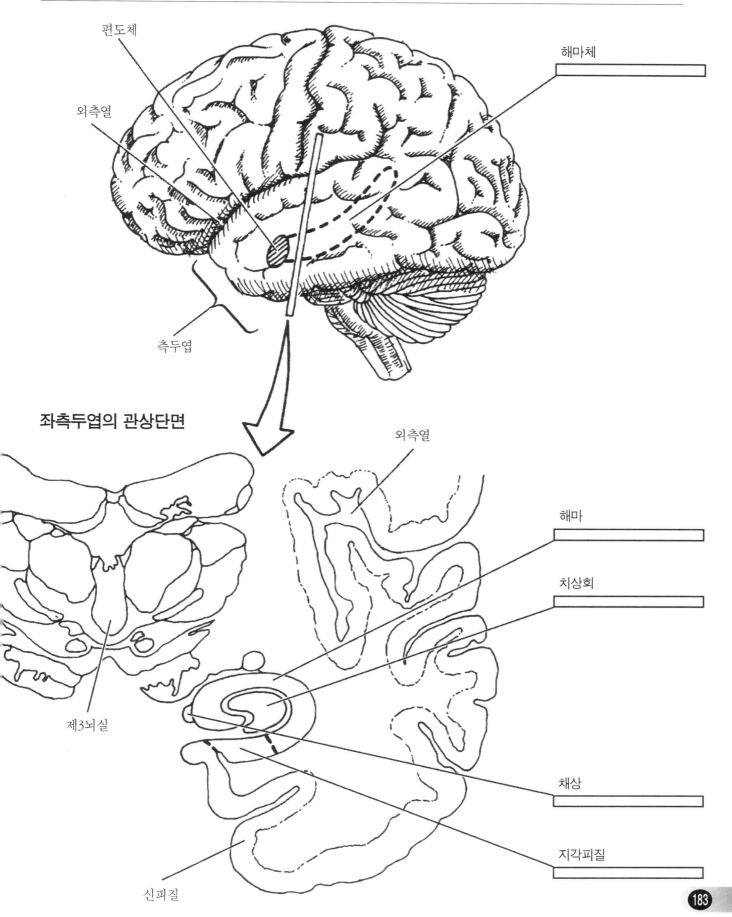

편도체

해마체

외측열

측두엽

좌측두엽의 관상단면

외측열

해마

치상회

제3뇌실

채상

지각피질

신피질

2. 후피질과 기억

1950년대 초 H.M. 사례보고는 기억을 연구하는 데 있어서 **내측 측두엽**의 역할을 규명하는 계기가 되었다. 이런 연구 대부분이 동물실험들을 대상으로 하였는데, 동물들의 측두엽 구조를 제거하고, 기억 효과를 평가하였다. 1970년대에 처음으로 원숭이 연구를 통하여 큰 성과를 거두었다. 뇌 양외측 내측 측두엽에 손상을 입게 되면 원숭이도 H.M.처럼 오래된 **대상-재인기억**이 삭제되었는데, 이 부위에 손상을 입은 원숭이들은 생소한 대상들에 대해 몇 초 이상을 기억할 수가 없었다. 다음 번에 연구자들은 내측 측두엽의 특정 구조가 생소한 대상들에 대해 외현기억으로 장기간 형성하는 데 중요하다는 사실을 확인하기 위하여 이 원숭이 모델들을 사용하였다.

연구 초기에 사용된 이 원숭이 모델은 해마체가 내측 측두엽에서 기억구조의 열쇠라는 관점을 지지하는 것처럼 보였다. 또 다른 초기 연구에서 **편도체**가 관계된다고도 했다. 그러나 초기 실험에서 처음으로 많은 **내측 측두피질**을 해마와 편도체 위쪽으로 노출시켜 제거하였는데, 이러한 제거의 결과가 기억결함을 가져온다는 것이 증명되지 않았다. 실험에서 내측 측두피질 손상 대부분은 후피질이었다. **후피질**(rhinal cortex)은 후열(rhinal fissure) 주변에 놓인 피질로 두 영역이 있는데, 내후피질(entorhinal cortex)과 주위후피질(perirhinal cortex)이다. 내후피질은 지각피질에서 후열의 구순 위쪽으로 있고, 주위후피질은 후열의 피질이다. 해마에 입력되는 대부분은 주위후를 통하여 신피질로 흘러간 다음에 내후피질로 간다.

최근 실험들에서 후피질에는 손상 없이 해마와 편도체에 손상을 입히면, 원숭이나 쥐의 대상-재인 기억에 영향이 없음을 보여 주고 있다. 반면, 후피질에 제한하여 손상을 입은 원숭이나 쥐는 몇 초 이상 생소한 대상에 대해 기억할 수가 없었다.

후열(Rhinal fissure)
영장류의 내측 측두엽의 우세 열이며 후는 코를 의미한다(단순 척추동물에게서 후피질의 기능은 크게 후각이다).

내후피질(Entorhinal cortex)
지각피질에서 주위후피질의 범위까지 내측 측두피질의 영역으로 이점은 대상-재인 기억에서 중요한 역할을 하고 있음이 최근 입증되고 있다.

주위후피질(Perirhinal cortex)
후열의 피질로 이점은 대상-재인 기억에서 중요한 역할을 하고 있음이 최근 입증되고 있다.

🔵 색칠하면서 익히기

> 첫째, 직선 후열을 색칠하라. 다음, 내후피질과 주위후피질을 색칠하라. 해마체의 위치를 주의하라.

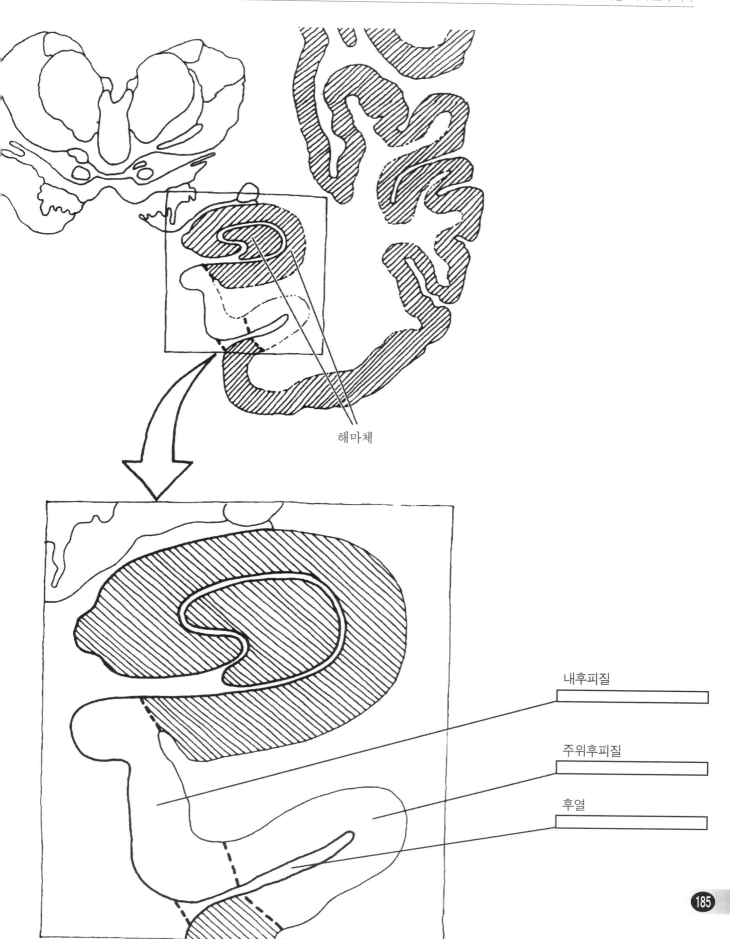

해마체

내후피질

주위후피질

후열

3. 해마와 공간기억

후피질에 대한 최근 연구 결과, 대상-재인 구조는 **해마체**보다는 오히려 내측 측두엽이 더 중요한 것으로 알려졌는데, 그렇다고 해마체가 기억에 관여하지 않는다는 뜻은 아니다. 사실, 기억위치로 해마체가 **공간기억**에 중요한 역할을 하고 있는 것으로 입증되었다. 예를 들어, 해마체에 손상을 입은 쥐는 미로학습에서 곤란을 겪고, 해마체에 손상을 입은 새는 먹이를 잡거나 찾는데 어려움을 겪고 있었다.

공간기억에 해마체가 관여한다는 다른 증거로 해마의 **해마 추체세포층**(hippocampal pyramidal cell layer) 내 뉴런에 대한 신경신체학적 연구가 있다. 추체세포층은 세 개의 해마층 중간에 있는데, 크게 **추체세포**의 세포체로 구성되어 있다. 즉 추체모양의 세포체, 선단수지상돌기(apical dendrites), 그리고 긴 축색 등으로 된 큰 피질뉴런이다. 주요 신경생리학적 연구에서 많은 **추체세포**가 장소 영역을 갖고 있다는 사실과 공간기억에 해마가 연루된다는 사실이 밝혀졌다. 즉 피험자가 특정 위치에 있을 때 높은 비율로 추체세포가 활성화되었다. 예를 들어, 쥐가 익숙한 미로 박스 출발점에 있을 때만 특별한 해마의 뉴런이 높은 비율로 발화되었다. 그래서 이것이 해마추체세포의 활동이 익숙한 장소 재인능력과 관여됨을 알게 되었다.

추체세포층의 구조물에 있어서 기초의 차이로 해마는 흔히 4영역(CA1, CA2, CA3 그리고 CA4)으로 나누어지는데, 이 4영역은 지각피질에서 해마 꼭대기까지 연속적으로 숫자를 부여한 것이다. CA는 Comu ammonis의 약자로서 이는 **해마**의 또 다른 용어이다. 주요 **해마회로**(hippocampal circuit)는 내후피질에서 치상회, CA3, CA1에까지 이른다.

해마 추체세포층(Hippocampal pyramidal cell layer)
해마의 중간층으로 많은 추체세포가 장소 영역을 갖고 있는 세포체로서 크게 구성하고 있다.

CA1, CA2, CA3, 그리고 CA4
해마의 4영역, 지각피질에서 해마 끝까지 연속적으로 숫자를 부여한 것이다.

해마회로(Hippocampal circuit)
내후피질에서 치상회, CA3, CA1에 이르기까지 가는 해마체의 주요 회로.

⬤ **색칠하면서 익히기**

> 첫째, 삽화예시 꼭대기에 해마 추체세포층을 색칠하라. 다음, 해마의 주요 회로로 표시되는 하부 삽화예시의 모든 화살표시를 색칠하라. 마지막으로, 해마의 4영역을 각각 다른 색깔로 색칠하라

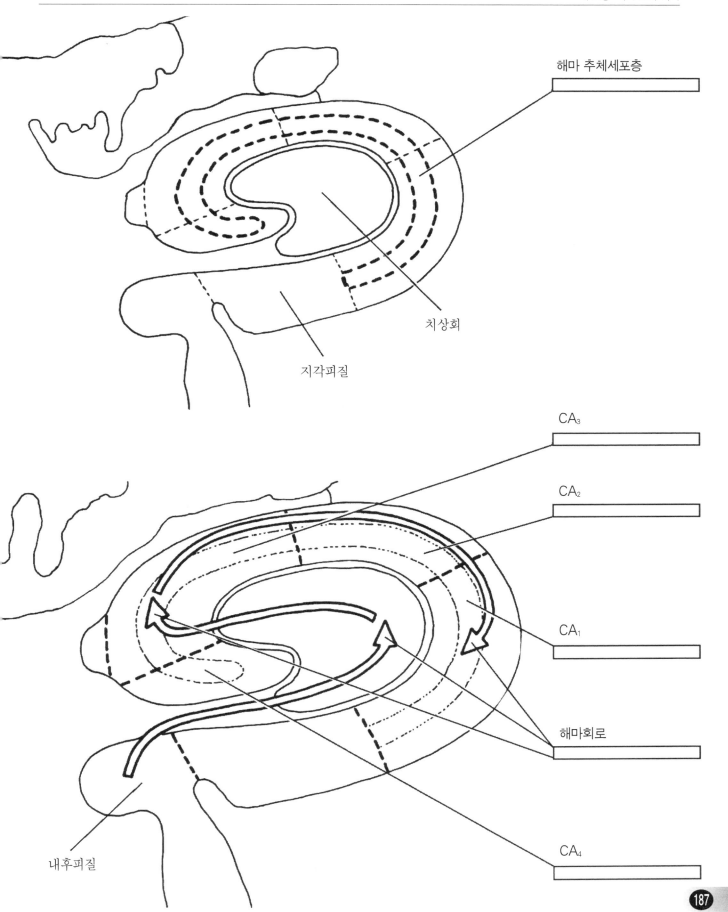

해마 추체세포층

치상회

지각피질

CA$_3$

CA$_2$

CA$_1$

해마회로

내후피질

CA$_4$

4. 내측 간뇌와 기억 : 코르사코프 기억장애

H.M.사례에서 기억이 내측 측두엽에 의해 중요한 역할을 한다고 지적하였는데, 코르사코프(Korsakoff) 징후로 고통을 받고 있는 환자들에게서는 기억이 내측 간뇌(medial diencephalon)와 관련됨을 처음 지적하여 주었다.

코르사코프 징후(Korsakoff's syndrome)는 알코올 중독에서 흔한 진행성 장애이다. 이 결과는 지아민(thiamin, 비타민 B₁) 소비의 결핍과 그로 인한 대사장애에서 온다.

코르사코프 징후의 초기 환자는 심한 기억장애를 자주 경험하게 되는데, 기억장애외 다른 것은 합리적이고 정상적이다. 이 같은 환자들은 전형적으로 내측 간뇌(예, 제3 뇌실 주변의 시상과 시상하부의 영역)에 국한하여 뇌 손상을 입은 경우이다. 진행단계에 들어서면 뇌 손상이 확산되고 전반적인 심리적 기능도 붕괴되는 특징을 보여 준다.

기억과 연관되는 특정한 내측 간뇌구조를 확인하기 위하여, 신경해부학자들은 초기에는 사망한 코르사코프 환자들의 뇌를 연구하여, 손상된 특정 영역이 기억장애와 관여되는지를 살펴보았다. 초기 연구들은 시상하부의 유두체(mammillary bodies)가 주요 기억구조인 것으로 결론내렸으나, 그 뒤 코르사코프 기억장애 환자에 대한 몇몇 연구 보고서에 의하면 유두체 손상이 아닌 것으로 밝혀졌다. 보다 최근의 연구에서 시상의 중배측핵(mediodorsal nuclei)이 관련된 것으로 밝혀졌다. 사실 코르사코프 환자 모두가 이 핵이 손상되어 있었다.

뇌졸증으로 중배측핵에 손상을 입은 신경심리환자들이 기억손상으로 고통을 받고 있었다. 이러한 사실은 중배측핵의 손상이 코르사코프 기억장애에 중요한 원인인자라는 결과를 지지해 준다. 또한, 원숭이와 쥐의 실험에서도, 양외측 중배측 핵의 손상이 기억결함의 원인임을 밝혀 냈다.

내측 간뇌(Medial diencephalon)
제3뇌실 양편에 시상과 시상하부의 영역에 있다. 코르사코프병을 가진 환자가 흔히 손상받는 곳이다.

유두체(Mammillary bodies)
내측 시상하부 두 개의 구핵(球核), 하나는 좌편에 또 하나는 우편에 있다. 이들은 뇌하수체 바로 뒤에 뇌의 하부표면에서 볼 수 있다.

중배측핵(Mediodorsal nuclei)
중배측 시상의 큰 핵으로 이 핵의 손상은 기억장애와 연관된다.

● 색칠하면서 익히기

> 삽화예시 위쪽에 유두체와 중배측핵을 색칠하라. 다음, 아래쪽 삽화예시에 내측 간뇌 전부를 색칠하라.

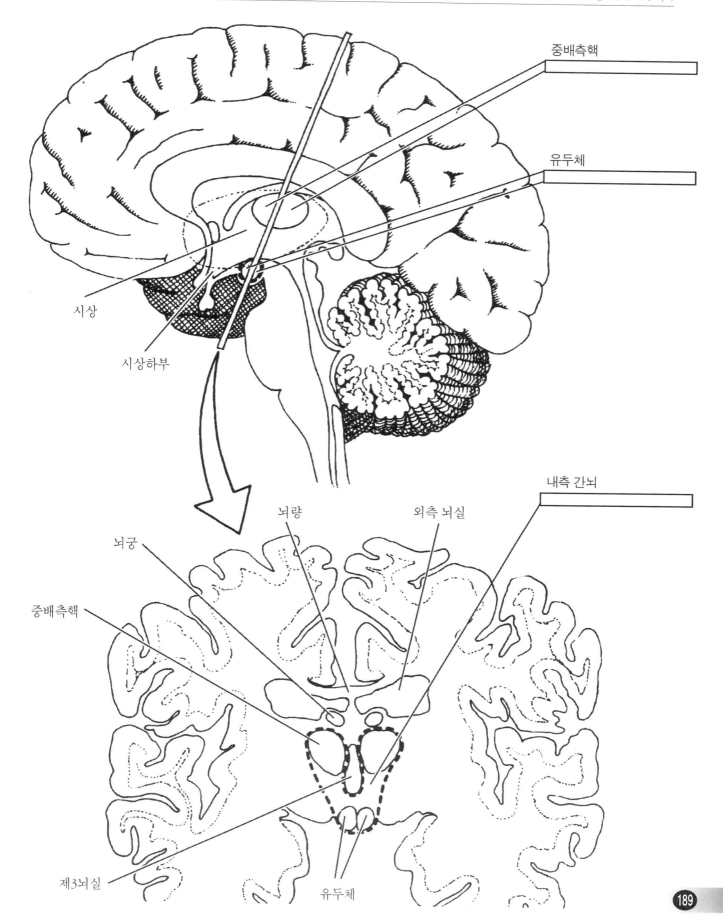

중배측핵

유두체

시상

시상하부

내측 간뇌

뇌궁

뇌량

외측 뇌실

중배측핵

제3뇌실

유두체

5. 기저 전뇌와 기억 : 알츠하이머 기억장애

알츠하이머병(Alzheimer's disease)은 노년층에서 대뇌 퇴화로 오는 질병이다. 작은 기억상의 문제는 초기 증상 가운데 하나이고, 단계가 진전되면서 심한 지적 퇴행으로 이어져(예, 심지어 자신의 자식들도 못 알아보거나 말도 못한다) 결국 죽음으로 최후를 장식하게 된다. 부검에서 광범위한 신경퇴화, **뉴런 섬유**(neurofibrils, 예, 많은 뉴런 세포질에서 실처럼 가는 섬유농축제) 그리고 **아밀로이드 반**(amyloid plaqes, 예, 반혼조직(瘢痕組織)이 아밀로이드라고 불리는 이상단백질로 산재해 있는 퇴화된 뉴런으로 구성) 등이 나타났다.

신경퇴화가 알츠하이머병과 관련하여 광범위하게 나타나는데, 이 점은 특히 기저 전뇌 (basal forebrain)에서 심하다. 기저 전뇌는 전 교차연결(anterior commissure)에서 가까운 시상하부 바로 앞 대뇌반구 기저 영역에 있다. 기저 전뇌의 3주요 구조는 내측 중격 medial septum), 브로카의 대각선 대(diagonal band of Broca), 그리고 마이네르트 기저핵(nuclei basilis of Meynert)이 있다.

사망한 알츠하이머 환자의 기저 전뇌에서 신경퇴화의 발견은 기저 전뇌가 기억에서도 중요한 역할을 하고 있다는 가설을 도출해 냈다. 기저 전뇌의 연결은 이런 견해와 일치하는데, 즉 내측 측두엽과 연결되고, 또 신피질 축색으로 보낸다.

기저 전뇌의 많은 뉴런은 **콜린성**(cholinergic)이 있다(예, 신경전달물질인 **아세틸콜린**이 방출된다). 사실 기저 전뇌는 신피질에서만이 아세틸콜린의 원료가 있는데, 알츠하이머 환자의 피질에서는 아세틸콜린이 없다. 이런 관찰을 토대로 하여 아세틸콜린 또한 기억에서 중요한 역할을 하고 있다는 가설을 세울 수가 있었다.

기저 전뇌(Basal forebrain)
전 교차연결 가까운 곳에서 전뇌의 기저에 콜린성(cholinergic) 구조의 집단으로 여기에는 내측 중격, 브로카의 대각선 대, 마이네르트 기저핵이 있다.

내측 중격(Medial septum)
중격핵의 내측 영역, 이는 외측 뇌실 사이에 기저 전 뇌 안에 위치한다.

브로카의 대각선 대(Diagonal band of Broca, BROKE ah)
기저 전뇌의 좌우 주요 경로이며 이 대는 내측 측두엽으로 가는 내측 중격핵 뉴런의 축색으로 크게 구성되어 있고, 이는 또한 어느 정도의 콜린성(cholinergic) 핵도 포함되어 있다.

마이네르트 기저 핵(Nuclei basilis of Meynert, MY nert)
콜린성(cholinergic) 기저 전뇌 핵의 좌우 한쌍은 교차연결 앞 바로 아래에 위치한다.

● **색칠하면서 익히기**

> 삽화예시 꼭대기에, 선으로 표시된 기저 전뇌 영역을 색칠하라. 삽화예시 아래에 기저 전뇌 세 쌍의 구조를 색칠하라.

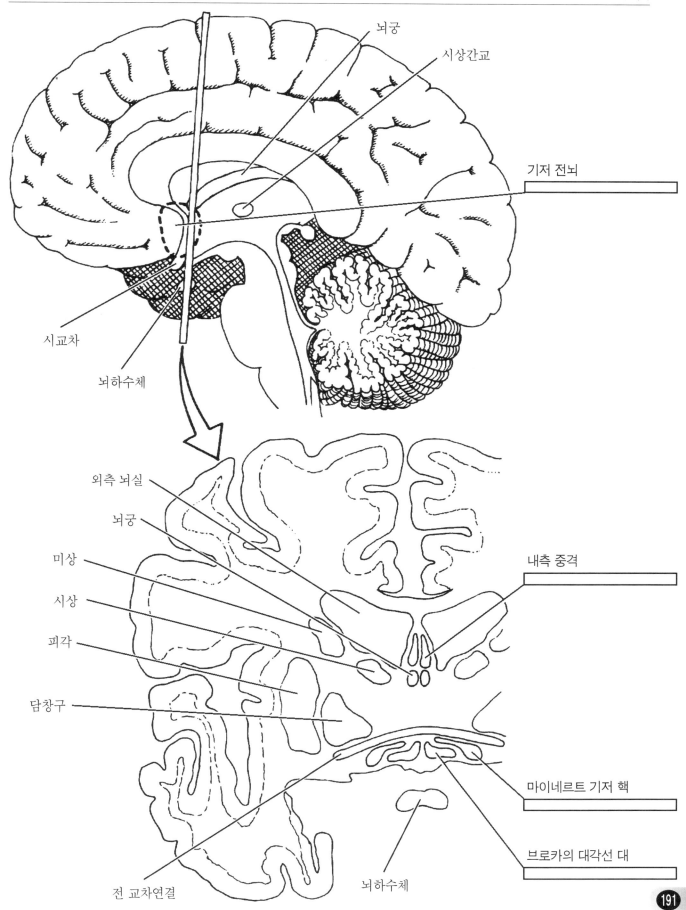

기저 전뇌

뇌궁

시상간교

시교차

뇌하수체

외측 뇌실

뇌궁

미상

시상

피각

담창구

내측 중격

마이네르트 기저 핵

브로카의 대각선 대

전 교차연결

뇌하수체

연습문제

뇌 구조와 기억

지금 여러분은 잠시 쉬면서, 제10장에서 배운 다섯 개의 학습단위에 대한 용어와 개념들을 정리하여 보라. 여러분이 쉽게 잊어버리지 않도록 용어들을 여러 번 반복하여 복습하는 것이 매우 중요하다.

연습문제 1

제10장에 있는 5절의 삽화예시로 돌아가서, 각 페이지의 오른편 끝에 있는 용어들을 익히는데, 이 책 뒷부분의 겉표지로 용어를 가려 보자. 각 구조의 명칭들을 확실히 알 때까지 여섯 개의 삽화예시를 학습하라. 한 번의 실수도 없이 모든 삽화예시를 철저히 익힌 다음, 연습문제 2로 넘어가라.

연습문제 2

다음 삽화예시에서 빈 칸에 적합한 용어를 채워라. 정답은 책 뒤에 제시되어 있다. 만약 틀렸을 경우, 오답과 관련된 학습내용들을 다시 한 번 살펴보라.

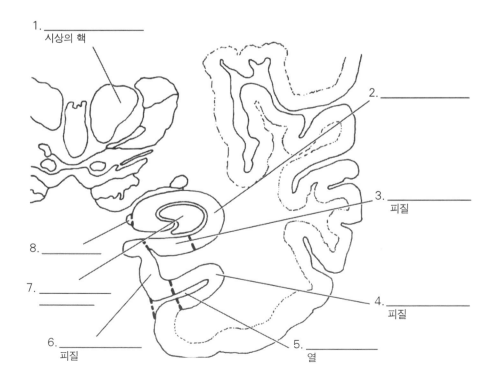

1. _____
   시상의 핵

2. _____

3. _____
   피질

4. _____
   피질

5. _____
   열

6. _____
   피질

7. _____

8. _____

연습문제 3

제10장의 학습내용을 보지 말고, 다음 빈 칸에 알맞은 답을 써 보라. 만약 틀렸을 경우, 오답과 관련된 학습내용들을 다시 한 번 살펴보라. 정답은 책 뒤에 제시되어 있다.

1. H.M.의 수술은 양외측 내측 _____ 엽 절제수술이었다.
2. CA는 comu ammonis를 뜻하는 것인데, 이를 다른 용어로 _____ 라 부른다.
3. 기저 전뇌의 뉴런은 신피질을 통하여 _____ 을 방출한다.
4. 단기기억을 장기기억으로 전환시키는 과정을 _____ 라 부른다.
5. 해마와 인접한 _____ 회는 고피질이다.
6. _____ 피질은 해마와 내후피질 사이에 피질의 변이 영역이다.
7. 알츠하이머병의 기억장애는 기저 _____ 에서 cholinergic구조의 퇴화와 관련되는 것으로 생각한다.
8. 해마 바로 앞에는 또 다른 측두엽핵인 _____ 가 있다.
9. 지각피질과 후주위피질 사이의 피질 영역은 _____ 피질이다.
10. 코르사코프 기억장애는 시상의 _____ 핵에 손상과 연관되는 것으로 보인다.
11. 피질의 바로 가장자리 끝은 해마 CA _____ 영역이다.
12. 브로카의 대각선 대와 마이네르트 기저핵은 _____ 교차연결 바로 아래에 있다.
13. 해마의 많은 추체세포는 _____ 영역을 갖고 있다.
14. 해마의 중간층은 _____ 세포층이다.
15. H.M.은 새로운 장기 _____ 기억을 형성할 수가 없었다.
16. 코르사코프 환자는 거의 언제나 내측 _____ 구조에 광범위한 손상이 있다.
17. _____ 피질의 양외측 손상이 해마 형태나 편도체에 손상을 입지는 않았을 때도, 대상-재인 기억의 장애를 보인다.
18. 알츠하이머병은 광범위한 신경퇴화와 뉴런섬유, _____ 반(plaques)과 연관된다.
19. _____ , _____ 회, 와 _____ 피질 모두가 해마체를 구성한다.
20. _____ 는 공간위치에 대한 기억에서 중요한 역할을 한다.
21. H.M.은 정상적인 _____ 외현 기억과 정상적인 장기 _____ 기억을 할 수가 있었다.
22. 내후피질과 후주위피질 사이의 경계 표시는 _____ 열 구순 위쪽이다.

연습문제 4

아래 알파벳 순서는 제10장에서 배운 모든 용어와 정의들의 목록들이다. 이 페이지의 정의 부분을 가리고, 그 용어들을 따라내려 가면서 정의를 명확히 익혀나가라. 이 과정에서도 한 번의 실수도 없을 때까지 목록을 철저히 되풀이하라. 그런 다음에, 용어를 가리고 나서 정의내용들을 읽은 다음 정확한 용어로 말해 보아라. 이런 과정들을 철저히 반복하면서 학습하도록 하라.

• Basal forebrain(기저 전뇌)	전 교차연결 가까운 곳에서 전뇌의 기저에 cholinergic 구조의 집단으로 여기에는 내측 중격, 브로카의 대각선 대, 마이네르트 기저핵이 있다.
• CA1, CA2, CA3, 그리고 CA4	해마의 4영역, 지각에서 해마 끝까지 연속적으로 숫자를 부여한 것이다.
• Dentate gyrus(치상회)	내측 측두엽 내에 고피질 회. 교차구역에서 치상회는 해마 끝 주변의 곡선에 C모양 구조이다.
• Diagonal band of Broca (브로카의 대각선 대)	기저전뇌의 좌우 주요 경로이며 이 대는 내측 측두엽으로 가는 내측 중격핵 뉴런의 축색으로 크게 구성되어 있고, 이는 또한 어느 정도의 cholinergic핵도 포함되어 있다.
• Entorhinal cortex(내후피질)	지각피질에서 주위 후피질의 범위까지 내측 측두피질의 영역으로 이 점은 대상-재인 기억에서 중요한 역할을 하고 있음이 최근 입증되고 있다.
• Fimbra(채상)	해마의 내측 표면에 따라가는 축색다발로 해마에서 뇌궁까지 옮기는 신호이다.
• Hippocampal circuit(해마회로)	내후피질에서 치상회, CA3, CA1에 이르기까지 가는 해마체의 주요 회로.
• Hippocampal formation(해마체)	내측 측두엽 구조는 해마, 치상회, 지각피질로 구성되는데, 또한 해마 복합체로도 알려졌다.
• Hippocampal pyramidal cell layer(해마 추체세포층)	해마의 중간층. 많은 추체세포가 장소 영역을 갖고 있는 세포체로서 크게 구성하고 있다.
• Hippocampus(해마)	내측 측두엽 고피질의 큰층은 뇌개 피질 끝과 지각피질 사이에 위치한다. 이 교차구역의 구조는 바다 말로서 초기 신경해부학자들이 지어낸 것이다(해마는 바다 말을 뜻한다).
• Mammillary bodies(유두체)	내측 시상하부에 두 개의 구핵(球核), 하나는 좌편에 또 하나는 우편에 있다. 이들은 뇌하수체 바로 뒤에 뇌의 하부표면에서 볼 수 있다.
• Medial diencephalon(내측 간뇌)	제3뇌실 양편에 시상과 시상하부의 영역에 있다.

코르사코프병을 가진 환자가 흔히 손상받는 곳이다.

- Medial septum(내측 중격)

중격핵의 내측 영역, 이는 외측뇌실 사이에 기저전뇌 안에 위치한다.

- Mediodorsal nuclei(중배측핵)

내측 배측 시상의 큰 핵으로 이 핵에 손상은 기억장애와 연관된다.

- Nuclei basilis of Meynert
  (마이네르트 기저핵)

콜린성(cholinergic) 기저전뇌 핵의 좌우 한 쌍은 교차연결 앞 바로 아래에 위치한다.

- Perirhinal cortex(주위후피질)

후열의 피질로 이점은 대상-재인 기억에서 중요한 역할을 하고 있음이 최근 입증되고 있다.

- Rhinal fissure(후열)

영장류의 내측 측두엽의 우세 열이며 후는 코를 의미한다(단순 척추동물에게서, 후피질의 기능은 크게 후각이다).

- Subicular cortex(지각피질)

해마 곁에 변이 피질 영역으로 지각피질은 해마와 치상회 아래를 지지해 주는 받침대와 같은 층이다(지각은 지지해 주는 받침대를 의미한다).

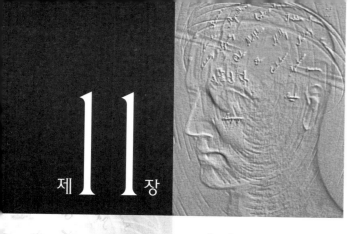

제11장

제 **11** 장

뇌의 동기적 체계

우리가 일을 할 때 단 한번에는 자기가 할 수 있는 용량만큼의 행동만을 수행하게 된다. 예를 들어 지금 나는 잠자고, 독서하고, 껌을 씹고, 옷을 다림질하고, 기타 내가 할 수 있는 수없이 많은 행동을 하기보다는 커피를 홀짝거리면서 이 책의 서문을 쓰고 있다. 일의 강도나 행동을 일으키게 하는 과정을 동기적 과정이라 부른다.

종족 생존에 있어서 매우 중요한 동기적 과정은 그 과정에 관여하는 특정한 뇌 회로가 있다. 예를 들어 먹고, 마시고, 잠자고, 도망가고, 번식하는 등등. 이런 동기와 특별히 관련되는 것으로 보이는 뇌의 구조가 있다. 이 장에서는 이와 관련된 뇌 구조들에 초점을 두겠다. 동기의 신경학적 기제는 오로지 동물실험으로 거의 연구되었지만, 이 책의 일관성을 지키기 위해 삽화예시를 인간에 맞추고자 한다.

다음은 제11장에서 다루게 되는 각 절의 내용이다.

1. 시상하부와 식이
2. 뇌궁하 기관과 갈증박탈 유도
3. 중종뇌 도파민계와 쾌감
4. 공포와 불안의 신경학적 기제
5. 망상체와 수면
6. 시신경교차상 핵과 주기성 리듬
7. 뇌간 성회로

1. 시상하부와 식이

1950년대 연구들은 식이 동기가 시상하부의 2영역에서 조절되는 것으로 여겨져 왔다. 쥐 실험에서 시상하부 복내측핵(ventromedial nucleus, VMN)의 양외측에 손상을 입히면, 식욕이 증가하고 체중이 크게 늘어났다. 반면, 외측 시상하부(lateral hypothalamus, LH)의 양외측에 손상을 입은 쥐는 음식을 거부하고 생존을 위한 최소한의 식사만 했다. 이런 연구들에서 복내측핵(VMN)은 포만중추신경으로 식욕을 억제시키고 외측시상하부(LH)는 기아중추신경으로 식욕자극을 일으킨다는 견해를 갖게 되었다.

그 후 지속적인 연구에서는 1950년대 기아와 포만의 시상하부 이론에 대한 견해를 달리하고 있다. 외측시상하부 상처가 일반적으로 운동저하를 가져오고 또 감각자극에 대해 둔감한 것이지, 식이에 특별한 장애를 일으키는 것은 아니라는 것이다.

복내측핵은 포만의 중심지로서 두 개의 중요한 제한이 있다. 첫째는 과식과 비만은 복내측핵 외부의 상처가 심히 크게 생긴 복내측핵 손상에 의해 발생된다는 점이다. 특히, 복내측핵 손상은 궁극적으로 시상의 실방핵(paraventricular nucleus) 내 종말 영역을 지나는 과정에서 섬유들이 입은 상처이다. 그리고 복내측핵 손상의 일부 효과는 이들 섬유가 상처를 입은 결과이다. 제한의 둘째는 복내측핵 손상의 효과가 일차적이라기보다 2차적으로 와서 생긴 과식이라는 것이다. 복내측핵 손상은 혈당이 비만으로 전환하는 것을 촉진시키고, 비만을 혈당으로 전환하는 것은 차단시킨다. 즉 복내측핵 상처로 과식하는 쥐나 인간은 포만중심지가 파괴되었기 때문이 아니라, 유용한 열량(혈당)의 저장고가 금식하자마자 위험수위로 낮아지기 때문에 그렇다는 것이다. 즉 복내측핵은 포만중심지가 아니라 신진대사의 중심지라는 게 더 적절하다는 견해이다.

복내측핵(Ventromedial nucleus)
시상하부의 복내측 영역의 주요 핵이며 이 핵의 큰 양외측 손상은 혈당이 비만으로 전환하는 것을 촉진시켜 줌으로써 과식과 비만증이 된다.

외측 시상하부(Lateral hypothalamus)
시상하부의 큰 외측 영역으로 이 영역에 양외측 손상은 여러 가지 운동장애를 일으키고, 자극에 둔감해지게 한다.

실방핵(Paraventricular nucleus)
시상하부의 배내측 영역 내 핵으로 배내측핵 바로 위에 있다. 복내측 시상하부를 통해 투사되는 섬유나 이 핵의 양외측 손상은 과식과 비만을 초래한다.

● **색칠하면서 익히기**

첫째, 삽화예시 위에 실방핵, 외측 시상하부, 그리고 복내측핵을 색칠하라. 다음으로, 아래 삽화예시에 동일한 세 가지 색을 사용하여, 동일한 3구조를 색칠하라. 삽화예시 위에서 주의할 점은, 외측 시상하부는 다른 시상하부 핵에 의해 많이 감추어져 있다.

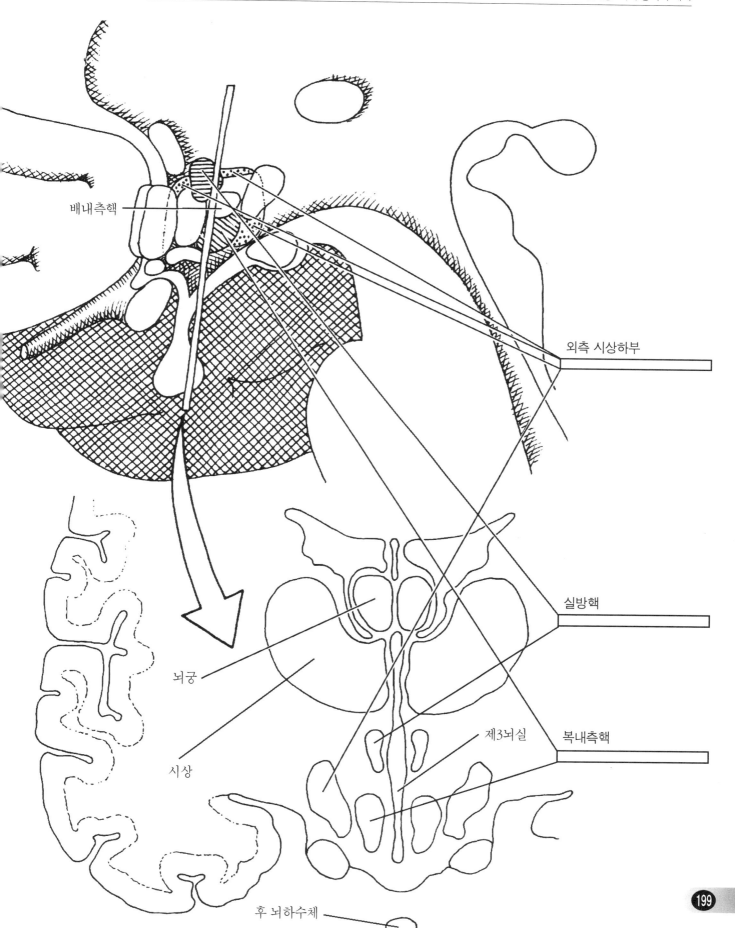

배내측핵

외측 시상하부

실방핵

뇌궁

제3뇌실

복내측핵

시상

후 뇌하수체

2. 뇌궁하 기관과 갈증박탈 유도

극심한 수분박탈은 두 가지 다른 면에서 체액의 불균형을 가져온다. 하나는 혈액량이 감소되어 혈액 감소증(hypovolemia)을 일으키게 되고, 또 하나는 세포막에 삼투압(osmotic pressure)을 증가시켜 세포 밖의 수분을 끌어와 세포 외액에 염분의 농축을 증가시켜 준다는 것이다. 체액균형을 이루는데 이러한 장애로 점점 더 수분감소가 증가되면 생리적 변화를 초래하게 된다. 이러한 장애는 주로 갈증을 유도하는 뇌의 어떤 부위에서 활동하게 된다.

혈액 감소증은 레닌(renin)이라 불리는 호르몬을 방출하여 신장에 영향을 주게 되는데, 이는 혈액에서 합성하는 앤지오텐신 Ⅱ(angiotensin II)에 영향을 준다. 그리고 앤지오텐신 II는 뇌궁하 기관(subfornical organ)에서 활성화되어 갈증을 유도한다. 뇌궁하 기관은 이름이 암시하는 바와 같이 뇌궁 바로 아래 제3뇌실의 천장 중심선을 따라 위치한 뇌의 한 영역이다. 실험동물들에게 뇌궁하 기관 내에 직접적으로 앤지오텐신 II를 미세주사하면 극심한 갈증을 일으킨다.

삼투압 증가는 혈액감소로 갈증을 일으키게 해 주는 기제와는 또 다른 기제로 갈증을 일으킨다. 삼투압이 증가하면 삼투압 수용기(osmoreceptors)라 부르는 뇌의 특수세포에 의해 탐지된다. 삼투압 수용기는 시상하부의 외측 시신경전 영역(lateral preoptic area)에 위치한다. 이 영역에 직접적으로 농축된 염분의 용해를 미세주사하면 실험동물들은 극단적으로 갈증을 일으킨다.

뇌궁하 기관(Subfornical organ)

뇌궁 바로 아래, 제3뇌실의 천장 중심선에 따라 위치한 뇌의 구조로, 여기에는 앤지오텐신 II가 혈액 감소증과 연관하여 갈증을 유도하는 역할을 한다.

외측 시신경전 영역(Lateral preoptic area)

시상하부의 시신경전 영역 외측 절반이며 여기에 갈증을 유도하는 세포 외 염분농축이 증가되어 삼투압수용기가 포함된다.

🔵 **색칠하면서 익히기**

> 첫째, 삽화예시 위에 뇌궁하 기관과 외측 시신경전 영역을 색칠하라. 다음, 삽화예시 아래에 동일한 두 색을 이용하여 동일한 두 구조를 색칠하라. 주의, 내측 시신경전 영역의 위치와 시신경교차상핵, 시교차, 뇌궁 그리고 전교차연결의 위치에 주의하라.

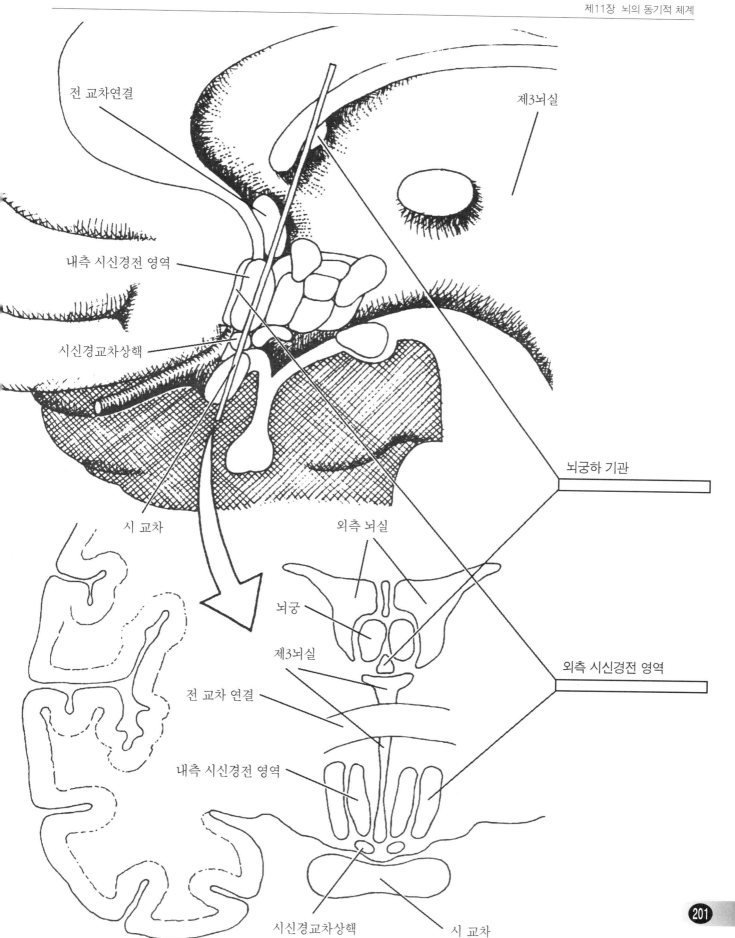

전 교차연결

제3뇌실

내측 시신경전 영역

시신경교차상핵

뇌궁하 기관

시 교차

외측 뇌실

뇌궁

제3뇌실

전 교차 연결

외측 시신경전 영역

내측 시신경전 영역

시신경교차상핵

시 교차

3. 중종뇌 도파민계와 쾌감

자기자극실험을 위해 인간을 포함한 수많은 종족들에게 뇌의 어떤 부위에 전극을 심어 작은 전류를 보내면서 스스로 버튼이나 레버를 누르게 한다. 이런 방법을 **뇌내 자기자극** (Intracranial Self-Stimulation, ICSS)실험이라 한다. 뇌내 자기자극의 연구개발은 쾌감경험과 연관되는 뇌의 영역을 연구하는데 필요한 방법을 제공하여 주기 때문에 매우 중요하다. 뇌내에 쾌감이 자리하고 있다는 이 가정은, 뇌내 자기자극이 피험자가 자연적으로 동기화된 행동(예, 먹고, 마시고, 교미하는 것)에서 쾌감을 경험할 때 정상적으로 활동화 되는 회로의 구성요소임을 지지해 주고 있다.

뇌 내 자기자극을 지지해 주는 뇌의 많은 자리들은 중종뇌 도파민계(mesotelencephalic dopamine system)로 알려졌는데, 이 경로로 확산되거나 혹은 직접 연결되기도 한다. 중종뇌 도파민계의 뉴런은 중뇌 피개 즉 흑질(substantia nigra)이나 흑질 바로 내측에 있는 복측 피개 영역(ventral tegmental area)에서 두 구조 중 하나인 세포체를 갖고 있다. 이들 두 구조의 축색들은 선조체와 기저 전뇌 사이에 위치한 전두피질, 선조체, 중격, 대상피질, 편도체, 그리고 측좌핵(nucleus accumbens)을 포함하고, 다양하게 자리잡은 종뇌쪽으로 확산하여 투사한다. 파킨슨병 사례에서 손상된 흑질선조체 경로(nigrostriatal pathway)는 중종뇌 도파민계의 구성성분이다.

최근 연구들은 약물중독, 성적행동, 식욕 등 자기관리를 포함한 여러 동기화된 행동에서 중종뇌 도파민계가 관여됨을 밝히고 있다. 특히, 측좌핵의 활동은 쾌감경험에서 결정적 역할을 하고 있는 것으로 나타났다.

중종뇌 도파민계(Mesotelencephalic dopamine system, MEEZ oh TEL en se FAL ik)
중종뇌의 피개에서 전두피질, 선조체, 중격, 대상피질, 편도체, 측좌핵 등 여러 가지 종뇌 자리로 투사되는 도파민성 뉴런계.

흑질(Substantia nigra, sub STAN tchee a NYE gra)
피개 핵으로 중종뇌 도파민계로 구성된 많은 뉴런의 세포체를 포함하고 있다.

복측 피개 영역(Ventral tegmental area)
흑질의 복측 피개 내측 영역으로 중종뇌 도파민계로 구성된 많은 뉴런의 세포체를 포함하고 있다.

측좌핵(Nucleus accumbens, a KUM bens)
선조체와 기저전뇌 사이에 위치한 핵; 중종뇌 도파민계의 주요 종말이다.

🔵 색칠하면서 익히기

첫째, 삽화예시 위에 측좌핵, 흑질, 복측 피개 영역 등 세 개의 도파민성 구조를 색칠하라. 삽화예시 위에 이 구조들에 사용한 동일한 색을 이용하라. 마지막으로, 삽화예시 아래에 중종뇌 도파민계의 모든 투사(예, 모든 화살표)를 색칠하라.

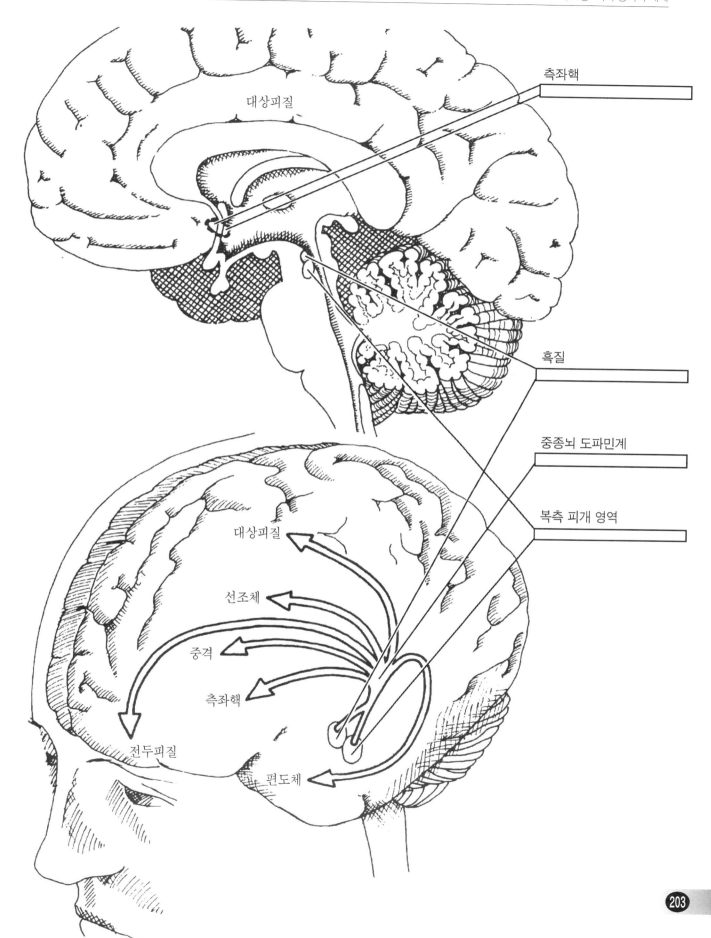

4. 공포와 불안의 신경학적 기제

정서의 신경기저에 관한 많은 연구들은 주로 공포(Fear)와 불안(Anxiety)에 대하여 집중되어 왔다. **공포**는 최근 위협에 절박함을 보이거나 심한 방어반응을 보이는데, 불안은 그보다 약하며, 만성적인 위협예기에 대한 장기적 방어반응을 보인다.

두 개의 종뇌 구조가 공포와 불안을 경험하는 데 관련된다. 하나는 전두엽 표면 아래에 있는 피질 영역으로, **안와전두피질**(orbitofrontal cortex)이다. 이 영역에 손상을 입은 사람과 원숭이는 둘다 공포와 불안을 느끼지 못한다. 그렇다고 늘 이득이 되는 것은 아니다. 공포와 불안을 동기화시키는 힘이 없는 안와전두 환자들은 주어진 과제를 완수하는 데, 계획을 진전시키는 데, 그들이 실수한 원인을 반성하는 데 실패할 것이며 또한 다른 사람들이 어떻게 보는지에 대해서도 무관심하다.

불안과 공포를 경험하는 데 관여하는 또 다른 중요한 종뇌 구조로 **편도체**(amygdala)가 있다. 편도체의 손상은 공포와 불안을 감소시켜 준다. 그래서 편도체에 전기자극을 주게 되면 공포와 불안에 대한 주관적 느낌을 일으키게 되고, 다양한 방어 행동을 이끌어 내고, 그리고 **교감신경계**를 활성화시키게 된다.

다음은 공포와 불안의 신경학적 기제에 관한 견해이다. 안와전두피질은 인지피질처리가 정서를 매개하는 편도체와 기타 변연계구조에 영향을 주는 위치에 있다. 특히 모든 감각계로부터 정보입력을 수용하는 편도체는 공포와 불안감을 특별한 자극에, 그리고 적절한 뇌간 반응회로에 연결시켜 주는 변연구조이다. 이 뇌간회로는 방어반응을 활성화하고 조직화한다. 시상하부(hypothalamus)나 혹은 봉선핵(raphe nuclei)의 전기적 자극은 다양한 연속 방어반응을 촉진시키고(예, 도망, 위협, 방어적 공격 등), 이러한 반응들은 주어진 자극상황이나 그 전극의 위치에 달려 있다.

안와전두피질(Orbitofrontal cortex)
전두엽 표면 아래의 피질(안와는 eye sockets를 의미한다)이며 이것은 변연계에 영향을 주는 피질처리과정으로 생각된다.

편도체(Amygdala, a MIG duh la)
아몬드모양의 변연핵으로 해마 바로 전방, 내측 전두엽에 위치한다. 이것은 공포와 불안의 느낌을 적절한 자극과 방어적 반응에 연결하는 것으로 생각한다.

시상하부(Hypothalamus)
간뇌구조로 시상 전방 바로 하부에 위치한다. 시상하부의 어느 영역에 전기자극을 주면 방어반응을 유발시킨다.

봉선핵(Raphe nuclei, Ra fay)
세로토닉성 핵의 수직시트로 망상체의 중심선을 따라 내려간다. 어느 봉선핵에 전기자극을 주면 방어반응을 유발시킨다.

🔵 색칠하면서 익히기

공포와 불안에 관여하는 주요 전뇌 구조를 색칠하라. 안와전두피질, 편도체, 시상하부. 다음 망상체의 봉선핵을 색칠하라.

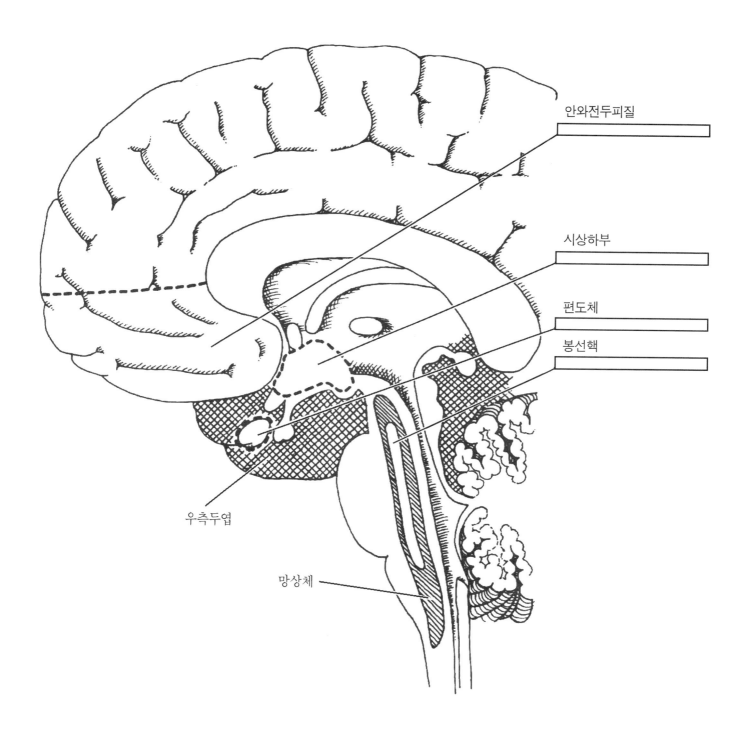

안와전두피질

시상하부

편도체

봉선핵

우측두엽

망상체

5. 망상체와 수면

야간수면은 근본적으로 다른 두 성질을 지니고 있다. 수면의 두 종류 중 가장 일반적인 수면으로 **서파수면**(slow-wave sleep, SWS)은 피질 뇌파검사(electro encephalo gram, EEG)에서 높은 진폭의 서파와 연관된다. 또 하나는 REM(rapid- eye- movement)수면으로 야간에는 REM수면이 4~5주기로 오는데, 이는 대개 10분과 40분 사이에 각각 온다. REM 수면은 눈꺼풀 뒤에서 눈동자가 빠르게 움직이는 것으로 피질 뇌파검사에서 빠른 파장의 낮은 진폭과 연관되며 주요 신체 근육들이 전반적으로 이완되고, 교감신경계가 활성화되고, 꿈을 꾸는 것으로 알려져 있다.

뇌교 망상체(pontine reticular formation) 구조(예, 뇌교 내의 망상체 부분)는 REM수면과 SWS수면 두 가지 역할을 담당한다. **콜린성 효능약제**(cholinergic agonists)를 미세주사하면 신경전달물질인 **아세틸콜린**의 효능을 증가시켜주는 화학물질이 생기는데, 이때 뇌교 망상체에서 직접적으로 REM수면 부분이 증가된다. 더 나아가 뇌교망상체 내 다양한 핵에 전기자극을 주면, REM수면(예, 뇌파검사에서 빠른 파장의 낮은 진폭, 주요 근육이완)과 관련되는 다양한 생리적 반응을 유발시킨다. 이러한 연구 결과 REM수면이 뇌교망상체 내 콜린성 핵의 망상조직에 의해 조절된다는 점을 지적해 주고 있다.

뇌교 망상체에서 두 개의 또 다른 구조로, **청색반점**(locus coeruleus)과 **봉선핵**(raphe nuclei)이 있는데, 서파수면에 관여된다. 청색반점은 뇌교와 중뇌 사이의 경계선 가까이 뇌교 망상체에 위치하는 노르아드레너직(noradrenergic; norepinephrine-releasing)핵이다. 그리고 봉선핵은 망상체 중뇌로 내려가는 세로토너직 핵(serotonergic nuclei)의 수직판이다. 이 두 구조는 서파수면 기간 동안에는 활동하지만, REM수면 동안에는 활동하지 않는다.

즉, 이 점은 뇌교 망상체가 콜린성 회로(cholinergic circuits) 동안에는 REM수면이 용이하고, 그리고 노르아드레너직과 새로토너직 회로 동안에는 서파수면에 용이하다는 것으로 나타났다.

뇌교 망상체(Pontine reticular formation, pon TEEN)
망상체 부분으로 뇌교에 위치한다. 코린성핵(cholinergic nuclei)은 REM수면에서 역할을 하고, 노르아드레너직핵, 세로토너직핵은 서파수면에서 역할을 한다.

청색반점(Locus coeruleus, LOE kus se RULE ee us)
노르아드레너직 뇌교핵(pontine nucleus)은 뇌교와 중뇌 사이의 경계선 가까이 있다. 많은 뉴런들은 서파수면 기간에 활동하고, REM수면기에는 활동하지 않는다.

봉선핵(Raphe nuclei, RA fay)
세로토너직핵의 수직판은 망상체 중심선을 따라 간다. 많은 뉴런들은 서파수면 기간에 활동하고, REM수면기에는 활동하지 않는다.

● **색칠하면서 익히기**

> 첫째, 청색 반점을 색칠하라. 다음, 봉선핵을 색칠하라. 직선을 가로질러 뇌교 외부에 걸친 봉선핵 부분을 색칠하라. 마지막으로, 뇌교 망상체 무색 부분을 색칠하라. 직선 내 망상체의 뇌교 부분만을 색칠하라.

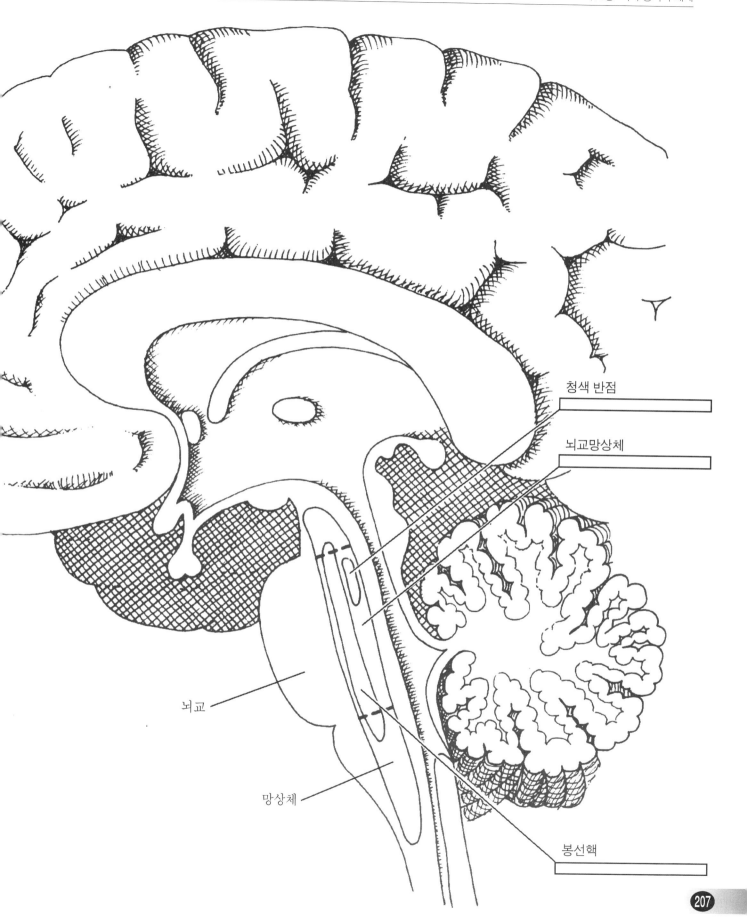

청색 반점

뇌교망상체

뇌교

망상체

봉선핵

6. 시신경교차상 핵과 주기성 리듬

대부분 주거동물의 행동과 생리적 반응은 주기성 리듬(1일 연속 리듬)을 갖고 있다. 대개 **주기성 리듬**(circadian rhythms)은 수면과 각성의 1일 주기가 있는데, 이는 사실상 모든 주거종족에 해당된다.

주기성 리듬은 빛의 변화와 같은 외적 신호를 요구하지는 않는다. 동물들도 출생 후 일정한 실험환경에서 전체적으로 보면 일정한 주기성 리듬이 유지되고 있음을 보여 준다. 외적 신호가 없는 데서도 주기성 리듬이 유지되는 것은 주기성 시계(circadian clock)와 관여됨으로써 생리적 시간기제가 유지됨을 시사해 준다. 주기성 시계는 시상하부의 시신경교차상 핵(suprachiasmatic nuclei) 내 **시신경교차** 바로 위에 위치한다. 시신경교차상핵에 상처를 입으면 모든 주기성 리듬이 깨어지는데, 심지어 밤-낮 주기성 순환의 존재까지도 깨어진다.

일정한 실험조건하에서 각 개인의 주기성 순환은 규칙적이지만, 24시간 이상 지속되기도 한다. 예로 소음실험실에서 빛에 대한 주기성 순환은 26.2시간이나 유지되었다. 대조적으로 자연조건하에서는 주기성 순환 평균이 정확히 24시간이었다. 그들은 환경 속에서 여러 가지 정밀한 시간의 신호(temporal cues)에 동시성이 있었고, 가장 중요한 것은 밤-낮 순환이었다. 주기성 순환의 기간에 자리하는 신호는 주어진 시간을 뜻하는 zeitgebers(밤과 낮의 시간)라 부른다(발음 ZITE gabe es).

밤-낮 시간(zeitgebers)에 어느 뉴런 경로가 주기성 리듬에 영향을 주는가? 답은 망막시상하부 경로의 길이다. 망막시상하부 경로(retinohypothalamic tract)는 시신경의 부분에서 각각의 눈으로 떠나는데, 시신경교차상핵에 양외측으로 투사되어 시신경교차에서 벗어나 갈라진다.

시신경교차상 핵(Suprachiasmatic nuclei)
작은 시상하부 핵의 한쌍이 시신경교차 바로 상부에 위치한다. 즉 주기성 시간 기제의 위치이다.

망막시상하부 경로(Retinohypothalamic tract)
시신경의 부분으로서 각각의 눈으로 떠나는 경로이다. 시신경교차상 핵으로 양외측에서 투사한다. 주기성 리듬에 영향을 주는 밤-낮 순환의 신경 경로이다.

● 색칠하면서 익히기

첫째, 삽화예시 위에 작은 시신경교차상 핵을 색칠하라. 다음, 삽화예시 아래에 동일한 색을 사용하여 시신경교차상 핵을 색칠하라. 마지막으로, 삽화예시 아래에 직선 내에 있는 망막시상하부 경로를 색칠하라. 주의, 망막시상하부 경로의 크기가 과장되어 있음을 고려하여라.

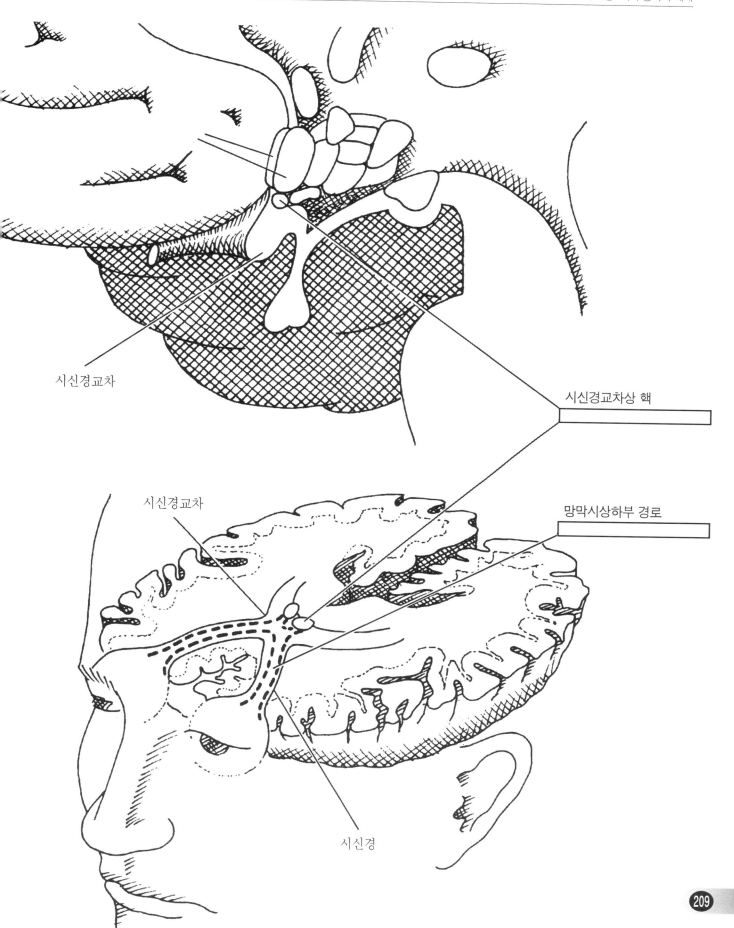

시신경교차

시신경교차상 핵

시신경교차

망막시상하부 경로

시신경

7. 뇌간 성회로

쥐를 실험한 연구에서 **시상하부**는 성욕(짝짓기 행동)을 일으키는 동기로서 중요한 구조임을 시사하고 있다. 암컷의 경우, 시상하부 복내측핵(ventromedial nucleus, VMN)에 전기자극을 주면 성욕(couplation)을 용이하게 하고, 복내측핵에 손상을 입으면 억제되었다. 암컷 성욕의 경우, 복내측핵의 영향은 복내측핵에서 **중뇌수도 주변회백질**(periaqueductal gray)에까지 하행하는 경로에 의해 중개되는 것으로 보인다. 중뇌수도 주변회백질 자체나 이 경로가 파괴되면 암컷의 성욕동기가 제거된다. 중뇌수도 주변회백질은 또한 **통각소실증**(analgesia) 역할을 하기 때문에, 이 기능 중 하나는 짝짓기 행위와 연관되는 통증이 암컷에게서는 감소된다.

대조적으로 수컷에게서 성욕은 시상하부의 내측 시신경전 영역(medial preoptic area)이 성행동의 욕구를 일으켜 주게 된다. 수컷의 경우 내측 시신경전 영역에 전기자극을 주면 성행동의 욕구를 유발하게 되고, 거기에 손상을 입으면 성적 욕구가 폐지된다. 더 나아가 성욕행동은 거세된 수컷에게서도 **테스토스테론**(testosterone)을 내측 시신경전 영역에 미세삽입하여서 원상 복귀시킬 수도 있다. 수컷에게서 성적 행동에 대한 내측 시신경전 영역의 영향은 중뇌의 **외측 피개야**(lateral tegmental field)와 뇌교 망상체의 경로에 의해 중개되어지는 것으로 보이며 이 경로의 파괴는 수컷에게서 성욕행동의 장애를 뜻한다.

암컷과 수컷의 성욕행동에서 시상하부의 여러 영역이 다르게 관여한다는 것, 즉 인간을 포함한 여러 종의 동물들에게도 암컷과 수컷의 시상하부 사이에 해부학적 차이가 있다는 것은 놀라운 일이 아니다. 성 차이에 대한 가장 좋은 기록은 쥐에게 성적으로 이형태핵이 있다는 것이다. 이는 내측 시신경전 영역에 위치하며 암컷보다 수컷에게서 더 강하게 여러 번 있었다. 인간에게서는 성적 이형태핵(sexually dimorphic nucleus)이 명백히 밝혀지지 않았지만, 성적 차이는 시상하부 가까이에서 확인할 수 있었다.

비영장류 포유동물에서 **에스트로겐**(estrogen)과 테스토스테론이 암 수에서 제각각 성욕을 일으킴을 보여 주었다. 인간에게서는 테스토스테론이 양성 모두에게 중요한 호르몬인 것으로 보인다.

복내측핵(Ventromedial nucleus)
복내측 시상하부의 주요 핵으로 암컷 성욕행동에 주요 역할을 한다.

중뇌수도 주변회백질(Periaqueductal gray)
뇌수도 주변의 중뇌 영역으로 복내측핵 경로를 경유하여 암컷 성욕행동에 역할을 한다.

내측 시신경전 영역(Medial preoptic area)
시신경전 시상하부의 내측 영역으로 수컷 성욕행동에 주요 역할을 한다.

외측 피개야(Lateral tegmental field)
제4뇌실 바로 전방에 있는 중뇌와 뇌교 망상체의 영역으로 복내측핵 경로를 경유하여 수컷 성욕행동에 역할을 한다.

성적 이형태핵(Sexually dimorphic nucleus)
내측 시신경전 영역의 핵으로 암컷의 쥐보다 수컷의 쥐에서 더 강하게 여러 번 있었다.

⬤ **색칠하면서 익히기**

> 첫째, 성적 이형태핵을 색칠하라. 다음, 복내측핵을 포함한 내측 시신경전 영역을 색칠하라. 마지막으로, 외측 피개야와 중뇌수도 주변회백질(PAG)을 색칠하라.

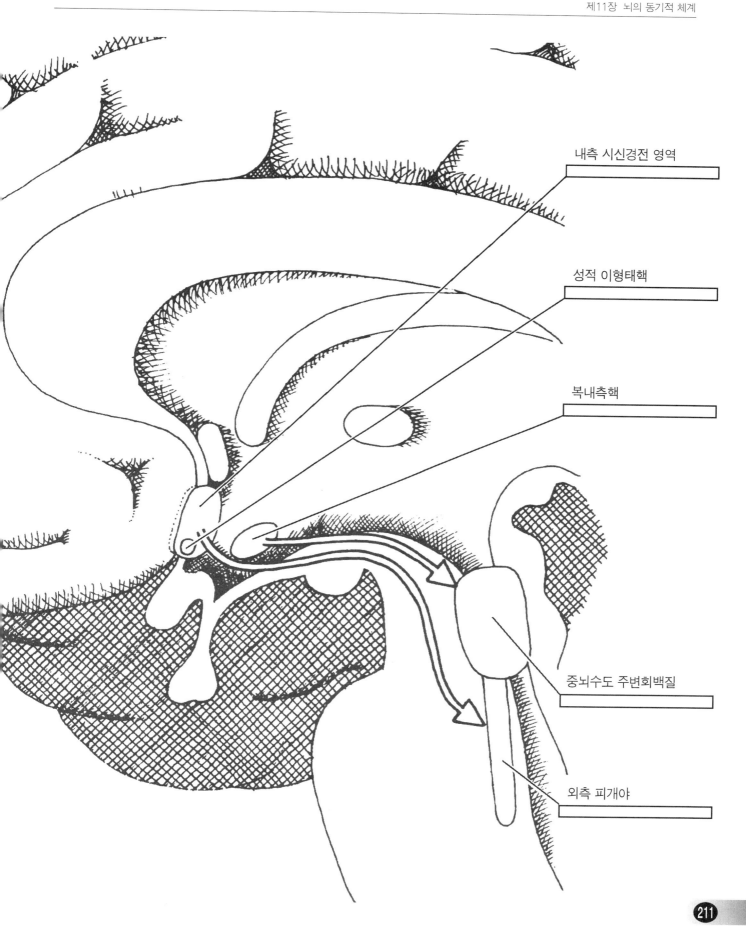

내측 시신경전 영역

성적 이형태핵

복내측핵

중뇌수도 주변회백질

외측 피개야

연습문제

뇌의 동기적 체계

지금 여러분은 잠시 쉬면서, 제11장에서 배운 일곱 개의 학습단위에 대한 용어와 개념들을 정리하여 보라. 여러분들이 쉽게 잊어버리지 않도록 용어들을 여러 번 반복하여 복습하는 것이 매우 중요하다.

연습문제 1

제11장에 있는 7절의 삽화예시로 돌아가서 각 페이지의 오른편 끝에 있는 용어들을 익히는데, 이 책 뒷부분의 겉표지로 용어를 가려 보라. 각 구조의 명칭들을 확실히 알 때까지 일곱 개의 삽화예시를 학습하라. 한 번의 실수도 없이 모든 삽화예시를 철저히 익힌 다음, 연습문제 2로 넘어가라.

연습문제 2

다음 삽화예시에서 빈 칸에 적합한 용어를 채워라. 정답은 책 뒤에 제시되어 있다. 만약 틀렸을 경우, 오답과 관련된 학습내용들을 다시 한 번 살펴보라.

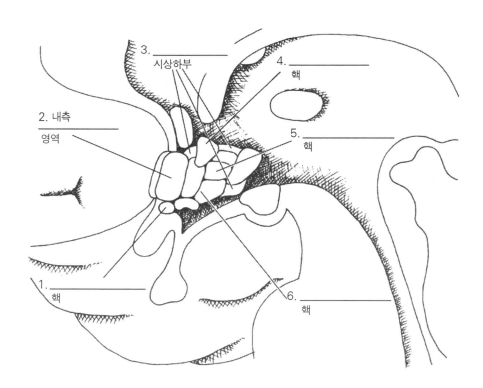

연습문제 3

제11장의 학습내용을 보지 말고, 다음 빈 칸에 알맞은 답을 써 보라. 만약 틀렸을 경우, 오답과 관련된 학습내용들을 다시 한 번 살펴보라. 정답은 책 뒤에 제시되어 있다.

1. 시상하부의 _____ 핵은 포만 중심지로 여겨지며, 시상하부의 _____ 핵은 공복 중심지로 알려졌다.

2. 빛은 _____ 로를 거쳐서 주기성 시계에 영향을 준다

3. 세로토너직 _____ 핵과 노르아드레너직 청색 _____ 뉴런은 서파수면(SWS) 동안에 활성화 된다

4. 앤지오텐신 II는 _____ 기관의 영향으로 갈증을 유발한다.

5. _____ 핵은 방어행동과 서파수면에 관여하는 것으로 여겨진다.

6. 중종뇌 도파민 뉴런의 세포체는 _____ 과 복 _____ 영역에 위치한다.

7. 주기성 시계는 _____ 핵에 위치한다.

8. _____ 피질의 양외측 손상은 공포와 불안을 유발한다.

9. REM수면은 _____ 망상체 내의 콜린성 뉴런에 의해 조절된다.

10. _____ 는 변연계에 위치해 있고, 공포가 특유의 감각자극과 연결되어 있다고 생각되는 곳이다.

11. 삼투압 증가는 외측 _____ 영역에 있는 삼투압수용기로 탐지된다.

12. _____ 시상하부의 손상은 운동행동에 장애를 일으키고 또 감각자극에 일반적으로 무감각해진다.

13. 서파수면은 _____ 수면기에 의해 중단된다.

14. _____ 신경계의 활성화는 공포 및 불안감과 관련된다.

15. 복내측핵의 큰 손상 중 어느 정도의 영향은 _____ 핵에서부터 그 영역을 통과하는 섬유에 외상을 입은 결과이다.

16. 측좌핵은 _____ 도파민계의 중요한 종말이다

17. 시상하부의 _____ 핵의 큰 양외측 손상은 혈당을 지방으로 전환하는 것을 촉진시키고 또 지방이 다시 혈당으로 전환하는 것을 차단함으로서 식욕을 증가시킨다.

18. 혈액량 감소증(hypovolemia)은 신장으로부터 레닌 방출을 유도하고, _____ 의 혈액 합성을 증가시킨다.

19. 암수 교미행동을 맺어주는 시상하부 경로의 표적위치는 각각, _____ 과 _____ 야이다.

20. 흑질은 중뇌의 _____ 에 위치한다.

21. 봉선핵, 편도체, 혹은 _____ 의 일부 영역에 전기자극을 주면 방어행동을 유발한다.

연습문제 4

아래 알파벳 순서는 제11장에서 배운 모든 용어와 정의들의 목록들이다. 이 페이지의 정의 부분을 가리고, 그 용어들을 따라내려 가면서 정의를 명확히 익혀 나가라. 이 과정에서도 한번의 실수도 없을 때까지 목록을 철저히 되풀이하라. 그런 다음에, 용어를 가리고 나서 정의내용들을 읽은 다음 정확한 용어로 말해 보라. 이런 과정들을 철저히 반복하면서 학습하도록 하라.

• Amygdala(편도체)	아몬드(편도)모양의 변연핵으로 해마 바로 전방, 내측 전두엽에 위치한다. 이것은 공포와 불안의 느낌을 적절한 자극과 방어적 반응에 연결하는 것으로 생각한다.
• Hypothalamus(시상하부)	간뇌구조로 시상 전방 바로 하부에 위치한다. 시상하부의 어느 영역에 전기자극을 주면 방어반응을 유발시킨다.
• Lateral hypothalamus (외측 시상하부)	시상하부의 큰 외측 영역으로 이 영역에 큰 양외측 손상은 여러 가지 운동장애를 일으키고, 자극에 둔감해진다.
• Lateral preoptic area (외측 시신경전 영역)	시상하부의 시신경전 영역의 외측 절반이며; 여기에 세포외 염분농축이 증가되어 갈증을 유도하는 삼투압수용기가 포함된다.
• Lateral tegmental field (외측 피개야)	제4뇌실 바로 전방에 있는 중뇌와 뇌교 망상체의 영역으로 복내측핵 경로를 경유하여 수컷 성욕행동에 역할을 한다.
• Locus coeruleus(청색반점)	노르아드레너직 뇌교핵(pontine nucleus)은 뇌교와 중뇌 사이의 경계선 가까이 있다. 많은 뉴런들은 서파수면 기간에 활동하고, REM수면기에는 활동하지 않는다.
• Medial preoptic area (내측 시신경전 영역)	시신경전 시상하부의 내측 영역은 수컷 성욕행동에 주요 역할을 한다.
• Mesotelencephalic dopamine system(중종뇌 도파민계)	중종뇌의 피개에서 전두피질, 선조체, 중격, 대상피질, 편도체, 측좌핵 등 여러 가지가 종뇌 자리로 투사되는 도파민성 뉴런계.
• Nucleus accumbens(측좌핵)	선조체와 기저전뇌 사이에 위치한 핵 ; 중종뇌 도파민계의 주요 종말이다.

- Orbitofrontal cortex(안와전두피질) 전두엽 표면 아래의 피질(안와는 eye sockets를 의미한다)로 이것은 변연계에 영향을 주는 피질진행으로 생각된다.

- Paraventricular nucleus(실방핵) 시상하부의 배내측 영역 내 핵으로 배내측핵 바로 위에 있다. 복내측 시상하부를 통해 투사되는 섬유나 이 핵의 양외측 손상은 과식과 비만을 초래한다.

- Periaqueductal gray
(중뇌수도 주변회백질) 뇌 수도 주변의 중뇌 영역으로 복내측핵 경로를 경유하여 암컷 성욕행동에 역할을 한다.

- Pontine reticular formation
(뇌교 망상체) 망상체 부분으로 뇌교에 위치한다. 코린성핵(cholinergicnuclei)은 REM수면에서 역할을 하고, noradrenergic, serotonergic핵은 SWS에서 역할을 한다.

- Raphe' nuclei(봉선핵) 망상체의 중심선을 따라 내려가는 세로토닌성 핵의 수직시트 ; 어느 봉선핵에 전기자극을 주면 방어반응을 유발시키고, 많은 뉴런들은 서파수면 기간에 활동하고, REM수면기에는 활동하지 않는다.

- Retinohypothalamic tract
(망막시상하부 경로) 시신경의 부분으로서 각각의 눈으로 떠나는 경로이다. 시신경교차상핵에 양외측으로 투사한다. 주기성 리듬에 영향을 주는 밤-낮 순환의 신경 경로이다.

- Sexually dimorphic nucleus
(성적 이형태핵) 내측 시신경전 영역의 핵으로 암컷의 쥐에서 보다 수컷의 쥐에서 더 강하게 여러 번 있었다.

- Subfornical organ(뇌궁하 기관) 뇌궁 바로 아래, 제3뇌실의 천장 중심선에 따라 위치한 뇌의 구조로, 여기에는 앤지오텐신 II가 혈액량 감소증과 연관하여 갈증을 유도하는 역할을 한다.

- Substantia nigra(흑질) 피개핵으로 중종뇌 도파민계로 구성된 많은 뉴런의 세포체를 포함하고 있다.

- Suprachiasmatic nuclei
(시신경교차상핵) 작은 시상하부 핵의 한쌍이 시신경전교차 바로 상부에 위치한다. 즉 주기성 시간 기제의 위치이다.

- Ventral tegmental area
(복측 피개 영역) 흑질의 복측 피개 내측 영역으로 중종뇌 도파민계로 구성된 많은 뉴런의 세포체를 포함하고 있다.

- Ventromedial nucleus(복내측핵) 시상하부의 복내측 영역의 주요 핵으로 이 핵의 큰 양외측 손상은 혈당을 비만으로 전환시키는 것을 촉진시켜 줌으로써 과식과 비만증으로 이루어진다. 또 암컷 성욕행동에 주요 역할을 한다.

언어와 사고의 피질 위치

제 12 장

이제 이 책은 언어와 사고의 신경해부에 관한 설명을 함으로써 마무리지을까 한다. 인간에게 이 두 가지는 가장 복잡한 심리과정을 지니고 있다.

비록 인간들만이 사고하고 언어를 사용할 수 있는 유일한 종족이 아니라 할지라도, 다른 종족들을 훨씬 능가하는 언어와 사고에 관한 인간의 잠재성은 영장류에게 숨겨진 가장 큰 비밀이다. 결론적으로, 신경과학자들은 인간 외 다른 종족들을 실험 통제하여 언어와 사고에 관한 신경학적 근거를 직접적 탐색할 수가 없었다. 또한 인간을 대상으로 하는 신경증 환자에 관한 임상연구들은 크게 제한될 수밖에 없었다. 그럼에도 불구하고, 언어와 사고에 대한 실질적인 발달은 최근에 와서야 신경학적 근거를 밝혀 이해할 수 있게 되었다. 살아 있는 인간 뇌의 기능과 구조를 연구해 볼 수 있는 새로운 기술들이 계속 발달됨에 대하여 고맙게 생각한다.

다음은 제12장에서 다루게 되는 각 절의 내용이다.

1. 언어의 베르니케-거쉬빈트 모델
2. 읽기에 관여되는 피질 영역: 양전자 사출 단층촬영에 의한 지도
3. 대상명칭에 관여되는 피질 영역: 자극에 의한 지도
4. 사고에 관여되는 피질 영역: 혈류측정에 의한 지도
5. 전전두피질 손상에서 인지적, 사회적, 그리고 정서적 효과

1. 언어의 베르니케-거쉬빈트 모델

언어에 대한 베르니케-거쉬빈트 모델(Wernicke-Geschwind Model)은 1965년에 제안되었다. 베르니케-거쉬빈트 모델은 대뇌 좌피질의 특정 영역에서 언어와 관여되는 다양한 과정들을 밝혀 내어 언어연구에 기여하였다. 드물게는 대뇌 우피질 특정 영역의 손상에서도 언어장애가 있었다. 베르니케-거쉬빈트 모델은 비록 여러 관점에서 부정확한 면이 없지 않으나 **실어증**(뇌 손상으로 유발된 언어기능장애) 치료와 연구에 기틀을 제공해 주었다.

베르니케-거쉬빈트 모델에 따르면 좌반구의 다음 7영역이 언어활동에 관여하고 있다고 밝혔다. (1) 일차 **청각피질**은 말로 하는 단어를 듣는 것을 중재한다. (2) 일차 **시각피질**은 쓰여진 단어를 보는 것을 중재한다. (3) **일차 운동피질**의 입과 목의 영역은 언어의 운동반응을 중재한다. (4) 일차 청각피질 좌측두엽 바로 후방에 베르니케 영역(wernicke's area)은 언어를 이해하는 것을 중재한다. (5) 측두엽 가장자리에 위치한 좌 각회(angular gyrus), 두정엽회는 청각부호로서 쓰여진 단어의 모양을 번역하고, 이해를 위해 베르니케 영역을 지난다. (6) 일차 운동피질의 입부위 바로 전방에 좌전두엽 부위에 브로카 영역(Broca's area)은, 언어생산 프로그램을 저장하는 곳으로 인접한 일차 운동피질 활동에 의해 말을 생산해 낸다. (7) 브로카 영역과 베르니케 영역을 연결해주는 주요 경로인 궁상속(弓狀束, arcuate faciculus)은 베르니케 이해 중심지에서 브로카 영역의 언어 프로그램을 활성화시켜서 말을 할 수 있게 한다.

베르니케-거쉬빈트 모델에 따르면, 우리가 글을 보고 큰소리로 읽을 때 이런 과정들이 일어난다는 것이다. 시각신호는 일차 시각피질에서 글을 수용하고 이해를 위해 베르니케 영역으로 전도되어 청각부호로 전환하는 곳인 좌반구 각회로 전도된다. 베르니케 영역에서 활성화되면 브로카 영역에서 적절한 언어 프로그램들이 좌궁상 속을 경유하여 일차 운동피질의 입 영역으로 보내져 말을 생산하게 된다.

베르니케 영역(Wernicke's area, VER ni keys)
일차 청각피질 바로 후방에 좌반구 상 측두피질 영역으로, 베르니케-거쉬빈트 모델에 따르면 언어 이해력의 중심지이다.

각회(Angular gyrus, ANG gyu lar)
측두엽 경계에 위치한 두정엽회이며 베르니케-거쉬빈트 모델에 따르면, 좌반구 각회는 청각부호로 쓰여진 단어모양을 번역하는 곳이다.

브로카 영역(Broca's area, BROE kahz)
일차 운동피질 입부위 바로 전방에 있는 좌 전두피질 영역으로, 베르니케-거쉬빈트 모델에 따르면 언어로 표현하기 위한 운동 프로그램들이 들어 있다.

궁상 속(Arcuate fasciculus, AR kyu ate fa SIK yu lus)
브로카 영역과 베르니케 영역을 연결하는 큰 경로이다.

● **색칠하면서 익히기**

> 직선 내의 Wernicke-Geschwind 영역 네 개의 표지를 각각 색칠하라. 주의, 그외 다른 세 개의 Wernicke-Geschwind 영역인 일차 운동피질, 일차 청각피질, 그리고 일차 시각피질 영역의 위치를 익혀라.

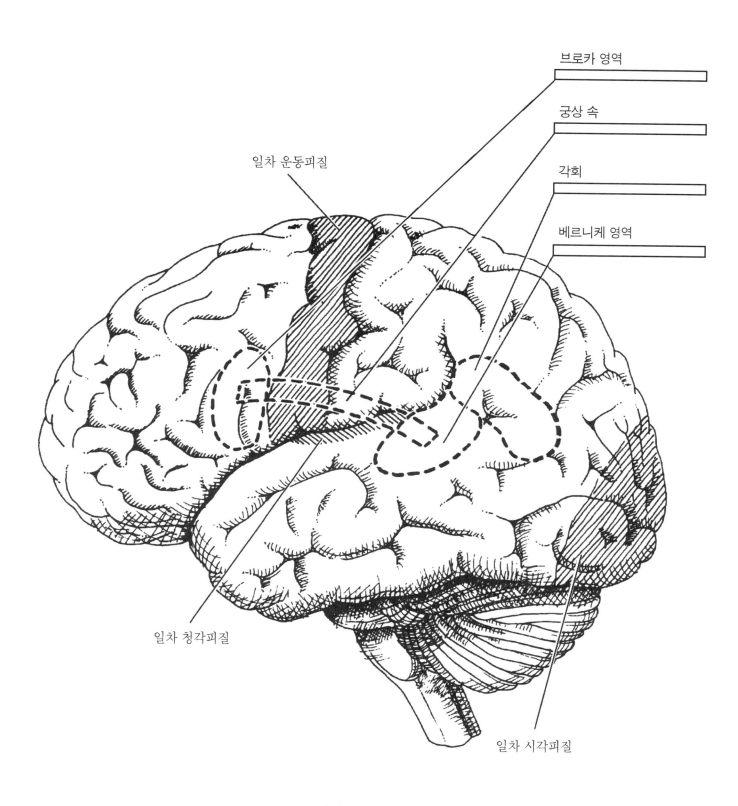

브로카 영역

궁상 속

각회

베르니케 영역

일차 운동피질

일차 청각피질

일차 시각피질

2. 읽기에 관여되는 피질 영역 : 양전자 사출 단층촬영에 의한 지도

처음 언어피질 장소에 대한 베르니케-거쉬빈트 모델은 뇌 외상을 입은 느슨하고 빈약한 신경과 환자를 분석한데 근거한다. 현대에 와서 뇌 주사기법(brain scanning techniques)을 이용하여 연구한 결과 베르니케-거쉬빈트 모델의 주장 중 일부가 일치하지 않는다고 하여 놀라울게 없다.

여러 연구들을 통하여, 언어활동과 관련된 인간 뇌의 피질 영역을 지도로 그려냈는데 주로 양전자 사출 단층촬영(Positron Emission Tomography, PET)을 이용하였다. Petersen과 그의 동료들(Nature, 1988, 331 ; 585-589)은 먼저 피험자들에게 스크린에 펼쳐지는 빈 공간을 응시하게 하는 방법으로 연구하였는데, 인쇄된 명사가 제시되는 스크린을 응시하게 하고, 인쇄된 명사를 큰 소리로 읽게 하는 동안에도 스크린을 응시하게 하고, 또 명사와 관련되는 동사(예, 고양이-먹다)에 반응하는 동안에도 스크린을 응시하게 하였다. 이렇게 스크린을 응시하는 피험자들의 PETscan을 기록하였다. 명사는 일차 시각피질(primary visual cortex)에서 양외측 활동이 생산됨을 관찰할 수 있었는데, 피험자가 단순히 빈 스크린을 응시할 때는 나타나지 않았다. 인쇄된 명사를 큰 소리로 읽으면 일차 운동피질(primary motor cortex), 일차 체성감각피질(primary somatosensory cortex), 일차 청각피질(Primary auditory cortex), 그리고 내측 전두피질(medial frontal cortex)에서 더 추가하여 양외측 활동이 생산되었다. 마지막으로, 인쇄된 명사를 동사와 관련되어 말하는 반응은 양반구 내측 전전두피질(medial prefrontal cortex)에서 또 브로카 영역의 바로 정면 좌반구의 외측 전전두피질(lateral prefrontal cortex)에서 더 추가하여 활동을 생산하였다. 삽화예시 도해의 설명은 좌반구 외측피질에서 관찰한 결과이다.

Petersen 등의 연구 결과는 여러 가지 면에서 베르니케-거쉬빈트 모델에 도전하고 있다. 예를 들어, 세 가지 실험조건은 좌편만이 아닌 양반구에서 활동하고 있는데 베르니케 영역, 브로카 영역, 각회 이렇게 3조건에서만 활동하는 게 아니었다. 즉 베르니케-거쉬빈트 모델에 포함되지 않은 피질 영역에서도 활성화되었다(예, 내측피질).

일차 시각피질(Primary visual cortex)
시상에서 직접 시각 입력으로 수용되는 피질 영역으로 후두엽에서 많이 구성된다.

일차 운동피질(Primary motor cortex)
뇌간과 척수의 운동회로에서 하행하는 운동신호의 피질 영역으로 중심전회 대부분으로 구성된다.

일차 체성감각피질(Primary somatosensory cortex)
시상에서 직접 체성감각 입력으로 수용되는 피질 영역으로 중심후회 대부분으로 구성된다.

일차 청각피질(Primary auditory cortex)
시상에서 직접 청각입력으로 수용되는 피질 영역으로 외측 열내에 보이는 크게 감추어진 측두엽 상부에 위치한다.

외측 전전두피질(Lateral prefrontal cortex)
외측 전전두엽 피질, 좌 외측 전전두엽 피질은 단어연상 형성에서 역할을 하는 것으로 보인다.

● **색칠하면서 익히기**

이 학습단위에서는 직선 사이에 공간은 색칠하지 마라. 관찰된 활동증가를 정확히 지적하고 있는 곳, 표시된 영역 내에 기하도형 모양에만 색칠하라. 첫째, 동일한 색을 이용하여 외측 전전두 영역 내에 세 개의 사각형을 색칠하라. 다음, 다른 색을 이용하여 일차 시각피질 내에 삼각형을 색칠하라. 마지막으로, 세 가지 다른 색을 이용하여 일차 운동피질에서 두 개의 원, 일차 체성감각피질에서 한 개의 원, 그리고 일차 청각피질에서 한 개의 원을 각각 색칠하라.

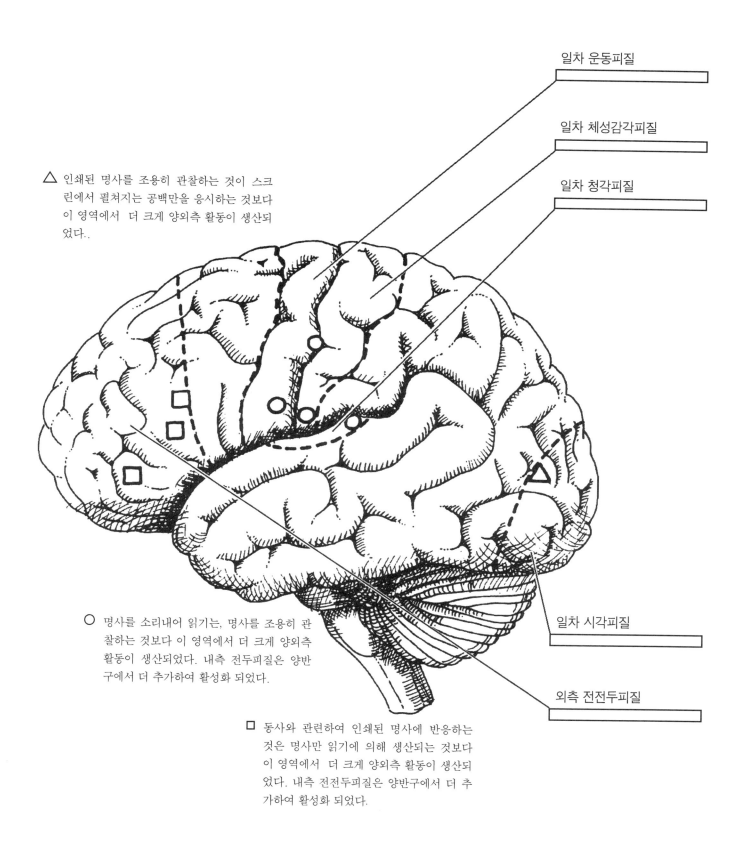

일차 운동피질

일차 체성감각피질

일차 청각피질

△ 인쇄된 명사를 조용히 관찰하는 것이 스크
린에서 펼쳐지는 공백만을 응시하는 것보다
이 영역에서 더 크게 양외측 활동이 생산되
었다..

일차 시각피질

외측 전전두피질

○ 명사를 소리내어 읽기는, 명사를 조용히 관
찰하는 것보다 이 영역에서 더 크게 양외측
활동이 생산되었다. 내측 전두피질은 양반
구에서 더 추가하여 활성화 되었다.

□ 동사와 관련하여 인쇄된 명사에 반응하는
것은 명사만 읽기에 의해 생산되는 것보다
이 영역에서 더 크게 양외측 활동이 생산되
었다. 내측 전전두피질은 양반구에서 더 추
가하여 활성화 되었다.

3. 대상명칭에 관여되는 피질 영역 : 자극에 의한 지도

뇌 기능 위치에 대한 연구방법으로 사용하는 PET주사의 약점 중 하나가 공간위치를 알려 줄 해결력이 낮다 라는 점이다. 신경활동 증가를 통해 그 대상과 관련된 일반 영역의 위치는 알려 주지만, 그 위치가 정확히 어디인지를 지적해 줄 수는 없다. 이것은 전기자극의 절차상의 문제가 아니다. 여러 연구를 통해 피질표면의 특수 지점에 신경수술을 하는 동안 (의식이 있는 환자에게) 전기자극을 주었는데, 언어에서는 언어 부위로 기록된 여러 위치에 자극을 주었더니 관련이 불충분하였다.

이 같은 연구에서 두 가지 중요한 결과를 볼 수 있었다. 첫째, 특별한 언어기능을 수행하는 피질조직은 특별한 피질 영역을 통하여 균일하게 분배되지 않다는 점이다. 즉 특별한 언어기능을 수행하는 피질조직은 큰 피질 영역 도처에 분산되어 있는 멀리 떨어진 피질조직에도 위치한다는 점이다. 둘째, 특별한 언어기능에 참여하는 피질 영역은 피험자에 따라 크게 다양하다는 점이다. 즉 공간위치 해결의 부족이라든가 혹은 집단평균치에 기저를 둔다든가 하는 연구방법들은 개인의 언어절차에 관여하는 자세한 피질 조직에 대해 많은 근거 자료들을 제공해 주지 못한다는 점이다.

한 연구에서 Ojeman과 그의 동료들(Journal of Neurosurgery, 1989, 71;316-326)은 신경수술을 받은 117명의 환자들에게서 평범한 대상의 명칭 붕괴에 대하여 전기자극으로 그 능력을 평가하였다. 평가 결과, 활동적인 위치의 대부분은 후전두피질(posterir frontal cortex), 하두정피질(inferior parietal cortex), 상측두피질(superior temporal cortex)에 위치하였다. 여하튼, 많은 환자들에게서 전형적인 베르니케와 브로카 영역 모두가 활성화된 자리는 아니었다. 두 명의 특별한 환자를 통해, 삽화예시에서 대상명칭에 장애가 없는 곳은 (●)표로, 장애가 있는 곳은 (○)표로 자극자리의 일반적인 위치를 표시하였다.

후전두피질(Posterir frontal cortex)
후전두엽의 피질로 중심열에 인접한 전두피질 영역.

하두정피질(Inferior parietal cortex)
하두정엽의 피질로 외측열 바로 상부의 두정피질 영역.

상측두피질(Superior temporal cortex)
상 측두엽의 피질로 외측열 바로 하부의 측두피질 영역.

🔵 색칠하면서 익히기

첫째, 직선 내에 있는 삽화예시 위에 피질 영역을 색칠하라. 다음, 아래에 두 개의 삽화예시 양성 자극자리를 색칠하라. 삽화예시 위에서 피질 영역의 칼라로 각 양성적인 자리(Positive site)를 색칠하라.

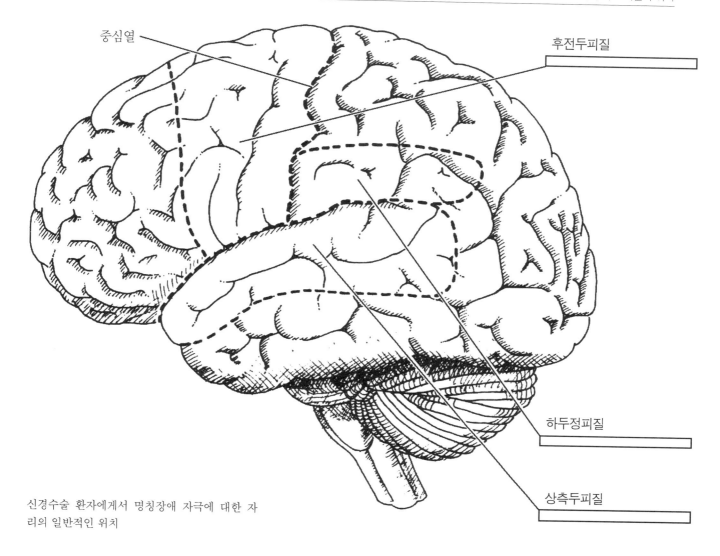

중심열

후전두피질

하두정피질

상측두피질

신경수술 환자에게서 명칭장애 자극에 대한 자리의 일반적인 위치

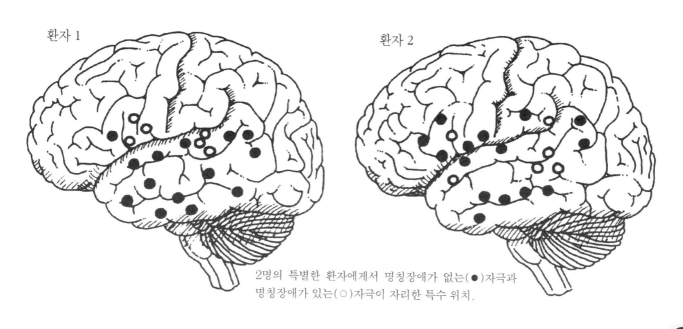

환자 1

환자 2

2명의 특별한 환자에게서 명칭장애가 없는(●)자극과
명칭장애가 있는(○)자극이 자리한 특수 위치.

4. 사고에 관여되는 피질 영역 : 혈류측정에 의한 지도

뇌 영역에서 혈액의 흐름은 그 영역이 활동할 때 증가된다. 즉 특별한 심리과정(예, 어떤 생각이 떠오를 때)과 관련하여 뇌 활동을 측정하는 한 방법으로, 피험자가 사고과정에 관여하는 동안 뇌에서 혈액이 분배되는 양을 측정한다. 뇌 반구 피질에서 혈액이 분배되는 것을 측정하려는 한 연구방법으로, 뇌 반구 내 경동맥(carotid artery) 공급에 가벼운 방사능 물질을 주사하고, 그리고 두개골에 있는 방사능 탐지층의 피질에서 방사능 분배를 측정한다. 이 기법은 사고의 연구에서 Roland와 Fiberg(Journal of Neurophisiology, 1985, 53, 1219-1243)에 의해 사용되었다.

Roland & Fiberg연구에서 피험자들은 대뇌피질에서 혈액분배를 측정하는 동안에 3종류의 생각을 하도록 지시를 받았다. 첫째 조건에서는 연속적으로 50에서 수를 3씩 거꾸로 계산하여 생각하게 하였다. 둘째 조건에서는 잘 알려진 징글벨에서 매번 두번째 단어에 대해 생각하게 하고, 셋째 조건에서는 그들이 만나는 방문객들이 각각 좌우로 번갈아 바꾸어 가며 정문을 걸어 나오는 것을 생각하게 하였다. 실험 결과, 사고생산의 각 유형은 피질혈액흐름이 쉬고 있는 피험자의 통제조건에서 측정한 것 이상으로 증가되었다.

사고의 3유형 모두가 상전전두피질(superior prefroutal cortex) 양외측에서 활동이 유의하게 증가되었고, 일차 운동 혹은 감각 영역에서는 모두 증가되지 않았다. 그리고 사고생산의 3유형은 각각 사고의 다른 유형에 영향을 주지 않는 영역에서 활동이 증가되었다. 예를 들어, 사고생산의 통로가 하전전두피질(lnferior prefroutal cortex), 후두정피질(posterior parietal cortex), 그리고 하측두피질(lnferior temporal cortex)에서의 활동들은 양외측에서 선택적으로 증가되었다.

상전전두피질(Superior prefrontal cortex)
상전전두엽 피질.

하전전두피질(Inferior prefrontal cortex)
하전전두엽 피질

후두정피질(Posterior parietal cortex)
후두정엽 피질

하측두피질(Inferior temporal cortex)
하측두엽 피질

● **색칠하면서 익히기**

> 첫째, 사고의 여러 종류들과 관여되는 영역인 상전전두피질을 색칠하라. 다음, 특수한 사고 흐름으로 보이는 3영역을 색칠하라.

상전전두피질

하전전두피질

후두정피질

양외측에서 생산된 사고의 3유형(예, 사고흐름,
거꾸로 세기, 징글벨로 알려진 단어 바꾸기에
대한 사고)은 여기서 혈액흐름이 증가된다.

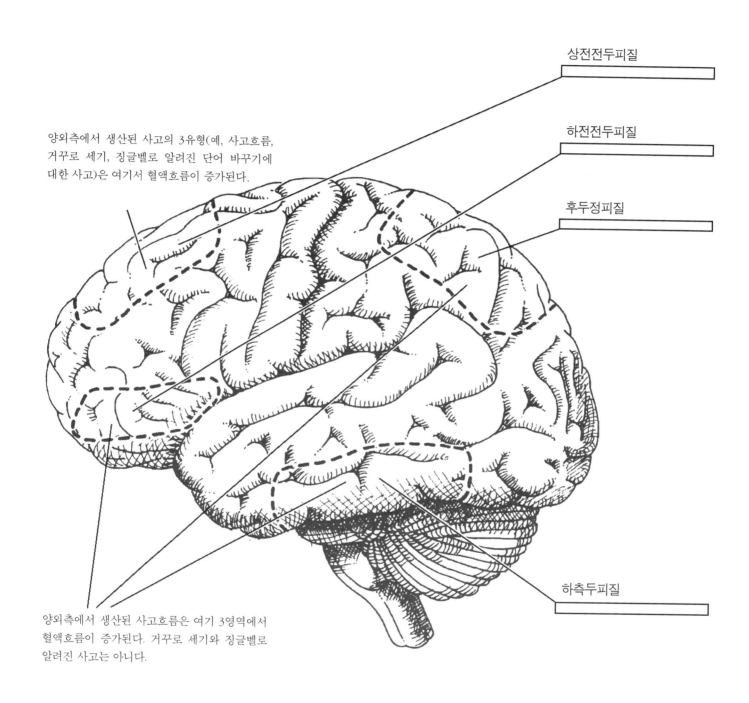

하측두피질

양외측에서 생산된 사고흐름은 여기 3영역에서
혈액흐름이 증가된다. 거꾸로 세기와 징글벨로
알려진 사고는 아니다.

5. 전전두피질의 손상에서 인지적, 사회적 그리고 정서적 효과

일차와 이차 운동피질 앞에 전두피질의 큰 영역이 전전두피질(prefrontal cortex)이다. 흔히 전전두피질은 지능이 자리한 곳으로 알려져 있지만, 전전두에 큰 손상을 입은 환자에게 일반적인 지능검사를 시행해 보면 검사를 수행하는 능력이 거의 없거나 혹은 그 능력의 효과가 크게 떨어지지 않기도 하다. 여하튼, 적절히 고안된 검사를 시행하여 보면 여러 가지 주요 결함들을 보이고 있는데, 이는 외상을 입은 전전두피질 특수 영역의 크기 정도에 따르고 있다.

전전두피질은 세 개의 큰 영역을 갖고 있다. 즉 전운동피질 바로 정면 외측 표면상에 위치한 배외측 전전두피질(dorsolateral prefrontad cortex), 전두극(예, 뇌의 전방 끝)과 안와(예, 안구) 바로 다음에 전전두엽 표면 하부에 위치한 안와 전두피질(orbitofrontal cortex), 그리고 대상회의 전방 부분을 포함하고 있는 내측 전전두피질(medial prefrontad cortex)이다.

배외측 피질에 외상을 입으면 흔히 창조적 사고에서 결핍이 오고, 또 사건 자체는 알지만 사건 때의 시간적 순서를 모르는 결함을 보이기도 하고, 또 이전에는 정확한 반응을 보이다가 부정확한 반응을 억제하지 못하는 결함을 보이고, 그리고 활동 계획을 짜서 그에 따라 진행 시키는데서 결핍이 오게 된다. 안와 전두피질의 외상은 뚜렷한 성격변화를 가져온다. 특히 사회적으로 수용되는 방식으로 일정하게 처신해야 하는데, 부적절한 행동을 잘 억제하지 못한다. 내측 전전두피질의 외상은 정서적 감정 둔마를 가져 온다. 대부분 사람이 심한 긍정적 혹은 부정적 정서를 일으키는 사건에 대하여 내측 전전두피질에 외상을 입은 환자는 약간만 긍정적 혹은 부정적 감정 반응을 보일 뿐이다.

배외측 전전두피질(Dorsolateral prefrontal cortex)

전전두엽의 외측 표면상에 큰 영역, 이는 시간적 순서, 반응의 연속성, 반응 억제, 창조적 사고 등에 대한 기억역할을 한다.

안와 전두피질(Orbitofrontal cortex)

전전두엽의 전극과 표면 하부에 전전두피질의 큰 영역으로 이 영역에 손상을 입으면 흔히 부적절한 사회적 행동을 하게 된다.

내측 전전두피질(Medial prefrontal cortex)

전전두엽 내측 표면에 전전두피질의 영역으로 이 영역에 손상을 입으면 감정 둔마를 일으킨다.

● 색칠하면서 익히기

> 첫째, 삽화예시 위에(내측 안와전두)와 아래(외측 안와전두)에서 보여 주는 안와 전두피질을 색칠하라. 다음, 삽화예시 위에 내측 전전두피질을 색칠하고, 아래에 배외측 전전두피질을 색칠하라.

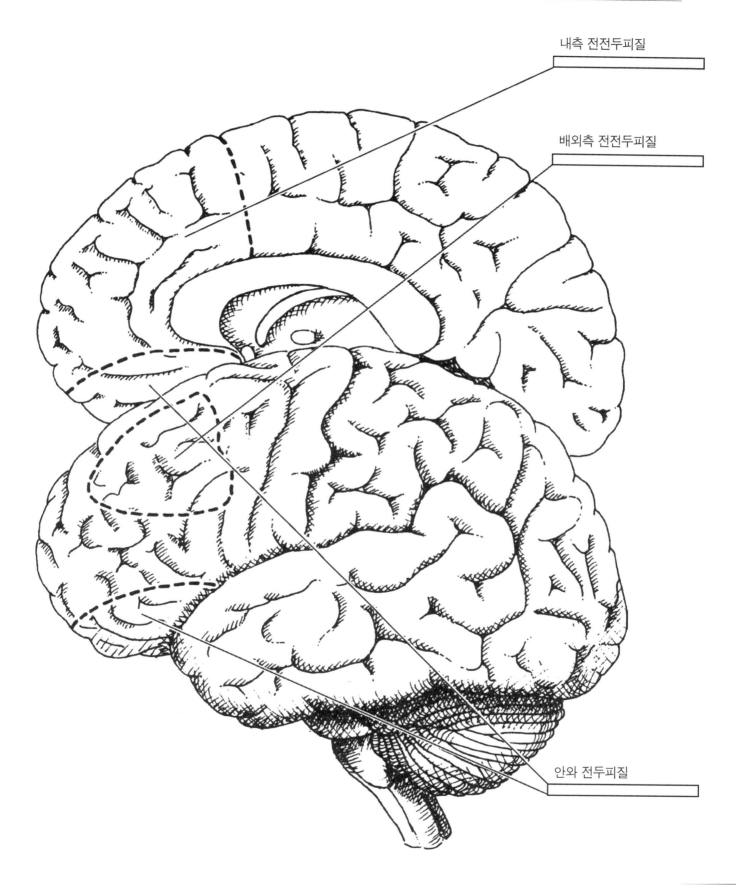

내측 전전두피질

배외측 전전두피질

안와 전두피질

연습문제

언어와 사고의 피질 국재화

지금 여러분은 잠시 쉬면서, 제12장에서 배운 다섯 개의 학습단위에 대한 용어와 개념들을 정리하여 보라. 여러분들이 쉽게 잊어버리지 않도록 용어들을 여러 번 반복하여 복습하는 것이 매우 중요하다.

연습문제 1

제12장에 있는 5절의 삽화예시로 돌아가서, 각 페이지의 오른편 끝에 있는 용어들을 익히는데, 이 책 뒷부분의 겉표지로 용어를 가려 보라. 각 구조의 명칭들을 확실히 알 때까지 다섯 개의 삽화예시를 학습하라. 한 번의 실수도 없이 모든 삽화예시를 철저히 익힌 다음, 연습문제 2로 넘어가라.

연습문제 2

다음 삽화예시에서 빈칸에 적합한 용어를 채워라. 정답은 책 뒤에 제시되어 있다. 만약 틀렸을 경우, 오답과 관련된 학습내용들을 다시 한 번 살펴보라.

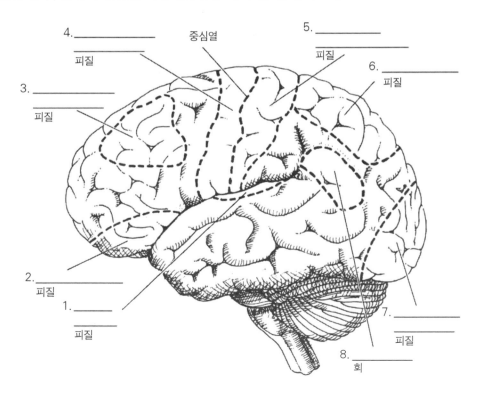

연습문제 3

제12장의 학습내용을 보지 말고, 다음 빈칸에 알맞은 답을 써 보라. 만약 틀렸을 경우, 오답과 관련된 학습내용들을 다시 한 번 살펴보라. 정답은 책 뒤에 제시되어 있다.

1. 언어에 대한 베르니케-거쉬빈트 모델은 19 _____ 대 중반에 제안되었다.

2. _____ 반구 손상으로는 언어와 관련된 능력의 장애는 거의 일어나지 않는다.

3. 베르니케-거쉬빈트 모델에 의하면, _____ 회가 읽은 단어를 청각부호로 옮겨 준다.

4. _____ 속(束)은 베르니케와 브로카 영역을 연결한다.

5. 일차 _____ 피질은 중심전회에 위치한다.

6. 일차 _____ 피질은 중심후회에 위치한다.

7. 베르니케-거쉬빈트 모델로 예견할 수는 없지만, 읽기는 _____ 전전두피질을 활성화 한다(예, 종열 내에 전두피질).

8. 좌반구 표면의 다음 3영역, 후전두피질, _____ 두정피질, _____ 측두피질에 전기자극이 가해지면, 일반 사물의 흔한 이름을 잊어버린다.

9. 각회 상부에는 _____ 두정피질이 있다.

10. 각회는 측두엽 경계의 _____ 엽에 있다.

11. 특수 경로에 따라 보행하려는 사고는 양반구의 상전전두피질, 후두정피질, 하전전두피질 그리고 하 _____ 피질에서 활성화된다.

12. 중심전회는 _____ 엽 내에 있다.

13. 베르니케-거쉬빈트 모델에 따르면, _____ 영역이 언어이해의 중심이 된다

14. 베르니케-거쉬빈트 모델에 따르면, _____ 영역이 언어생산의 프로그램에 관여한다.

15. 신체운동 소인뇌도에서 좌측운동의 입영역은 _____ 영역에 인접해 있다.

16. 베르니케-거쉬빈트 모델은 _____ 으로부터 고통을 받고 있는 뇌 외상환자의 연구에 근본적으로 바탕을 두고 있다.

17. 베르니케-거쉬빈트 모델에 따르면, 시각부호와 관련된 언어는 _____ 를 경유하여 베르니케 영역의 일차 시각피질로 연결되어 있다.

18. 피질 국재화 기능의 연구에서, 전기자극의 주요 이점은 _____ 해결력이다.

19. _____ 피질은 전두엽 표면 하부에 뇌의 전극(前極)에 있다.

20. _____ 전전두피질은 정서표현에 중요한 역할을 한다. 그 곳에 손상이 생기면, 정서 둔마가 발생한다.

연습문제 4

아래 알파벳순서는 제12장에서 배운 모든 용어와 정의들의 목록들이다. 이 페이지의 정

의부분을 가리고, 그 용어들을 따라내려 가면서 정의를 명확히 익혀나가라. 이 과정에서도 한번의 실수도 없을 때까지 목록을 철저히 되풀이하라. 그런 다음에, 용어를 가리고 나서 정의내용들을 읽은 다음 정확한 용어로 말해 보라. 이런 과정들을 철저히 반복하면서 학습하도록 하라.

• Angular gyrus(각회)	측두엽 경계에 위치한 두정엽회로 베르니케-거쉬빈트 모델에 따르면, 좌반구 각회는 청각부호에서 단어를 쓰는 상으로 번역된다.
• Arcuate fasciculus(궁상 속)	브로카 영역과 베르니케 영역을 연결하는 큰 경로.
• Broca's area(브로카 영역)	일차 운동피질 입부위 바로 앞에 있는 좌전두피질 영역으로 베르니케-거쉬빈트 모델에 따르면, 언어를 표현하기 위한 운동 프로그램들이 들어 있다.
• Dorsolateral prefrontal cortex (배외측 전전두피질)	전전두엽의 외측 표면상에 큰 영역, 이는 시간적 순서, 반응의 연속성, 반응 억제, 창조적 사고 등에 대한 기억 역할을 한다.
• Inferior parietal cortex (하두정피질)	하두정엽의 피질로 외측열 바로 상부의 두정피질 영역.
• Inferior prefrontal cortex (하전전두피질)	하전전두엽 피질
• Inferior temporal cortex (하측두피질)	하측두엽 피질
• Lateral prefrontal cortex (외측 전전두피질)	외측 전전두엽 피질, 좌 외측 전전두엽 피질은 단어연상 형성에서 역할을 하는 것으로 보인다.
• Medial prefrontal cortex (내측 전전두피질)	전전두엽 내측 표면에 전전두피질의 영역으로 이 영역에 손상을 입으면 감정둔마를 일으킨다.
• Orbitofrontal cortex (안와 전두피질)	전전두엽의 전극과 하표면에 전전두피질의 큰 영역으로 이 영역에 손상을 입으면 흔히 부적절한 사회적 행동을 하게 된다.
• Posterir frontal cortex(후전두피질)	후전두엽의 피질로 중심열에 인접한 전두피질 영역.
• Posterior parietal cortex (후두정피질)	후두정엽 피질
• Primary auditory cortex (일차 청각피질)	시상에서 직접 청각입력으로 수용되는 피질 영역으로 외측 외내에 보이는 크게 감추어진 측두엽 상부에 위치한다.

- Primary motor cortex
  (일차 운동피질)

  뇌간과 척수의 운동회로에서 하행하는 운동신호의 피질 영역으로 중심전회 대부분으로 구성된다.

- Primary somatosensory cortex
  (일차 체성감각피질)

  시상에서 직접 체성감각적 입력으로 수용되는 피질 영역으로 중심후회 대부분으로 구성된다.

- Primary visual cortex
  (일차 시각피질)

  시상에서 직접 시각적 입력으로 수용되는 피질 영역으로 후두엽에서 많이 구성된다.

- Superior prefrontal cortex
  (상전전두피질)

  상전전두엽 피질.

- Superior temporal cortex
  (상측두피질)

  상측두엽의 피질로 외측열 바로 하부의 측두피질 영역.

- Wernicke's area(베르니케 영역)

  일차 청각피질 바로 뒤에 좌반구 상측두피질 영역으로 베르니케-거쉬빈트 모델에 따르면, 언어이해력의 중심지이다.

연습문제 정답

제1장

연습문제 2

1. Spinal cord	척수
2. Autonomic	자율
3. Somatic	체성
4. Motor	운동
5. Parasympathetic	부교감

연습문제 3

1. gonads	생식선
2. cervical, thoracic, lumbar, sacral	경추, 흉추, 요추, 천추
3. sympathetic	교감
4. cortex	피질
5. hypothalamus	시상하부
6. autonomic	자율
7. gray	회색
8. 2	2
9. pituitary	뇌하수체
10. afferent	구심성
11. sympathetic	교감
12. central	중추
13. parasympathetic	부교감
14. pituitary, hypothalamus	뇌하수체, 시상하부
15. somatic	체성
16. dorsal, ventral	배, 복
17. endocrine	내분비
18. medulla	수질
19. spinal cord	척수
20. motor	운동

제2장

연습문제 2

1. Sagittal	시상절단면
2. Midsagittal	정중시상절단면
3. Horizontal	수평절단면
4. Coronal	관상절단면
5. Cross	교차절단면

연습문제 3

1. planes	면
2. ipsilateral	동측
3. coronal	관상
4. coronal	관상
5. horizontal	수평
6. sagittal	시상
7. cross	교차
8. decussate	교차
9. dorsal	배측
10. posterior	후방
11. posterior	후방
12. medial	내측
13. lateral	외측
14. anterior	전방
15. anterior	전방
16. inferior	하부
17. anterior	전방

18. superior	상부
19. midsagittal	정중시상
20. bilateral	양외측
21. contralateral	대측
22. caudal	미(꼬리)측
23. rostral	물(입)측

19. saltatory	도약
20. Ranvier	랑비에
21. Golgi apparatus	골지체
22. Oligodendrocytes	핍돌기교세포
23. Metabotropic	대사성
24. Ion channels	이온통로

제3장

연습문제 2

1. Button	단추
2. Nodes of Ranvier	랑비에 절
3. Dendrites	수지상돌기
4. Nucleus	핵
5. Cell body	세포체
6. Axon hillock	축색소구
7. Golgi apparatus	골지체
8. Synaptic vesicle	시냅스 소낭
9. Mitochondrion	미토콘드리아
10. Microtubules	미세관

연습문제 3

1. all-or-none	실무율
2. axon, dendrites	축색, 수지상돌기
3. buttons	단추
4. nucleus	핵
5. Action	활동
6. Golgi	골지
7. exocytosis	세포외 유출
8. vesicles	소낭
9. receptive	수용
10. hillock	소구
11. presynaptic, postsynaptic	시냅스전, 시냅스후
12. synapse	시냅스
13. endoplasmic reticulum	내형질 세망
14. receptor	수용기
15. axon hillock	축색소구
16. ribosomes	리보솜
17. decrementally	감소
18. cell body	세포체

제4장

연습문제 2

1. Forebrain	전뇌
2. Midbrain	중뇌
3. Hindbrain	후뇌
4. Spinal cord	척수
5. Telencephalon	종뇌
6. Diencephalon	간뇌
7. Mesencephalon	중뇌
8. Metencephalon	후뇌
9. Myelencephalon	수뇌

연습문제 3

1. dorsal, plate	배, 판
2. hindbrain, midbrain, forebrain	후뇌, 중뇌, 전뇌
3. groove	구
4. aggregation	응집
5. diencephalon	간뇌
6. 18	18
7. metencephalon	후뇌
8. radial	방사
9. anterior	전방
10. growth cone	성장돌기
11. death	사
12. glial, myelinated	교, 수초화
13. 3	3
14. crest	능선
15. telencephalon, myelencephalon	종뇌, 수뇌
16. totipotential	전능
17. Proliferation	증식
18. mesencephalon	중뇌

19. pioneer   개척
20. chemoaffinity   화학친화력
21. blueprint   청사진

제5장

연습문제 2

1. Corpus   Corpus
2. Anterior   Anterior
3. Massa   Massa
4. Mes   Mes
5. Met   Met
6. Myel   Myel
7. Fourth   Fourth
8. aqueduct   aqueduct
9. Third   Third

연습문제 3

1. brain stem   뇌간
2. vagus   미주
3. brain stem   뇌간
4. dura mater   경막
5. aqueduct   수도
6. subarachnoid   지주막하
7. central   중추
8. central cannal   중심관
9. massa intermedia   시상간교
10. lateral   외측
11. pia mater   유막
12. hydrocephalus   수두증
13. myelencephalon   수뇌
14. ganglia   신경절
15. 12   12
16. commissure   교차연결
17. longitudinal   종
18. sensory   감각
19. parasympathetic   부교감
20. telencephalon   종뇌
21. trigeminal   삼차
22. axons   축색
23. third, fourth   제3, 제4

24. meninges   meninges

제6장

연습문제 2

1. Medulla or Myelencephalon   연수 혹은 수뇌
2. Pons   뇌교
3. Posterior pituitary   후엽 뇌하수체
4. Anterior pituitary   전엽 뇌하수체
5. Mammillary body   유두체
6. Hypothalamus   시상하부
7. Thalamus   시상
8. Massa intermedia   시상간교
9. Superior colliculus   상소구
10. Inferior colliculus   하소구
11. Tegmentum   피개
12. Cerebellum   소뇌

연습문제 3

1. medulla   연수
2. pons   뇌교
3. red, periaqueductai, nigra   적, 중뇌수도 주변, 흑
4. contralateral   대측
5. reticular formation   망상체
6. superior, inferior   상, 하
7. pons   뇌교
8. massa intermedia, third   시상간교, 제3
9. pons   뇌교
10. white   백색
11. peduncles, olives   각, 올리브
12. pyramidal   추체
13. anterior   전엽
14. metencephalon   후뇌
15. hypothalamus, posterior   시상하부, 후엽
16. thalamus   시상
17. cerebellum   소뇌
18. hypothalamus   시상하부

19. anterior	전엽	
20. mesencephalon	중뇌	
21. tectum	중뇌개	

제7장

연습문제 2

1. Frontal	전두
2. Middle frontal	중전두
3. Precentral	중심전
4. Central	중심
5. Postcentral	중심후
6. Parietal	두정
7. Angular	각
8. Occipital	후두
9. Middle temporal	중측두
10. Inferior temporal	하측두
11. Lateral	외측

연습문제 3

1. longitudinal	종
2. hippocampus	해마
3. cingulate	대상
4. occipital	후두
5. allocortex	고피질
6. basal ganglia	기저핵
7. secondary	이차
8. secondary	이차
9. striatum	선조체
10. occipital	후두
11. striatum	선조체
12. precentral, postcentral	중심전, 중심후
13. primary	일차
14. lateral	외측
15. limbic	변연
16. frontal	전두
17. temporal	측두
18. hippocampus	해마
19. globus pallidus	담창구
20. central	중심
21. 3	3

22. superior	상	

제8장

연습문제 2

1. Secondary somatosensory	이차 체성감각
2. Primary somatosensory	일차 체성감각
3. Posterior parietal	후두정
4. Prestriate	선조전
5. Primary visual	일차 시각
6. Inferotemporal	하측두
7. Secondary auditory	이차 청각
8. Primary auditory	일차 청각

연습문제 3

1. ganglion	신경절
2. auditory	청각
3. decussate	교차
4. parietal, postcentral	두정, 중심후
5. right, right	우, 우
6. dorsolateral	배외측
7. inferotemporal	하측두
8. optic tracts	시색
9. colliculi	소구
10. geniculate	슬상
11. temporal	측두
12. Heschl's, lateral	헤셸, 외측
13. occipital	후두
14. medulla	연수
15. aqueduct	수도
16. trigeminal	삼차
17. retinotopically, tonotopically, somatotopically	망막국소, 안압국소, 체성국소
18. homunculus	소인뇌도
19. parietal	두정
20. periaqueductal	중뇌수도 주변
21. Raphe	봉선

제9장

연습문제 2

1. auditory 청각
2. Supplementary 보조
3. Premotor 전운동
4. Primary 일차
5. Dorsolateral 배외측
6. corticorubrospinal 피질적척수
7. corticospinal 피질척수
8. Ventromedial 복내측

연습문제 3

1. dorsolatral prefrontal 배외측 전전두
2. proximal, distal 근위 사지, 말단 사지
3. nigrostriatal 흑질선조
4. at rest 가만히 있는데도
5. corticospinal 피질척수
6. L-DOPA L-DOPA
7. corticospinal 피질척수
8. caudate 미상
9. striatum 선조체
10. balance 균형
11. thalamus 시상
12. ventromedial 복내측
13. globus pallidus 담창구
14. substantia nigra 흑질
15. somatotopic 체성국소
16. corticospinal 피질척수
17. primary 일차
18. internal 내
19. cingulate 대상
20. precentral, primary 중심전, 일차
21. putamen, caudate 피각, 미상

제10장

연습문제 2

1. Mediodorsal 중배측
2. Hippocampus 해마
3. Subicular 지각
4. Perirhinal 후주위
5. Rhinal 후
6. Entrorhinal 내후
7. Dentate gyrus 치상회
8. Fimbria 채상

연습문제 3

1. temporal 측두
2. hippocampus 해마
3. acetylcholine 아세틸콜린
4. consolidation 강화
5. dentate 치상
6. subicular 지각
7. forebrain 전뇌
8. amygdala 편도체
9. entorhinal 내후
10. mediodorsal 중배측
11. 4 4
12. anterior 전
13. place 장소
14. pyramidal 추체
15. explicite 외현
16. diencephalon 간뇌
17. rhinal 후
18. amyloid 아밀로이드
19. hippocampus, dentate, 해마, 치상,
    subicular 지각
20. hippocampus 해마
21. short-term, implicite 단기, 암묵
22. rhinal 후

제11장

연습문제 2

1. Suprachiasmatic 시신경교차상
2. preoptic 시신경전
3. Lateral 외측
4. Paraventricular 실방
5. Dorsomedial 배내측
6. Ventromedial 복내측

연습문제 3

1. ventromedial, lateral   복내측, 외측
2. retinohypothalamic   망막시상하부
3. raphe', coeruleus   봉선, 반점
4. subfornical   뇌궁하
5. raphe'   봉선
6. substantia nigra,   흑질,
       tegmental   피개
7. suprachiasmatic   시신경교차상
8. orbitofrontal   안와전두
9. pontine   뇌교
10. amygdala   편도체
11. preoptic   시신경전
12. lateral   외측
13. REM   REM
14. sympathetic   교감
15. paraventricular   실방
16. Mesotelencephallic   중종뇌
17. Ventromedial   복내측
18. angiotensin II   앤지오텐신 Ⅱ
19. periaqueductal gray,   중뇌수도 주변회색질,
       lateral tegmental   외측 피개
20. tegmentum   피개
21. hypothalamus   시상하부

4. arcuate   궁상
5. motor   운동
6. somatosensory   체성감각
7. medial   내측
8. inferior, superior   하, 상
9. posterior   후
10. parietal   두정
11. temporal   측두
12. frontal   전두
13. Wernicke's   베르니케
14. Broca's   브로카
15. Broca's   브로카
16. aphasia   실어증
17. angular gyrus   각회
18. spatial   공간위치
19. Orbitofrontal   안와전두
20. medial   내측

제12장

연습문제 2

1. Primary auditory   일차 청각
2. Orbitofrontal   안와전두
3. Dorsolateral prefrontal   배외측 전전두
4. Primary motor   일차 운동
5. Primary somatosensory   일차 체성감각
6. Posterior parietal   후두정
7. Primary visual   일차 시각
8. Angular   각

연습문제 3

1. 60   60
2. right   우
3. angular   각

찾아보기

신비한 인간 뇌 해부도 입문

2001년 2월 15일 1판 1쇄 발행
2023년 3월 20일 1판 13쇄 발행

지은이 • 존 P. 핀엘 · 매기 에드워드
옮긴이 • 조 신 웅
펴낸이 • 김 진 환
펴낸곳 • (주) 학지사

　　　　04031 서울특별시 마포구 양화로 15길 20 마인드월드빌딩 5층
대표전화 • 02) 330-5114　　　팩스 • 02) 324-2345
등록번호 • 제313-2006-000265호
홈페이지 • http://www.hakjisa.co.kr
페이스북 • https://www.facebook.com/hakjisabook

ISBN 978-89-7548-539-8 93180

정가 14,000원

출판미디어기업 학지사

간호보건의학출판 학지사메디컬 www.hakjisamd.co.kr
심리검사연구소 인싸이트 www.inpsyt.co.kr
학술논문서비스 뉴논문 www.newnonmun.com
원격교육연수원 카운피아 www.counpia.com